안응칠 역사

안응칠 역사 —— 비판정본

안중근 지음

安應七歷史

독도 | 讀 길을
      | 道 읽다 ②

독도 도서관친구들

단지斷指한 손을 모은 옥중의 안중근. 1909년 10월 26일 만주 하얼빈에서
이토 히로부미를 저격하고 여순 감옥에 투옥되었다.

빌렘 신부와 두 동생과의 마지막 면회. 당시 프랑스 선교사들은
조선 신자들의 민족운동과 독립운동을 지지하지 않았지만,
홍 신부(빌렘 신부)는 안중근을 찾아갔다.

안중근의 평화 사상이 잘 드러난 대표 유묵. 대부분의 글씨는 안중근에게 감화된
검찰관, 간수 등 일본인들이 부탁하여 쓴 것들이다.

東洋大勢思杳玄　有志男兒豈安眠
和局未成猶慷慨　政畧不改真可憐
庚戌三月　於旅順獄中　大韓國人安應七

欲保東洋先改政畧　時過失機追悔何及
庚戌三月　於旅順獄中　大韓國人安重根書

순국 전의 안중근. 1910년 2월 7일 시작해서 여섯 차례의 공판 끝에
사형을 선고받고 1910년 3월 26일 서른두 해의 생을 마감했다.

“이것이 이른바 '약한 것으로 강한 것을 제거하고,
인仁으로 악惡에 대적한다'는 것이니, 여러분은 부디 여러 말 마시오.”

• 하편 52

차례

일러두기

• 이 비판정본은 '일본 국립국회도서관본'인『안중근 전기 및 논설安重根傳記及論說』을 저본으로 했으며, 거기에 묶여 있던 「안응칠 역사安應七歷史」는 상편, 「안중근전安重根傳」은 하편으로 각각 구분하여 편집했다.
• 독자의 편의를 위해 원문은 단락을 나누어 번호(1. 2. 3. …)를 붙였고, 번역 부분에서는 중간 제목을 달았다.
• 판면 측면에 달린 번호([1] [2] [3] …)는 위 저본의 면수이며, 바뀌는 면의 첫 글자 머리에 방점(◉)을 찍어 표시했다.
• 앞 한자의 반복을 의미하는 기호로 'ㄷ'(각주 29, 37)과 'ヾ'를 사용했다. 일본에서 만들어진 ヾ는 同의 다른 자형인 仝이 변형된 것이다.

필사본

• 일본 국립국회도서관본: **(이하 Ⓐ)**
• 일본 나가사키본: **(이하 Ⓑ)**

영인본

•『安重根傳記及論說』, 七條淸美關係文書 79-1, 일본 국립국회도서관 헌정자료실, 1910 추정: **(이하 ①)**
•『안중근 문집』, 윤병석(편역), 독립기념관 한국독립운동사연구소, 2011, pp. 160~275: **(이하 ②)**

편집본

•『안중근 의사 자서전』, 이은상, (사)안중근의사숭모회, 1981, pp. 213~279: **(이하 ③)**
•『안중근 자료집 제1권 안중근 유고: 안응칠 역사·동양평화론·기서』, 신운용·최영갑(편역), (새)안중근평화연구원, 2016, pp. 91~115: **(이하 ④)**
•『안중근 옥중 자서전』, 열화당, 2019, pp. 125~162: **(이하 ⑤)**

'안응칠 역사'의 문헌 전승에 대하여

독도글두레

「동양평화론」과 함께 「안응칠 역사」는 안중근 연구에 중요한 문헌이다. '독도도서관친구들'은 지난해 『동양평화론』(2019)에 이어 두 번째 비판정본으로 『안응칠 역사』(2020)를 내놓는다. 안중근의 사상과 정신이 오롯이 담긴 이 책은 한반도의 통일과 동양의 평화, 나아가 세계의 공존과 공영에 기여할 수 있는 또 하나의 소중한 정신 유산이다. 독도글두레는 전문 학자는 물론 일반 독자도 믿고 읽을 수 있는, 또 안심하고 인용할 수 있는 비판정본을 만드는 데 역점을 두고 '안응칠 역사'를 전하고 있는 필사본들과 여러 출판본들을 모두 모아 대조하고 검토했다. 이 과정에서 발견된 특징들은 다음과 같다.

1. 필사본들과 출판본들

「안응칠 역사」는 안중근이 옥중에 있을 때, 1909년 12월 13일에 시작하여 1910년 3월 15일에 집필을 완료한 자서전이다. 하지만 출판되어 우리가 현재 읽을 수 있는 자서전은 모두 친필이 아닌 일본인이 남긴 필사본들을 토대로 하고 있다. 안타깝게도, 안중근의 친필 원고는 지금까지 발견되지 않고 있다. 어쩌면 일본의 어느 문서 보관소에 깊이 파묻혀 있을지도 모르는데, 하루속히 세상의 빛을 보기를 기원해본다.

현존하는 판본의 형태를 살펴보자. 우선, 필사본은 아래와 같다.

Ⓐ 일본 국립국회도서관본
Ⓑ 일본 나가사키본

다음은 이 필사본들의 영인본이다.

① 『安重根傳記及論說』, 七條淸美關係文書 79-1, 일본 국립국회도서관 헌정자료실, 1910 추정.
② 『안중근 문집』, 윤병석(편역), 독립기념관 한국독립운동사연구소, 2011, pp. 160~275.

또 다음은 필사본과 영인본을 바탕으로 출판된 편집본이다.

③ 『안중근 의사 자서전』, 이은상, (사)안중근의사숭모회, 1981, pp. 213~279.
④ 『안중근 자료집 제1권 안중근 유고: 안응칠 역사·동양평화론·기서』, 신운용·최영갑(편역), (사)안중근평화연구원, 2016, pp. 91~115.

⑤『안중근 옥중 자서전』, 열화당, 2019, pp. 125~162.

　위에서 소개한 필사본·영인본·편집본의 계보 관계를 정리하면 다음과 같다. 「안응칠 역사」는 1969년 최서면(1928~2020)이 『안중근 자전安重根自傳』이라는 제목의 일본어본을 발견하면서 세상에 알려지게 되었다. 1978년 2월에는 재일사학자 김정명金正明(일본명 이치가와 마사아키市川正明) 교수가 안중근을 취조했던 사카이 요시아키境喜明 조선통감부 경시警視가 전사한 『안응칠 역사安應七歷史』를 한국대사관에 기증했다. 이 책은 일본 나가사키長崎에 주소를 둔 와타나베 쇼시로渡邊庄四郞가 구입한 뒤 보관해왔던 것으로 '나가사키본'이라고 한다. 이 두 자서전은 완전한 것이 아니었다. 1979년 9월 김정명 교수가 일본 국립국회도서관 헌정자료실이 소장하고 있는 시치조 기요미七條淸美 관계문서 가운데 『안중근 전기 및 논설安重根傳記及論說』에 함께 묶여 있던 「안응칠 역사」「안중근전」「동양평화론」의 합본을 발굴함으로써 필사본 간의 관계는 더욱 명료해졌다.[1]

　이은상은 1978년 나가사키에서 『안응칠 역사』 한문 필사본이 발

1　일본 국립국회도서관 헌정자료실이 소장하고 있는 시치조 기요미(七條淸美, 1892~1956) 관계문서는 1972년과 91년 두 차례에 걸쳐 기증된 자료로 178점이다. 시치조는 변호사(1927. 11~)이며 육군헌병학교 교관(1937. 12~1945. 8)으로도 근무했다. 소장 자료는 그가 수집했던 이토 히로부미 저격사건 관계자료로, 저격 전후의 현장과 법정, 안중근 등의 사진을 수록한 앨범, 육군헌병학교 관련 자료 등이다. 국회도서관 관계자가 이 문서에 수록된 「동양평화론」 등은 "시치조 기요미가 옮겨 적은 것으로 보인다"고 말했다고 한다. 현재 일본 국립국회도서관 디지털컬렉션에서 공개하고 있는 시치조 기요미 관계문서는 『안중근 전기 및 논설』(七條淸美關係文書 79-1) 1권이다.

견되자, 1969년에 발견된 일본어본『안중근 자전』두 수기를 대조해 1979년 9월 2일 안중근 의사 탄생 100돌을 기념해『안중근 의사 자서전』을 펴냈다. 이후 이은상은 1979년에 발견된『안중근 전기 및 논설』을 바탕으로 1981년에『안중근 의사 자서전』을 재구성하여 출판했다. 그리고 2016년 3월, 안중근의사기념사업회와 (사)안중근평화연구원이 안중근 자료집 발간과 함께 안중근 자서전을 새롭게 번역 출간했고, 2019년에 '3·1운동 백 주년과 상해임시정부 수립 백 주년'을 기념하여 열화당이 새로운 편집의 번역본을 출판했다. 이와 관련해서, 출판사 발행인이자 국제문화도시교류협회 이사장인 이기웅은 편집의 원칙을 다음과 같이 밝히고 있다.

국제문화도시교류협회는 백범 선생의 자서전이라 할『백범일지』정본 출판에 이어 안중근 의사의 자서전인「안응칠 역사」를 정본으로 발간하다는 마음으로, 二〇一六년 편찬에 착수하여 삼 년여 동안 그간의 판본 비교, 자료 조사 및 편찬 실무 작업을 거쳐 이제 세상에 내놓게 되었다. 이 책은 一九七九년 안중근의사숭모회에서 발간한 이은상李殷相 번역의『안중근 의사 자서전』을 비롯하여 국내의 여러 문헌과 일본에서 발견된「안응칠 역사」필사본 등을 함께 비교 대조하면서 최대한 그 내용의 정확성을 기하였으며, 원문의 분명한 오자誤字나 현재 사용되지 않는 용어 등은 과감히 수정하였다. 안의사의 친필 원본이 발견되지 않았고 그동안 발견된 것이 모두 일본인에 의해서 필사된 것이었으므로, 이를 전적으로 신뢰할 수 없다는 판단에서였다. 또 우리말 풀이에서 지나친 의역이나 윤문은 피하고, 가급적 글자 하나하나의 원 뜻을 그대로 살리고자 하였다.[2]

이와 같은 서문으로 시작하는 『안중근 옥중 자서전』은 그동안 나온 출판본 가운데 책의 물성物性이 고급스럽고 품격을 갖춰 훌륭하다. 특히 안중근에 대한 출판사의 정성과 발행인의 사랑이 넘쳐나는 책이다. 하지만 아쉽게도 '정본'이 아니다. 정본이라면 갖춰야 하는 중요한 덕목들이 결여되어 있다. 발행인이 서문에서 밝히듯이, "원문의 분명한 오자나 현재 사용되지 않는 용어 등은 과감히 수정하"지 않아야 하고, 전해진 필사본의 범위 내에서 최대한 원본에 가까이 다가가는 것이 정본의 기본 원칙이기 때문이다. 예컨대 '현재 사용되지 않는 용어'라고 해서 마구 바꿔버린다면, 그것은 안중근의 말이 아니다. 독해를 방해한다고 해서 20세기 초반에 사용되던 많은 근대 용어를 현대 용어로 표현을 바꿨는데, 이는 당시 한국인의 정신이 어떤 변화를 겪었고, 한국어가 어떤 방식으로 변모해왔는지를 추적할 수 있는 소중한 자료와 중요한 단서를 훼손하는 것이다. '원문의 분명한 오자'도 마찬가지다. 이 역시 원문에 가까이 다가가는 것이라기보다는 오히려 멀어지게 하는 것이다. '오자'라고 단정 지을 만한 문헌적 근거를 제시하지 않고 한문에 대한 편집자의 개인적인 언어 감각에 의존하는 점도 큰 문제이다. 이와 관련해서, 편집자는 20세기 초반이 아니라 21세기 초반의 한문 언어 감각을 지녔다는 사실을 지적하고자 한다. 20세기 초반에 통용된 '조선 한문'이 21세기의 '한국 한문'과는 많은 차이가 있음은 굳이 강조할 필요가 없다. 이른바 '분명한 오자'에 대한 교정과 수정은, 20세기 초반에 쓰인 당대 문헌들을 면밀히 조사하고 안중근의 한문 어체와 문체를 꼼

2　『안중근 옥중 자서전』, 열화당, 2019, 11쪽.

꼼히 검토할 때에야 가능하다는 점을 지적하고자 한다. 이처럼 출판할 때 봉착하게 되는 저간의 한계와 사정 때문에 친필 원고를 간절히 기다리는 바이다.

어쨌든 친필 원고가 나오기 전까지는 필사본에 의지할 수밖에 없다. 독도글두레는 앞서 소개한 필사본·영인본·편집본을 모두 수집하여 엄밀히 대조하였다. 이 작업은 기본적으로 필사본을 정확히 판독하면서 진행되었다. 그것은 어떤 문헌의 비판정본을 만들기 위해서 가장 우선시해야 하는 일이다. 판독은 원문을 복원하기 위한 기초과정인데, 크게 두 가지를 유념했다. 첫째, 필사본·영인본·편집본을 글자 하나하나 살피며 비교했다. 둘째, 전승 과정에서 생겨난 오탈자 등을 문맥의 의미에 따라 다루었다. 『안응칠 역사』는 이와 같은 문헌 판독과 대조의 과정을 거쳐서 탄생한 비판정본이다.

비판정본critical edtion이란 서양고전문헌학에서 정립된 학술 용어이다. 이 개념에 입각해서 『안응칠 역사』를 만든 이유는 이렇다. 우선, 친필 원고가 없다는 것이다. 서양 학자들이 이른바 '원본'이 있다는 생각에서 '정본' 개념을 상정한다는 것은, 후대의 문헌학자가 만든 정본이 원본이라는 점을 보장할 수 없어서이다. 물론 정본과 원본 사이의 거리를 최대한 좁히려고 노력하지만, 그것이 어쩌면 구조적으로 불가능하다는 것을 인정하기에 '비판'이라는 말을 덧붙였다. 다시 말해 '비판'이라는 말에는 후대의 문헌학자들이 만든 본문이 저자의 원문은 아닐 수 있다는 의미가 내포되어 있다.

다음으로, 서양고전문헌학자들은 전승된 표현을 바탕으로 원전을 복원하는 과정에서 가능한 편집자의 주관적인 판단을 배제한다. 그 실천 방식이 판본의 비교인데, 라틴어로는 *collatio*(대조)라고 부른다. 그런데 비판정본을 만들다 보면 최고본最古本이 항상 좋은 것이 아니라 후대본後代本이 더 나은 원전에 가까운 경우가 많다. 「안응칠 역사」의 비판정본을 만드는 과정에서도 이런 노력은 이루어졌다.

마지막으로, 이렇게 판본을 비교하여 정본을 만드는 것은 단지 문헌 자체를 이해하고 그것을 잘 보존하기 위함뿐만 아니라, 문헌을 당대의 텍스트로 복원해서 연구자들과 일반 독자들에게도 안전하게 제공하기 위함이다. 이번에 출판되는 『안응칠 역사』는 독도디지털도서관에도 소개될 예정이다. 독도디지털도서관은 2021년 1월에 개관할 예정이다. 독자 여러분의 많은 방문과 이용을 부탁드린다 (www.dokdodl.org).

이제 판독의 결과를 개괄적으로 소개해보자. 한마디로, 그동안 우리가 읽어 온 「안응칠 역사」는 학술적으로 인용하기에는 대부분 부적합한 텍스트였다. 일단, 열화당에서 출판된 『안중근 옥중 자서전』과 이은상의 편집본은 텍스트를 왜곡하거나 변형시켜버렸다. 그리고 지금까지 나온 대부분의 판본들은 「안응칠 역사」를 아무런 근거도 제시하지 않으면서 서명을 자의적으로 붙였다. 예를 들면, '안중근 의사 자서전'(안중근의사기념사업관, 1990; 범우사, 2014), '키워드로 본 안중근'(『안중근 안쏠로지』, 서울셀렉션, 2019), '안중근 옥중 자서전'(열화당, 2019) 등이다. 굳이 학술적인 이유를 들지 않더라도, 이러한 서명 방식은 독자들에게 혼란과 혼선을 불러일으킨다. 같은 책인데 전혀 다른 책으로 보이게 한다.

한편 대부분의 책들이 저자인 안중근의 이름을 명시하지 않았는데, 이는 학술적인 관점에서나 일반 출판의 관점에서도 문제가 있다. 이름을 명시한 책은 범우사 번역본 하나뿐이다. 우리는 필사본에서 서명은 '安應七歷史', 저자는 '안중근'이라는 사실을 분명히 확인할 수 있다. 더 심각한 문제는 「안응칠 역사」의 텍스트를 편집한 사람의 이름을 밝히지 않았다는 것이다. 텍스트를 교정하거나 보충한 경우에, 물론 그 책임은 출판사가 지더라도 최종적인 책임은 편집자에게 있다. 손을 댄 문장이나 자구에 이론異論이 있거나 논쟁이 발생할 때, 학술적으로 책임 있게 답해줄 이는 출판사가 아니라 책을 만든 편집자에게 있기 때문이다. 이런 사정으로, 텍스트에 문제가 있어도 책이 출판되고 나면 어쩔 도리가 없다. 텍스트와 관련해서 더 이상의 학술적인 논쟁과 논의를 개진할 수 없는 것이다.

이번에 출판하는 『안응칠 역사』는 안재원, 김태주, 김은숙, 윤재성이 비판정본의 제작, 한국어 번역, 학술적인 주석을 공동으로 작업했다. 아울러 필사본에 의거해, '안응칠 역사'를 책의 제목으로 삼았고, 지은이도 '안중근'으로 명시했다.

2. 문헌들의 전승 특징들

다음으로, 단어와 문장을 구체적으로 판독한 결과를 정리했다. 이 부분은 독도도서관친구들이 출판한 『안응칠 역사』가 왜 비판정본임을 강조하는지 말해줄 것이다. 다른 한편 지금까지 출판된 책들이 어떤 문제가 있는지도 여실히 보여줄 것이다. 물론, 기존의 책들을 단순히 비판하기 위해서 비판정본의 편집을 강조하는 것은 아니다. 다만 믿을 수 있는, 즉 원본에 가까운, 다시 말해서 안중근의 생각과 사상에 부합하는 텍스트를 확보하는 것이 안중근 연구의 첫걸음이기 때문이다. 독도글두레의 판독에 따르면, 앞서 소개한 영인본과 편집본에서 나타난 오류의 양상은 다음과 같다.

먼저, 영인본의 오류 양상이다.

『安重根傳記及論說』(①)은 「안응칠 역사」의 필사본인 '일본 국립국회도서관본'(Ⓐ)를 영인한 것이다. 본 책에서는 일본 국립국회도서관 디지털컬렉션에서 공개하고 있는 ①을 비판정본의 저본으로 삼았다. Ⓐ에는 「안응칠 역사」의 육필원고를 필사하는 과정에서 몇 가지 오류가 보인다. 본 책에서는 이를 '필사오류'라고 부른다. 여기에는 두 가지 경우가 있다.

첫째, '雪(설)'을 '雲(운)'으로, '白(백)'을 '自(자)'로, '李(리)'를 '季(계)'로, '丈(장)'을 '大(대)'로, '雨(우)'를 '兩(량)'으로, '如(여)'를 '知(지)'로, '勒(륵)'을 '勤(근)'으로, '古(고)'를 '右(우)'로 필사한 경우인데, 글자의 모양이 비슷한 데서 오는 판독 착오이다.

둘째, '末(말)'을 '來(래)'로 필사한 경우이다. 초서체에서 '末(末)'과 '來(来)'의 모양이 비슷한 데서 오는 판독 착오이다.

『안중근 문집』(②)는 「안응칠 역사」의 필사본인 '일본 나가사키본'(Ⓑ)를 영인한 것이다. Ⓑ에는 「안응칠 역사」의 육필원고를 필사하는 과정에서 몇 가지 오류가 보인다. ②의 오류 상황은 다음과 같다.

첫째, '陽(양)'을 '揚(양)'으로, '送(송)'을 '逆(역)'으로, '日(일)'을 '月(월)'로, '勢(세)'를 '執(집)'으로, '解(해)'를 '鮮(선)'으로, '比(비)'를 '此(차)'로, '畀(비)'를 '卑(비)'로, '獲(획)'을 '護(호)'로 필사한 경우이다. 글자의 모양이 비슷한 데서 오는 판독 착오이다.

둘째, '齊(제)'를 '高(고)'로 필사한 경우인데, 초서체에서 '제(齊)'와 '고(高)'의 모양이 비슷한 데서 오는 판독 착오이다.

이어서 편집본이다.

『안중근 의사 자서전』(③)은 국내에서 최초로 「안응칠 역사」 전문全文을 판독하여 정자체正字體로 편집했다. 하지만 영인본 ①②에서 주로 나타나는 판독오류뿐만 아니라, 편집자의 자의적인 해석 입장에 따라 글자를 취사 선택하는 오류들이 많이 보인다.

첫째, '판독오류'이다. '已(이)'를 '己(기)'로, '搭(탑)'을 '塔(탑)'으로, '朽(후)'를 '杇(오)'로, '己卯(기묘)'를 '乙卯(을묘)'로 판독한 경우이다. 판독하는 과정에서 글자 모양이 비슷한 데서 오는 착오이다. 판독할 때 글자 모양이 비슷하여 어떤 글자로 확정해야 할지 가늠이 안 될 경우는 문맥상의 의미까지 고려해야 하는데, 이러한 노력이 보이지 않았다.

둘째, '삭제오류'이다. '報復(보복)'을 '報(보)'로, '還乎(환호)'를 '還(환)'으로, '日兵擧火(일병거화)'를 '擧火(거화)'로, '雖如(수여)'를 '如(여)'로, '父皇(부황)'을 '父(부)'로, '感動中(감동중)'을 '感動(감동)'으로, '之孤弱(지고약)'을 '孤弱(고약)'으로, '數時(수시)'를 '時(시)'로, '一千(일천)'을 '千(천)'으로, '伊藤公(이등공)'을 '伊藤(이등)'으로, '兄弟乎兄弟乎(형제호형제호)'를 '兄弟乎(형제호)'로 편집한 경우이다. 이는 편집자가 판독하는 과정에서 문맥상 불필요하다고 여겨 자의대로 글자를 삭제한 것이다.

셋째, '첨가오류'이다. '兩之(양지)'에 '人(인)'을 덧붙여 '兩人之(양인지)'로, '生(생)'에 '能(능)'을 덧붙여 '能生(능생)'으로, '中(중)'에 '之(지)'를 덧붙여 '之中(지중)'으로, '而(이)'에 '溝淵(구연)'을 덧붙여 '而溝淵(이구연)'으로 편집한 경우이다. 이는 편집자가 판독하는 과정에서 문맥상 필요하다고 여겨 글자를 자의대로 첨가한 것이다.

넷째, '바뀜오류'이다. '法司(법사)'를 '司法(사법)'으로 편집하였다. 이러한 오류는 두 가지 측면에서 생각할 수 있다. 하나는 단순한 착오일 가능성이고, 다른 하나는 현재의 언어생활에서 '法司(법사)'라는 단어보다는 '司法(사법)'이라는 단어가 많이 활용되기 때문이다.

다섯째, '의미오류'이다. '如(여)'를 '與(여)'로 편집했는데 모두 '~와 함께'라는 의미이고, '脩(수)'를 '修(수)'로 편집했는데 모두 '닦다'라는 의미이고, '辨(변)'을 '辯(변)'으로 편집했는데 모두 '변별하다'라는 의미이고, '道(도)'를 '途(도)'로 편집했는데 모두 '길'이라는 의미이고, '惟(유)'를 '唯(유)'로 편집했는데 모두 '오직'이라는 의미이고, '幾(기)'를 '豈(기)'로 편집했는데 모두 '어찌'라는 의미이고, '脂(지)'를 '指(지)'로 편집했는데 모두 '손가락'이라는 의미이고, '非(비)'를 '曲(곡)'으로 편집했는데 모두 '그르다'라는 의미이다. 이러한 오류는 편집자가 판독하는 과정에서 동의이자同義異字에 의한 입력 착오이다. 예컨대 필사본에 표기된 한자는 '如(여)'인데, 문맥상 '~와 함께'라는 의미로 쓰였기에 편집자는 그것의 대표 훈을 가지고 있는 한자 '與(여)'로 편집한 것이다. 이러한 '의미오류'는 한자의 특성인 다의성多義性을 중시하지 않은 데서 비롯된 것이다.

『안중근 자료집』(④)는 위에서 거론한 판독 작업 시 유념해야 할 기본적인 사항을 간과했을 뿐만 아니라, 텍스트를 만드는 과정에서 몇 가지 유형의 반복적인 실수를 범하고 있다.

첫째, '판독오류'이다. '已(이)'를 '己(기)'로, '敞(창)'을 '敝(폐)'로, '拳(권)'을 '擧(거)'로, '逐(축)'을 '遂(수)'로, '搭(탑)'을 '塔(탑)'으로, '願(원)'을 '顧(고)'로, '共(공)'을 '其(기)'로, '浦(포)'를 '捕(포)'로, '辭(사)'를 '亂(란)'으로, '臂(비)'를 '譬(비)'로 판독한 경우이다.

둘째, '병음오류'이다. '糧(량)'을 '量(량)'으로 판독했는데 병음이 'liang'으로 유사하고, '症(증)'을 '癥(징)'으로 판독했는데 병음이 'zheng'로 유사하고, '志(지)'를 '誌(지)'으로 판독했는데 병음이 'zhi'로 유사하고, '翼(익)'을 '翌(익)'으로 판독했는데 병음이 'yi'로 유사하고, '于(우)'를 '於(어)'로 판독했는데 병음이 'yu'로 유사하고, '喫(끽)'을 '吃(흘)'로 판독했는데 병음이 'chi'로 유사하고, '樣(양)'을 '洋(양)'으로 판독했는데 병음이 'yang'으로 유사하다. 이러한 오류는 편집자가 우리나라 한자(漢字) 발음보다는 중국어 병음(拼音)에 익숙하여 텍스트를 만드는 과정에서 발생한 입력 착오로 보인다.

셋째, '간체자오류'이다. '係'을 '系'로 판독했는데 간체자는 '系'이고, '云'을 '雲'으로 판독했는데 간체자는 '云'이고, '朴'을 '樸'으로 판독했는데 간체자는 '朴'이다. 이러한 경우는 '병음오류'처럼 편집자가 우리나라 한자 발음보다는 중국어 병음에 익숙하여 텍스트를 만드는 과정에서 발생한 입력 착오로 보인다.

넷째, '의미오류'이다. '話(화)'를 '語(어)'로 편집했는데 모두 '말씀'이라는 의미이고, '非(비)'를 '曲(곡)'으로 편집했는데 모두 '그르다'라는 의미이고, '忿(분)'을 '憤(분)'으로 편집했는데 모두 '성내다'라는 의미이고, '托(탁)'을 '託(탁)'으로 판독했는데 모두 '부탁하다'라는 의미이다. 이러한 오류는 편집자가 판독하는 과정에서 동의이자同義異字에 의한 입력 착오로 보인다.

다섯째, '삭제오류'이다. '憤鬱(분울)'을 '鬱(울)'로, '不必更(불필갱)'을 '更(갱)'으로, '永樂(영락)'을 '樂(락)'으로, '彌撒(미살)'을 '撒(살)'로, '數時(수시)'를 '時(시)'로, '午後(오후)'를 '後(후)'로, '人之(인지)'를 '人(인)'으로, '誤解(오해)'를 '解(해)'로, '都無(도무)'를 '無

24

(무)'로, '周列(주열)'을 '周(주)'로, '或有(혹유)'를 '有(유)'로, '還乎
(환호)'를 '還(환)'으로, '個人(개인)'을 '人(인)'으로, '雖如(수여)'를
'如(여)'로, '相有如此(상유여차)'를 '如此(여차)'로, '感動中(감동중)'
을 '感動(감동)'으로, '兄弟乎兄弟乎(형제호형제호)'를 '兄弟乎(형제
호)'로 삭제하였다.

여섯째, '첨가오류'이다. '傳敎師(전교사)'에 '老(로)'를 덧붙여 '傳
敎老師(전교노사)'로, '父(부)'에 '親(친)'을 덧붙여 '父親(부친)'으로,
'兩之(양지)'에 '人(인)'을 덧붙여 '兩人之(양인지)'로, '時(시)'에 '卽
(즉)'을 덧붙여 '時卽(시즉)'으로, '生(생)'에 '能(능)'을 덧붙여 '能生
(능생)'으로 편집하였다.

일곱째, '바뀜오류'이다. '乙未(을미)'를 '未乙(미을)'로, '特對(특
대)'를 '待特(대특)'으로 편집하였다.

『안중근 옥중 자서전』(⑤)는 최근에 출간된 책이다. ⑤는 기존의
영인본 ①②와 편집본 ③④에 나타난 오류들을 많이 바로잡았지만,
편집자가 자의적인 해석 입장에 따라 글자를 취사 선택한 오류가 많
이 보인다.

첫째, '판독오류'이다. '踊(용)'을 '湧(용)'으로 판독한 경우이다. 판
독하는 과정에서 '踊'의 초서체(踊)와 '湧'의 해서체 모양이 비슷한
데서 오는 착오이다.

둘째, '삭제오류'이다. '以出門(이출문)'을 '出門(출문)'으로, '還乎
(환호)'를 '還(환)'으로, '不肯從(불긍종)'을 '不肯(불긍)'으로, '眞心
(진심)'을 '眞(진)'으로, '感動中(감동중)'을 '感動(감동)'으로, '之孤
弱(지고약)'을 '孤弱(고약)'으로, '數時(수시)'를 '時(시)'로, '一千(일

천)'을 '千(천)'으로, '于鎭南浦(우진남포)'를 '鎭南浦(진남포)'로, '兄
弟乎兄弟乎(형제호형제호)'를 '兄弟乎(형제호)'로 편집한 경우이다.
이는 편집자가 판독하는 과정에서 문맥상 불필요하다고 여겨 자의
대로 글자를 삭제한 것이다.

셋째, '첨가오류'이다. '韓哥(한가)'에 '然(연)'을 덧붙여 '然韓哥(연
한가)'로, '兩之(양지)'에 '人(인)'을 덧붙여 '兩人之(양인지)'로, '生
(생)'에 '能(능)'을 덧붙여 '能生(능생)'으로, '中(중)'에 '之(지)'를 덧
붙여 '之中(지중)'으로, '而(이)'에 '溝淵(구연)'을 덧붙여 '而溝淵(이
구연)'으로 편집한 경우이다. 이는 편집자가 판독하는 과정에서 문
맥상 필요하다고 생각되는 글자를 자의로 첨가한 것이다.

넷째, '바꿈오류'이다. '法司(법사)'를 '司法(사법)'으로, '惡極(악
극)'을 '極惡(극악)'으로, '達通(달통)'을 '通達(통달)'로 편집하였다.
이러한 오류는 편집자가 한자어를 텍스트화하는 과정에서, 현재의
언어생활에서 한자어가 어떤 형태로 쓰이는가를 기준으로 했기 때
문이다.

다섯째, '의미오류'이다. '搏(박)'을 '拍(박)'으로 편집했는데 모두
'치다'라는 의미이고, '脩(수)'를 '修(수)'로 편집했는데 모두 '닦다'
라는 의미이고, '非(비)'를 '曲(곡)'으로 편집했는데 모두 '그르다'라
는 의미이고, '話(화)'를 '語(어)'로 편집했는데 모두 '말씀'이라는 의
미이고, '徧(편)'을 '遍(편)'으로 편집했는데 모두 '두루'라는 의미이
고, '小(소)'를 '少(소)'로 편집했는데 모두 '적다'라는 의미이고, '托
(탁)'을 '託(탁)'으로 판독했는데 모두 '부탁하다'라는 의미이고, '介
(개)'를 '個(개)'로 편집했는데 모두 '낱'이라는 의미이고, '惟(유)'를
'唯(유)'로 편집했는데 모두 '오직'이라는 의미이고, '如(여)'를 '與

(여)'로 편집했는데 모두 '~와 함께'라는 의미이고, '道(도)'를 '途(도)'로 편집했는데 모두 '길'이라는 의미이고, '住(주)'를 '駐(주)'로 편집했는데 모두 '머무르다'라는 의미이고, '幾(기)'를 '豈(기)'로 편집했는데 모두 '어찌'라는 의미이고, '脂(지)'를 '指(지)'로 편집했는데 모두 '손가락'이라는 의미이고, '辨(변)'을 '辦(판)'으로 편집했는데 모두 '갖추다'라는 의미이고, '傑(걸)'을 '雄(웅)'으로 편집했는데 모두 '뛰어나다'라는 의미이다. 이러한 오류는 한자의 특성인 다의성을 중시하지 않은 것이다. 편집자는 아마도 '고문을 짓는데 어떤 한자를 사용할 때는 반드시 대표 훈만을 우선으로 해야 한다'라는 원칙을 가지고 작업한 것으로 보인다.

여섯째, '오식오류'이다. '結交(결교)'를 '結義(결의)'로, '防禦(방어)'를 '討(토)'로, '鄰(린)'을 '鄕(향)'으로, '刀(도)'를 '力(력)'으로, '善(선)'을 '先(선)'으로, '客(객)'을 '彼(피)'로, '刺(자)'를 '推(추)'로, '習(습)'을 '書(서)'로, '惑(혹)'을 '感(감)'으로, '遭(조)'를 '造(조)'로 편집하였다. 이는 편집자가 문맥이 잘 통하도록 무리하게 다른 한자나 한자어로 고친 것이다. 굳이 고치지 않고 필사본대로 해도 문맥이 잘 통한다.

위의 분석에서 확인할 수 있듯이, 우리가 그동안 읽었던 「안응칠 역사」는 많은 오자와 오식과 오류를 지닌 텍스트였다. 이번 비판정본 『안응칠 역사』는 이를 최대한 바로잡고자 했다. 주관적인 판단에서 자의적으로 삭제하거나 임의로 고치지 않고, 문헌 자료에 근거해 교정했다. 중요한 사실은 기존의 텍스트들에 보이는 오류 내지 다른 독법을 독자들이 스스로 판단해 선택할 수 있도록, 비판 장치apparatus criticus에 분명하게 기록해두었다는 점이다. 무엇보다 이번 책은 얼마든지 다른 독법이 가능하고, 그토록 바라는바, 안중근의 원본이 세상에 나올 것을 대비하는 이른바 '열린 정본open text'을 지향하고 있다. 독자들의 다양한 해석과 독법이 제안되기를 바라마지 않는다. 아울러 질정과 비판도 환영한다. 학문은 이러한 참여로 발전하고, 그것은 앞으로 세워지게 될 '안중근학(安重根學)'의 토대가 될 것이기 때문이다.

비판정본

상편 안응칠 역사

하편 안중근전

안응칠 역사[1]

[1] 安應七歷史

1. 一千八百七十九年。己卯[2]七月十六日。大韓國黃海道海州府。首陽[3]山下。生一男子。姓安。名重根。字應七。【性質近於輕急。故名曰重根。胸腹有七介黑子。故字應七。】

2. 其[4]祖父名仁壽。性質仁厚。家産豐富。以慈善家著名於道內。曾前敍任于[5]鎮海(郡名)[6]縣監(郡守)[7]。生六男三女。第一名曰泰鎮。二泰鉉。三泰勳(私父)[8]。四泰健。五泰敏。六泰純。合六

---

1 壹千九百九年 舊十一月一日 十二月十三日 始述: 누락 ① ④
2 己卯: 乙卯 ③
3 陽: 揚 ②
4 其: 其 누락 ⑤
5 于: 於 ④
6 (郡名): (郡名) 누락 ③ ⑤
7 (郡守): (郡守) 누락 ③ ⑤

兄弟。

3. 皆文翰有餘。其中私父[9]。才慧英俊。八九歲。通達四書三經。十三四歲。科文六體卒業。讀習[10]通鑑冊時。教師開卷。指示一字問曰。自此字十張之下底字。何文字能知否。暗思答曰。能知。彼必天字矣。散見則果若其言天字。

4. 教師奇異之。更問曰。此冊飜逆推上。能知否。答曰。能知。

[2] 如此試問十餘次。順逆[11]一般。都無錯誤。聞見者。無不稱善。謂之仙童。

5. 自此。名譽播著遠近。中年。登科進士。娶趙氏作配。生三男一女。一曰重根(自分)[12]。二定根。三恭根也。

6. 一千八百八[13]十四年(甲申)[14]間。往留於京城矣。時朴泳孝氏[15]深慮國勢之危亂。欲爲革新政府。開明國民。選定英俊青

---

8 (私父): 私父 ②: (父親) ③⑤
9 私父: 父親 ③⑤
10 習: 書 ②③⑤
11 送: 逆 ②③
12 (自分): (自分) 누락 ③⑤
13 八: 七 ①②④
14 (甲申): 甲申 ③⑤
15 朴泳孝氏: 朴永孝氏 ②: 樸泳孝氏 ④

年七十人。將欲派遣外國遊學。(私父)¹⁶亦爲被選矣。

7. 烏呼¹⁷。政府奸臣輩。搆誣朴氏。欲爲反逆。發兵捕捉。時朴氏逃走於日本。同志者與學生等。或被殺戮。或被捉遠謫。

8. (私父)¹⁸避身逃躱。歸隱於鄕第。與其父¹⁹相議曰。國事將日非矣。富貴功名。不足圖也。一日都不如早歸棲山。耕雲釣月。以終此世。盡賣家産。整理財政。準備車馬²⁰。統率家眷。凡[3] 七八十人口。移居于²¹信川郡。淸溪洞山中。地形險峻²²。田畓俱脩²³。山明水麗²⁴。可謂別有天地也。

9. (自分)²⁵時年六七歲也。依賴祖父母之愛育。入於漢文學校。八九年間。纔習普通學文。至十四歲頃。祖父仁壽棄世長逝。(自分)²⁶不忘愛育之情。甚切哀痛。沈病半年以後。蘇復耳。

---

16 (私父): 父親 ③ ⑤
17 烏呼: 呼鳴 ②: 嗚呼 ③ ④ ⑤
18 (私父): 父親 ③ ⑤
19 父: 父親 ④
20 車馬: 馬車 ② ③ ④ ⑤
21 于: 於 ④
22 峻: 俊 ① ② ④
23 脩: 修 ③ ⑤
24 水麗: 麗水 ②
25 (自分): (自分) 누락 ③ ⑤
26 (自分): (自分) 누락 ③ ⑤

10. 自幼時特性。所好狩獵也。常隨獵者。遊獵山野之間。漸長擔銃登山。狩獵禽獸。不務學文。故父母與教師。重噴之。終不服從。親友學生。相謂勸勉曰。汝之父親。以文章著名於現世。汝何故。將欲以無識下等之人自處乎。

11. 答曰[27]。汝之言是也。然試聽[28]我言。昔楚霸王項羽曰。書足以記姓名云云[29]。而萬古英雄楚霸王之名譽。尚遺傳於千秋也。我不願以學文著世。彼丈夫[30]我丈夫[31]。汝等更勿勸我。

[4] 12. 一日。此時三月春節。與學生等。登山翫景。臨於層巖絕壁之上。貪花欲折。失足滑倒。顛沛墮下數十尺。勢無奈何。勵精思量之際。忽逢一株柯木。展手把扼。奮身勇起。回顧四面。若過數三尺墮落。則數百尺層巖之下。碎骨粉身。更無餘望之地。

13. 群兒立於山上。面如[32]土色而已[33]矣。見其得活。取索引上。別無傷處。汗出沾背。握手相賀。感謝天命。下山歸家。危境免

27 答曰：曰 ② ③ ④ ⑤
28 聽：請 ⑤
29 云云：云亡 ① ②
30 丈夫：大夫 ①
31 丈夫：大夫 ①
32 面如：面 ① ④
33 已：己 ④

死之第一回也。

14. 一千³⁴八百九十四年(甲午)³⁵。(自分)³⁶年十六歲。娶妻金氏。現生二男一女。時韓國各地方。所謂東學【現今一進會之本祖也】黨。處處³⁷蜂起。稱托外國人排斥³⁸。橫行郡縣。殺害官吏。掠奪民財。【此時。韓國將危之基礎。日淸露開戰之³⁹源因。(自分)⁴⁰所遭⁴¹之菌】官軍不能鎭壓。故淸國動兵渡來。日本亦動兵渡來。

[5] 日淸兩國。互相衝突。必成大戰爭。

15. 伊時。(私父)⁴²難耐東學黨之暴行。團結同志。飛檄擧義。召集狩獵者。妻子編於行伍。精兵凡七十餘員。陳⁴³於淸溪山中。抗拒東學黨。

16. 時東學魁首元容日。領率徒黨二萬餘名。長驅大進以來。旗幟槍劍蔽於日光。鼓角喊聲振動天地。義兵數不過七十餘

<u>34</u> 一千: 千 ③⑤

<u>35</u> (甲午): 甲午 ②③⑤

<u>36</u> (自分): (自分) 누락 ③⑤

<u>37</u> 處處: 處〇 ①②

<u>38</u> 斥: 拓 ①②

<u>39</u> 之: 之 누락 ⑤

<u>40</u> (自分): (自分) 누락 ③⑤

<u>41</u> 遭: 造 ⑤

<u>42</u> (私父): 父親 ③⑤

<u>43</u> 陳: 陣 ②③⑤

名。強弱之勢。比如以卵[44]擊石也。衆心喫怵。不知方法矣。

17. 時十二月冬天。東風忽吹。大雨暴注。咫尺難辨。敵兵衣甲盡濕。冷氣觸身。勢無奈何。故退陳于[45]十里許。村中留宿。

18. 是夜。(私父)[46]與諸將相議曰。若明日[47]坐受敵兵之包[48]圍攻[49]擊。則小[50]不敵[51]大。必然之勢也。不如今夜先進。襲擊敵兵。乃傳令。鷄鳴早飯。選精兵四十名進發。餘兵守備本洞。

[6] 19. 時(自分)[52]與同志六人。自願先鋒。兼爲偵探獨立隊。前進搜索。臨於敵兵大將所咫尺之地。隱伏於林間。觀察陳[53]勢動定[54]。旗幅隨風翩翩[55]飛。火光衝天。如白[56]晝。人馬喧鬧。都無紀律。

44 卵: 印 ②
45 陳于: 陣於 ④: 陣于 ③⑤
46 (私父): 父親 ③⑤
47 日: 月 ②
48 包: 圍 ①
49 攻: 功 ③
50 小: 少 ③⑤
51 敵 독도글두레 제안: 賊 ①②③④⑤
52 (自分): 我 ③⑤
53 陳: 陣 ③④⑤
54 定: 靜 ⑤
55 翩翩: 翩々 ①: 翩 ②③⑤
56 白: 自 ①

20. 顧謂同志者曰。今若襲擊敵陳[57]。則必建大功。衆曰。以小小[58]殘兵。豈能當敵[59]數萬大軍乎。答曰。不然。兵法云。知彼知己。百戰百勝。我觀敵勢。烏合亂衆。吾輩七人。同心合力。則如彼亂黨。雖百萬之衆。不足畏也。姑未天明。出其不意。勢如破竹矣。公等勿疑。聽從我計。衆應諾之。運籌已畢耳。

21. 一聲號令。七人一齊。向敵陳[60]大將所。沒放射擊。砲聲如雷。震[61]動天地。彈丸與雨雹一般。敵兵別無預備。措手不及。身不着衣甲。手不執機械。自相踐踏。滿山偏[62]野以走。乘勝追擊矣。

[7] 22. 小[63]頃[64]。東天已[65]明耳。敵兵始覺我勢[66]之孤弱[67]。四面圍[68]圍攻擊。危勢甚急。左衝右突。都無脫身之策矣。忽然背後。砲聲大振。一枝[69]軍趕來衝突。敵兵敗走。解圍得脫。此乃本陳[70]

---

[57] 陳：陣 ②③④⑤
[58] 小小：小々 ①②
[59] 敵 독도글두레 제안：賊 ①②③④⑤
[60] 陳：陣 ②③④⑤
[61] 震：振 ①
[62] 偏：遍 ③④⑤
[63] 小：少 ③④⑤
[64] 頃：項 ①
[65] 已：己 ④
[66] 勢：執 ②
[67] 之孤弱：孤弱 ③⑤
[68] 圍 독도글두레 제안：還 ①②③④⑤

後援兵。来到接應也。

23. 兩陳[71]合勢追擊。敵兵四散遠逃。收拾戰利品。軍器彈藥。數十駄。馬匹不計其數。軍糧[72]千餘包。敵兵死傷者。數十餘名。義兵都無損害一人。感謝天恩。三呼萬歲。凱旋本洞。馳報勝捷于[73]本道觀察府。

24. 此時。日本尉官鈴木。領軍過去。送交書信。以表賀情矣。自此。敵兵聞風以走。更無交鋒。漸次沈息。國内泰平耳。戰役以後。(自分)[74]罹於重症。苦痛數三朔。免死回生。自伊[75]到今。十五年間。都無一次輕症[76]也。

25. 噫。狡兎死。走狗烹。越川之杖。棄於沙場。其翌年(乙未)[77] 夏間。何許兩個客來訪(私父)[78]謂曰。昨年戰爭時。輸來千餘包糧米。此非東學黨之所物。本是其半。今度支部大臣。魚允中[79]

69 枝:技 ①
70 陳:陣 ③④⑤
71 陳:陣 ②③④⑤
72 糧:量 ④
73 于:於 ④
74 (自分):我 ③⑤
75 伊:伊時 ③⑤
76 症:癥 ④
77 (乙未):(未乙) ④
78 (私父):(私父) 누락 ③⑤

氏之貿置穀。其半。前惠堂。閔泳駿[80]氏之農莊秋收穀矣。勿爲遲[81]滯。依數還報焉。私父[82]笑以答曰。魚閔兩氏之米。我非所知。卽接奪取於東學陳[83]中之物。公等更勿發如此無理之說。兩人無答以去矣。

26. 一日。自京城。緊急書信一度來到。拆[84]見則云[85]。現今度大魚允中[86]。與閔泳駿[87]兩氏。以所失穀包。推覓之慾。誣陷上奏皇帝陛下曰。安某。莫重國庫金。所貿之米千餘包。無端[88]盜食。故使人探查。則以此米養兵數千。將有陰謀。若不發兵鎭壓。國家大患云云。[89] 故方欲發兵派遣爲計。如是諒之。火速上來。以圖善[90]後方針。【金宗漢書信 前判決】

[9] 27. 看罷。(私父)[91]卽發程。到於京城。則果若其言。擧實呼訴

79 中: 仲 ① ② ③ ④
80 駿: 俊 ① ④
81 遲: 至 ① ② ④ : 支 ③
82 私父: (私父) ② : 父親 ③ ⑤
83 陳: 陣 ③ ④ ⑤
84 拆: 坼 ② ③ ④ ⑤
85 云: 云 누락 ③
86 仲: 中 ⑤
87 駿: 俊 ① ② ④
88 端: 斷 ⑤
89 云云: 云々 ① ②
90 善: 先 ⑤
91 (私父): 父親 ③ ⑤

于⁹²法官。數三次裁判。終未判決。金宗漢氏。提議於政府曰。安某本非賊類。舉義討匪。國家一大功臣。當表其功勳。而反以不近不當之說。搆⁹³陷可乎。然魚允中⁹⁴終不聽矣。不意魚氏逢民亂。以作亂民石下之慘⁹⁵魂。魚謀於是休矣。

28. 毒蛇已⁹⁶退。猛獸更進也。時閔泳駿⁹⁷更爲擧事謀害。閔氏勢力家。事機危迫。計窮力盡。勢無奈何。避身投入於法國人天主敎堂。隱跡數月。幸賴法人之顧助。閔事永爲出末⁹⁸。無事妥帖焉。

29. 這間。久留敎堂內。多聞講論。博覽聖書。感於眞理。許身入敎後。將欲播傳福音。與敎中博學士李保祿。多數經書。輸歸本鄕。

30. 時(自分)⁹⁹年十七八歲頃。年富力強。氣骨淸秀。不下於衆。
[10] 平生特性好嗜者有四。一曰親友結交¹⁰⁰。二飮酒歌舞。三銃砲

₉₂ 訴于 : 于 ③ : 於 ④
₉₃ 搆 : 構 ④ ⑤
₉₄ 中 : 仲 ① ② ③ ④
₉₅ 慙 : 慘 ③ ⑤
₉₆ 已 : 己 ③
₉₇ 駿 : 俊 ① ④
₉₈ 末 : 來 ①
₉₉ (自分) : 我 ③ ⑤
₁₀₀ 結交 : 結 ② : 結義 ③ ⑤

狩獵。四騎馳駿馬。

31. 無論遠近。若聞[101]義俠好漢。居留之說。則常携帶銃砲。
馳馬尋訪。果若同志。談論慷慨之說。痛飲快好之酒。醉後。
或歌或舞。

32. 或遊戲於花柳房。謂妓女曰。以汝之絶妙之色態。與豪男
子作配解[102]老。豈不美哉。汝輩不然。若聞金錢之聲。則流涎
失性。不顧廉恥。今日張夫。明日李夫。甘作禽獸之行耶。

33. 言辭[103]如是。娥女不肯。疾憎之色。不恭之態。現於外。則
或詬辱毆打。故朋友稱別號曰。電口也。

34. 一日。與同志[104]六七人。入山鹿獵。巧哉彈丸罹於銃穴。
【舊式六連發】不能拔。不能入。以鐵杖貫穴。無忌猛刺[105]矣。不
意轟轟[106]一聲。魂飛魄散。不知頭部在不在。不覺生命死不
[11] 死。小[107]頃[108]聚精會神。詳細檢查。則彈丸爆發。鐵杖與丸子。

---

101 聞: 間 ①

102 解: 鮮 ②: 偕 ③ ④ ⑤

103 辭: 亂 ① ④

104 志: 誌 ④

105 刺: 賴 ②: 推 ③ ⑤

106 轟轟: 轟々 ① ②

穿右手以飛上天。即往病院。治療得差。

35. 自此迄[109]今十年之間。雖夢想中。念到此時驚狀。則常毛骨悚然耳。其後。一次橫被他人之誤射獵銃。霰彈二介[110]。中於背後。然別無重傷。即地拔[111]丸得差耳。

36. 伊時。(私父)[112]廣播福音。勸勉遠近。入教者日加月增。一般家眷渾[113]入信奉天主教。(自分)[114]亦入教。受洗于[115]法國人宣教師洪神父若瑟。作聖名曰多默。講習經文。討論道理。已[116]過多月。信德漸固。篤信無疑。崇拜天主耶蘇基督也。

37. 日去月來。已過數年。時教會事務擴張。(自分)[117]與洪教師。往來各處。勸人傳教。對眾演說曰。兄弟乎。兄弟乎[118]。我有一言。請試聞之。若有一人。獨食美饌。不給家眷。抱藏才藝。不

107 小: 少 ③④⑤
108 頃: 頭 ①
109 迄: 訖 ②
110 介: 個 ③④⑤
111 拔 독도글두레 수정: 發 ①②③④⑤
112 (私父): 父親 ③⑤
113 渾: 混 ⑤
114 (自分): 我 ③⑤
115 于: 於 ④
116 已: 巳 ③④
117 (自分): 我 ③⑤
118 兄弟乎 兄弟乎: 兄弟乎 ②③⑤

[12] 教他人。則是可曰同胞之情理乎。我今有異饌奇才。此饌一飽。
則能長生不死之饌。此才一通。則能飛上天之才。故欲爲教
授。願僉同胞傾耳聽之乎[119]。

38. 夫天地之間。萬物之中。惟[120]人最貴者。以其魂之靈也。魂
有三別。一曰生魂。此草木之魂。能生長之魂。二曰覺魂。此禽
獸之魂。能知覺之魂。三曰靈魂。此人之魂。能生長。能知覺。
能分辨是非。能推論道理。能管轄萬物。故惟[121]人最貴者。魂
之靈也。

39. 人若無靈魂。則但肉體。不如禽獸。何故。禽獸不衣以溫。
不業以飽。能飛能走。才藝勇猛。過於人類。然許多動物。受人
所制者。其魂之不靈所致矣。故靈魂之貴重。推此可知。而卽
所謂天命之性。此至尊天主。賦畀[122]于[123]胎中。永遠無窮。不
死不滅者也。

[13] 40. 天主誰耶。曰一家之中。有家主。一國之中。有國主。天地
之上。有天主。無始無終。三位一體。【聖父聖子聖神也。其意深

---

119 乎：哉 ①
120 惟：唯 ③ ④ ⑤
121 惟：唯 ③ ④ ⑤
122 畀：卑 ① ②
123 于：於 ④

大未解¹²⁴。】全能全知¹²⁵全善。至公至義。造成天地萬物。日月星辰。賞¹²⁶罰善惡。獨一無二之大主宰。是也。

41. 若一家中主父。建築家屋。辨¹²⁷備産業。給其子享¹²⁸用。其子肆然自大。不知事親之道。則不孝莫甚。其罪重矣。一國中君主。施政至公。保護各業。與臣民共享¹²⁹太平。臣民不服命令。都無忠愛之性。則其罪最重。

42. 天地之間。大父大君天主。造天以覆我。造地以載我。造日月星辰光照我。造萬物以享¹³⁰用我。終終¹³¹洪恩。如¹³²是莫大。而若人類。妄自尊大。不盡忠孝。頓忘報本之義。則其罪尤極無比¹³³。可不懼哉。可不愼哉。故孔子曰。獲¹³⁴罪於天。無所禱也。

---

124 解：詳 ⑤
125 知：智 ①
126 賞：償 ①②③④
127 辨：辦 ⑤
128 享：亨 ①②③④
129 享：亨 ①②③④
130 享：亨 ①②③④
131 終終：終々 ①②
132 如：知 ①
133 比：此 ②
134 獲：護 ②

[14] 43. 天主至公。無善不報。無惡不罰。功罪之判。卽身死之日也。善者靈魂升¹³⁵天堂。受永遠無窮之樂。惡者靈魂入地獄。受永遠無盡之苦。

44. 一國之君。尚有賞¹³⁶罰之權。況天地大君乎。若曰。何故天主。人生現世。何不報復¹³⁷賞¹³⁸罰善惡乎。曰不然。

45. 此世賞¹³⁹罰有限。善惡無限。若有一人。殺一人。則判其是非。無罪¹⁴⁰則已。然有罪。則當一身代之。足矣。若有一人。殺幾千萬人之罪¹⁴¹。則以一身。豈能代之。若有一人。活幾千萬人之¹⁴²功。則以暫世之榮。豈能盡其賞¹⁴³。

46. 況人心時日變更。或今時爲善。後時作惡。或今日作惡。明日爲善。若欲隨其善惡。報其賞¹⁴⁴罰。則此世人類。難保明矣。

---

135 升: 昇 ⑤
136 賞: 償 ① ② ③ ④
137 報復: 報 ③
138 賞: 償 ① ② ③ ④
139 賞: 償 ① ② ③ ④
140 罪: 罰 ① ④
141 罪: 罰 ① ④
142 人之: 人 ④
143 賞: 償 ① ② ③ ④
144 賞: 償 ① ② ③ ④

47. 又世罰。但治其身。不治其心。天主之賞[145]罰。不然。全
[15] 能全知全善。至公至義。故寬待人命。終世之日。審判善惡
之輕重。然後。使不死不滅之靈魂。受永遠無窮之賞[146]罰。
賞者。天堂之永福。罰者。地獄之永苦也。升[147]降一定。更
無移易。

48. 烏[148]呼。人壽多不過百年。無論賢愚貴賤。以赤身生於此
世。以赤身歸於後世。此所謂空手來空手去。世事如是虛幻。
已可知。然而何故。汨於利慾場中。作惡不覺。後悔何及。若
無天主之賞罰。靈魂亦身死隨滅。則暫世暫榮。容或可圖。而
靈魂之不死不滅。天主之至尊權能。明若觀火也。

49. 昔堯曰。乘彼白雲。之于帝鄉。何念之有。禹曰。生寄也。
死歸也。又曰。魂升魄降云。此足爲靈魂不滅之明證也。若
人不見天主之堂獄。不信有之。則是何異於遺腹子不見其父。
[16] 不信其有父也。瞽者不見天。而不信天有日也。見其華麗家
屋。而不見建築之時。故不信有所做[149]之工匠。則豈不笑哉。

---

145 賞: 償 ① ② ③ ④

146 賞: 償 ③ ④

147 升: 昇 ⑤

148 烏: 鳴 ② ③ ④ ⑤

149 做: 故 ②

50. 今夫天地日月星辰之廣大。飛走動植之奇奇妙妙[150]之萬物。豈無作者。以[151]自然生成乎。若果自然生成。則日月星辰。何以不違其轉次。春夏秋冬。何以不違其代序乎。

51. 雖一間屋。一個器。若無作者。都無成造之理。水陸間。許多機械。若無主管之人。則豈有自然運轉之理哉。故可[152]信與不可信。不係於見不見。而惟係於合理與不合理而已。

52. 擧此幾證。至尊天主之恩威。確信無疑。沒身奉事。以答萬一。吾儕人類。當然之本分也。

53. 於今。一千八百餘年前。至仁天主。矜憐此世。將欲救贖[153]萬民之罪惡。天主第二位聖子。降孕于童貞女瑪利亞腹

[17] 中。誕生于猶太國伯利恒邑。名曰耶穌[154]基督。

54. 在世三十三年間。周遊四方。勸[155]人改過。多行靈跡。瞽者見。啞者言。聾者聽。跛者行。癩者愈。死者蘇。遠近聞者。無不服從。

---

150 奇奇妙妙: 奇々妙々 ① ②
151 以: 而 ③ ⑤
152 可: 何 ②
153 贖: 贖 ③
154 穌: 蘇 ③ ④
155 勸: 觀 ② ③ ④ ⑤

55. 擇¹⁵⁶選十二人。爲宗徒。十二人中。又特選一人名伯多祿。爲敎宗。將代其位。任權定規。設立敎會。現今。意太利國羅馬府。在位敎皇。自伯多祿。傳來之位。今世界各國。天主敎人。皆崇奉也。

56. 時猶太國耶路撒冷城中。古敎人等。憎惡耶穌之策善。嫌疑權能。誣陷捕捉。無數惡刑加。千苦萬難後。釘于十字架。懸於空中。耶穌向天祈禱。救赦萬民之罪惡。大呼一聲。遂氣絶。

57. 時天地振動。日色晦冥。人皆恐懼。稱上帝子云。宗徒取其屍葬之矣。三日後。耶穌復活。出墓現於宗徒。同處四十[18] 日。以傳赦罪之權。離衆升¹⁵⁷天。

58. 宗徒向天拜謝¹⁵⁸而歸。周行世界。播傳天主敎。迄¹⁵⁹今二千年間。信敎者。不知幾億萬名。欲證天主敎之眞理。爲主致命者。亦幾百萬人。現今世界文明國。博學紳士。無不信奉天主耶穌基督。然現世。僞善之敎甚多。此耶穌預言於宗徒曰。後世必有僞善者。依我名惑¹⁶⁰衆。愼勿陷非。入天國

---

156 擇: 揀 ① ②
157 升: 昇 ⑤
158 謝: 辭 ⑤
159 迄: 訖 ②

之門。但天主教會一門而已¹⁶¹云。

59. 願我大韓僉同胞。兄弟姉妹。猛醒¹⁶²勇進。痛悔前日之罪過。以爲天主之義子。現世以作道德時代。共享¹⁶³太平。死後升¹⁶⁴天以受賞。同樂無窮之永福。千萬伏望耳。如是說¹⁶⁵明。往往¹⁶⁶有之。然聞者或信。或不信也。

60. 時教會漸次擴張。教人近於數萬名。宣教師八位。來留
[19] 於黃海道內。(自分)¹⁶⁷伊時。洪神父前。學習法語。幾個月矣。與洪神父相議曰。現今韓國教人。曚昧¹⁶⁸於學文。傳教上。損害不小¹⁶⁹。況來頭國家大勢。不言可想。稟於閔主教前。西洋修士會中。博學士幾員請來。設立大學校後。教育國內英俊子弟。則不出數十年。必有大效矣。

61. 計定後。與洪神父卽上京。會見閔主教。提出此議。主

---

160 惑: 感 ② ③ ⑤
161 已: 巳 ③ ④
162 醒: 省 ⑤
163 享: 亨 ① ② ③ ④
164 升: 昇 ⑤
165 說: 設 ②
166 往往: 往々 ① ②
167 (自分): 我 ③ ⑤
168 曚昧 독도글두레 수정: 朦眛 ① ② ③: 曚眛 ④: 蒙昧 ⑤
169 小: 少 ③ ⑤

教曰。韓人若有學文。則不善於信教。更勿提出如此之議焉。
再三勸告。終不聽。故事勢不得已。回還本鄉。

62. 自此不勝憤慨。心盟曰。教之眞理可信。然外人之心情不
可信也。敎受法語。弊之不學。友人問曰。緣何弊工[170]。答
曰。學日語者。爲日奴。學英語者。爲英奴。我若學習法語。
則難免法奴。故弊之。若我韓國威[171]振於世界。則世界人通
[20] 用[172]韓語矣。君須[173]勿慮。客無辭以退。

63. 時所謂金礦[174]監理。朱哥爲名人。毀謗天主敎。被害不
小[175]云。故(自分)[176]選定總代。派遣朱哥處。擧理質問之際。
金礦[177]役夫。四五百名。各持杖石。不問曲直。打將下來。
此所謂法遠拳近也。危急如此。勢無奈何。

64. (自分)[178]右手拔腰間之短刀。左手把朱哥之右手。大呼叱
之曰。汝雖有百萬之衆。汝之命。懸於我手[179]。自量爲之。朱

170 工: 之 ③ ④ ⑤
171 威: 偉 ⑤
172 通用: 通 ①
173 須: 湏 ①: 頃 ② ③ ⑤
174 礦: 鑛 ④ ⑤
175 小: 少 ③
176 (自分): 我 ③ ⑤
177 礦: 鑛 ③ ④ ⑤
178 (自分): 我 ③ ⑤

哥大怖。叱退左右。不能犯手。乃執朱哥之右手。牽出門外。
同行十餘里後。放還朱哥。乃得脫歸焉。

65. 其後。(自分)[180]被選萬人稧【彩票會社】社長。臨出票式擧行
日。遠近來參之人。數萬餘名。列立於稧場前後左右。無異
於人山人海。稧所在於中央。各任員。一般居處。四門[181]巡
檢。把守保護矣。

[21] 66. 時出票機械。不利有傷。票印[182]五六介[183]。【票印每次一
介[184]式出規】一番出來。觀光者數萬人。不分是非曲直。稱以
挾雜所做。高喊一聲。石塊[185]亂杖。如雨[186]下來。把守巡檢。
四散紛[187]走。一般任員。被傷[188]者無數。各自圖生以逃躱。
但所存者。(自分)[189]一個人而已。

179 手: 乎 ① ②
180 (自分): 我 ③
181 門: 間 ① ④
182 印: 卵 ① ④
183 介: 個 ③ ④
184 介: 個 ⑤
185 塊: 魂 ②
186 雨: 兩 ① ②
187 紛: 粉 ① ② ⑤
188 傷: 償 ⑤
189 (自分): 自分 ①: 我 ③ ⑤

67. 衆人大呼曰。社長打殺。一齊打杖投石以來。危勢甚急。命在時刻。卒然自量。則若爲社長者。一次逃之。會社事務。更無餘顧。況後日名譽之何如。不言可[190]想也。

68. 然勢無奈何。急探行李中。搜索一柄[191]銃砲[192]。【十二連放新式銃】執於右手。以大[193]踏步。上於稷壇[194]。向衆大呼曰。何故何故。暫聽我言。何故欲殺我乎。公等不辨[195]是非曲直。起鬧作亂。世豈有如此野蠻之行耶。公等雖欲害我。然我無罪。豈肯無故棄命可乎。我決不無罪以死矣。若有與我爭命者。
[22] 快先前進。說破。衆皆喫㥘。退後壞散。更無喧鬧者矣。

69. 小[196]頃。一人自外面。超越數萬人圍上以來。疾如飛鳥。當立於面前。向我叱呼曰。汝爲社長。請數萬人來到。而如是欲爲殺害耶。乍觀其人。身體健[197]長。氣骨淸秀。聲如洪鍾。可謂一大偉雄。

190 可: 不 ②
191 柄: 抦 ②
192 砲: 鉋 ①
193 以大: 以 ② ③ ⑤
194 壇: 檀 ②
195 辨: 辬 ①
196 小: 少 ③ ④ ⑤
197 健: 建 ②

70. (自分)¹⁹⁸遂下壇握其手。敬禮諭之曰。兄長兄長。息怒¹⁹⁹
聽言。今之事勢到此者。此非我之本意也。事機若此若彼。
而亂類輩。空起惹鬧之事矣。幸須²⁰⁰兄長。活我危命焉。古
書云。殺害無罪之一人。則其殃及於千世。救活無罪之一人。
則陰榮及於萬代。聖人能知聖人。英雄能交英雄。兄我間。
自此以作百年之交。若何。

71. 答曰。諾諾²⁰¹。遂向衆人大呼曰。社長都無罪過。若有欲
[23] 害社長者。我以一拳打殺。乃已²⁰²說破。以左右手 排坼衆圍。
形如水波。一般壞散。

72. 時(自分)²⁰³始繞放心。更上稧壇。大呼衆人。會集安定後。
曉諭²⁰⁴說明曰。今日所遭²⁰⁵之事。於此於彼。別無過失。而
此巧機械之不利所致也。願僉公恕容。思之若何。衆皆諾
諾²⁰⁶。

198 (自分): 我 ③ ⑤
199 怒: 恕 ① ②
200 須: 頃 ② ③ ⑤
201 諾諾: 諾々 ① ②
202 已: 己 ③
203 (自分): 我 ③ ⑤
204 諭: 喩 ⑤
205 遭: 造 ③ ⑤
206 諾諾: 諾々 ① ②

73. 又曰。然則。今日出票式擧行。當始終如一。然後。可免他人之恥笑矣。從速更爲擧行。出末若何。衆皆搏[207]手應諾[208]耳。於是。遂續式擧行。無事畢了散歸。

74. 時與其恩人相通姓名。姓許名鳳。咸鏡[209]北道人。感賀大恩後。結約兄弟之誼。置酒宴樂。能飮毒酒百餘碗[210]。都無醉痕。試其膂力。則或榛子栢[211]子數三十介[212]。置於掌中。以兩掌合磨。則如石磨壓磨。破碎作粉。見者無不驚嘆。

75. 又有一別才。以左右手。向背抱圍柱棟後。以繩索緊縛兩手。則柱棟自然在於兩臂之間。身如[213]柱棟一體。若不解其手之縛繩。則都無拔身之策必[214]矣。

[24]

76. 如是作之後。衆人回立小[215]頃。一分間顧見。則兩手緊縛。如前有之。小[216]無變更然。柱棟拔於兩臂[217]之間。如前

207 搏: 拍 ③ ④ ⑤
208 諾: 誤 ②
209 鏡: 慶 ① ②: 諾 ④
210 碗: 硫 ① ②
211 栢: 拍 ⑤
212 介: 個 ③ ④ ⑤
213 如: 與 ③ ④ ⑤
214 必: 無 ③ ⑤
215 小: 少 ③ ④ ⑤
216 小: 少 ③ ④ ⑤

完立。其身不係於柱棟以脫焉[218]。見者無不稱善曰。酒量勝
於李太白。膂[219]力不下於項羽。術法可比於佐左云云[220]。同
樂幾日後。分手相別。迄[221]今幾年間。未知何落耳。

77. 時有兩件事。一甕津郡民。錢五千兩。被奪於京城居前參
判金仲煥處事。一李景周事。氏本籍平安道永柔郡人。業醫
士[222]。來留於黃海道海州府。與柳秀吉【本賤人敗政家】[223] 女息
作配。同居數三年之間。生一女。秀[224]吉李氏許。家舍田畓[225]
財産奴婢。多數分給矣。

[25] 78. 時海州府地方隊兵營尉官 韓元校爲名人。乘李氏上京
之隙。誘引其妻通姦。威脅秀吉。奪其家舍什物後。完然居
生耳。

79. 時李氏聞其言。自京城還到本家。則韓哥使兵丁亂打李
氏毆[226]逐[227]。頭骨破傷。流血浪[228]藉。目不忍見。然李氏孤

---

217 臂：譬 ④
218 焉：馬 ②
219 膂：臀 ④
220 云云：云々 ① ②
221 迄：訖 ②
222 士：師 ② ③ ⑤
223 (本賤人敗政家)：本賤人財政家 ③
224 秀：李 ②
225 畓：沓 ①

跡[229]他鄉。勢無奈何。

80. 逃躲保命後。卽上京呼訴于陸軍法院。與韓哥裁判七八次。韓哥免其官職。然李氏妻與家産。不能推尋。【此韓哥之勢力家所致】[230]韓哥與其女。收拾家産。上京居住也。

81. 時甕津郡民與李氏。皆教會人。故(自分)[231]被選摠[232]代。偕兩人上京。幹護兩件事。先往見金仲煥。時金玉賓客。滿堂以坐。與主人相禮。通姓名後坐定。金仲煥問曰。緣何事以來訪乎。

82. (自分)[233]答曰。我本居下鄉愚氓。不知世上規則法律。故問議次來訪。金曰。有何問事。答曰。若有京城一大官。勒[234]討下鄉民財幾千兩。都不還給。則此何律法。治之可乎。

83. 金暗思小[235]頃曰。此非我事否。答曰。然。公何故。甕津

226 毆: 軀 ⑤
227 逐: 遂 ① ②
228 浪: 狼 ④ ⑤
229 跡: 寂 ⑤
230 (此韓哥勢力家所致): 此韓哥勢力家所致 ③
231 (自分): 我 ③ ⑤
232 摠: 總 ② ③ ④ ⑤
233 (自分): 我 ③ ⑤
234 勒: 勤 ①

民財五千兩。勒奪不報乎。金曰。我今無錢不報。當後日還報
爲計也。答曰。不然。如此高臺[236]廣室。許多什物豊備居生。
而若無五千金云云[237]。則何人可信之乎。

84. 如此相詰[238]之際。傍聽一官人。高聲叱我曰。金參判年
老大官。君少年鄕民。何敢發如此不恭之說話乎。(自分)[239]笑
以問曰。公誰耶。客曰。我之[240]姓名。丁明燮也。【現時。漢城
府裁判所檢查官。】

85. 我答曰。公不讀古書也。自古及今。賢君良相。以民爲
天。暗君貪官。以民爲食。故民富則國富。民弱則國弱。當此
[27] 芨業[241]時代。公等爲國家輔弼之臣。不受皇上之聖意。如是
虐民。則國家前道[242]。豈不痛嘆哉。況此房非裁判所也。公
若有五千金報給之義務。則與我相詰可也。

86. 丁哥都無答辭[243]。金仲煥曰。兩公幸勿相詰焉。我當幾日

235　小：少 ③ ④ ⑤
236　臺：大 ① ② ③ ④
237　云云：云之 ② ⑤：云 ③
238　詰：結 ②
239　(自分)：我 ③ ⑤
240　我之：我々 ②
241　芨業：芨業 ① ②
242　道：途 ③ ④ ⑤
243　辭：謝 ⑤

後。還報²⁴⁴五千金矣。公須²⁴⁵寬恕。哀乞四五次。故事勢不
得。退限定約以歸。

87. 伊時。李景周探知韓元校之住處²⁴⁶。相議曰。韓哥勢力
家。自法官稱托逃躲。都不捉致公判。我等先當探捉韓哥夫
妻。然後。偕往法司。公判可也。李氏與同志幾人。偕往²⁴⁷
韓哥住²⁴⁸在家搜索。則韓哥夫妻知機先避。故未能捉得空
還矣。

88. 韓哥誣訴于漢城府曰。李景周來到於本人家。突入內庭。
老母毆打云。故自韓城府捉致李景周。檢查之場。問其證人。
則李氏指名(自分)²⁴⁹姓名。故亦爲被招。到於檢查所。觀之。
則檢查官丁明燮也。

[28] 89. 丁氏一見(自分)。²⁵⁰怒色現於外面。(自分)²⁵¹內念暗思自笑
曰。今日必受丁哥之前嫌矣。【金仲煥家相詰之嫌²⁵²】然無罪之

244 報：裁 ①
245 須：頃 ② ③ ⑤
246 處：所 ② ③ ④ ⑤
247 往：住 ③ ④ ⑤
248 住：往 ③ ⑤
249 (自分)：我 ③ ⑤
250 (自分)：我 ③ ⑤
251 (自分)：我 ③ ⑤
252 (金仲煥家相詰之嫌)：金仲煥家相詰之嫌 ③

我。孰[253]能害之。思畢。檢查問我曰。汝證見於李韓兩之[254]事乎。答曰。然。

90. 又問曰。何故毆打韓哥之母乎。答曰。不然。初無如此行動也。此所謂己所不欲。勿施於人。豈有他人之老母毆打之理乎。

91. 又問曰。何故他人之内庭。無故突入乎。答曰。我本無他人内庭。突入之事。但有李景周家内庭。出入之事矣。

92. 又問曰。何故李哥内庭云乎。答曰。此家則以李哥之錢。買得之家。房内器具[255]。皆李哥之前日所持之物。奴婢亦李哥所使之奴婢。其妻即[256]李哥所愛之妻也。此非李哥之家庭。何人之家庭乎。檢查默默[257]無言耳。

93. 忽見。則韓元校立於面前。(自分)[258]急呼韓哥謂之曰。韓哥。汝聽我言。夫軍人者。國家之重任也。培養忠義之心。防禦[259]外賊。守護壃土。保安人民。堂堂[260]軍人之職分。汝况

[29]

253　孰: 熟 ④
254　兩之: 兩人之 ③ ④ ⑤
255　具: 俱 ① ②
256　即: 則 ⑤
257　默默: 默々 ① ②
258　(自分): 我 ③ ⑤

爲尉官者。勒²⁶¹奪良民之妻。討索財産。然恃²⁶²其勢力。無所
忌憚。若京城。如爾之賊漢。多有居生。則但京漢輩【辱說】²⁶³
生²⁶⁴子生孫。保家安業。下鄕殘民。其妻其財。被奪於京漢
輩。盡滅乃已²⁶⁵。世豈有無民之國乎。如爾之京漢輩。萬死無
惜也。

94. 言未畢。檢查搏床大叱曰。此漢【辱也】。京漢輩京漢輩。
京城何如人居生。而【皇帝大官云云。²⁶⁶ 前嫌所發】汝敢發如此
之言乎。

95. (自分)²⁶⁷笑以答曰。公何故。如是發怒²⁶⁸耶。我言韓哥云
曰。若²⁶⁹爾之賊漢。多有於京城。則但京漢輩保生。鄕民盡
滅云云²⁷⁰。若如韓哥者。當受此辱。不如韓哥之人。有何關
係乎。公誤聞誤解²⁷¹也。

259 防禦: 討 ③ ④ ⑤
260 堂堂: 堂々 ① ②
261 勒: 勤 ①
262 恃: 特 ① ②
263 (辱說): 等 ③ ④ ⑤
264 生: 能生 ③ ④ ⑤
265 已: 己 ③
266 云云: 云々 ②
267 (自分): 我 ③ ⑤
268 怒: 恕 ①
269 若: 若如 ② ③ ④ ⑤
270 云云: 云々 ① ②

96. 丁曰。汝言足以飾非也。答曰。不然。雖善言足以飾非。若指水謂火。則誰可信之乎。檢查不能答辭。令下人李景周捉囚監獄後。謂(自分)[272]曰。汝亦捉囚。

97. 我怒以答曰。何故捉囚乎。今日我之來此者。但證人招待者。非被告捉致者也。況雖有千萬條之法律。都無捉囚無罪人之法律。雖有百千間之監獄。都無捉囚無罪人之監獄矣。當此文明時代。公何故。豈敢私行野蠻法律乎。快快[273]向前出門以歸館。檢查都無[274]如何之說矣。

98. 時自本家書信來到。親患危重云。故歸心如矢[275]。卽地束裝。從陸發程。

99. 時嚴冬寒天耳。白雪[276]滿天下。寒風吹空來。行過獨立門外。回顧思之。心膽如裂。如是親友。無罪囚獄。不見得脫。
冬天寒獄。豈能受苦。況乎何日。如彼惡政府。當一舉打破改革後。掃滅亂臣賊子之輩。成立堂堂[277]文明獨立國。快得

271 誤解: 誤鮮 ②: 解 ④
272 (自分): 我 ③ ⑤
273 快快: 快々 ① ②
274 都無: 無 ② ③ ④
275 矢: 矣 ②
276 雪: 雲 ① ②
277 堂堂: 堂々 ① ②

民權自由乎。

100. 言念及此。血淚湧出。眞難旋踵也。然事勢不得。竹杖
麻鞋。獨行千里以來。行之中路。適逢鄰[278]邑親友李成龍氏。

101. 李氏騎馬以來。謂我曰。幸矣。作伴歸鄕。則甚好也。
我答曰。騎步不同。豈能同行。李曰。不然。此馬自京城。定
價得稅之馬。日氣甚寒。不能久騎。與公數時間式。分排騎
步。則當路速消寂矣。幸勿謙[279]讓焉。說破。作伴同行。數日
後。至延安邑近地方面。

102. 是年天旱不雨。年形大歉。時(自分)[280]騎馬以去。李氏
從後以來。馬夫【牽馬者[281]】扶馬以行。相與談話之際。馬夫指
電線木辱之曰。現今外國人。設置電報後。空中電氣。沒數
[32] 收獲。囚置電報甬[282]。故空中都無電氣。不能成雨。如是大
歉矣。

103. (自分)[283]笑以諭之曰。豈有如此之理乎。君久居京城之

278 鄰：鄕 ③ ④ ⑤
279 謙：嫌 ③ ④
280 (自分)：我 ③ ⑤
281 牽馬者：索馬者 ② ④：索者馬 ③
282 甬：桶 ③ ④ ⑤
283 (自分)：我 ③ ⑤

人。如是無識乎。言未畢。馬夫以馬鞭。打我之頭部。再三猛打辱之曰。汝何人。謂我無識之人乎。我自思之。莫知其故。況此地。無人之境。其漢之行動。兇²⁸⁴惡如是。(自分)²⁸⁵坐於馬上。不下不言。仰天大笑而已。

104. 李氏盡力挽執。幸免大害。然我之衣冠。盡被傷²⁸⁶矣。小²⁸⁷頃。至延安城中。此處(自分)²⁸⁸親友等。見我之形容。驚怪問之。說明其故。諸人忿怒。馬夫捉囚。法官欲爲徵²⁸⁹罰。

105. 我挽說²⁹⁰曰。此漢失精狂人矣。勿爲犯手。卽爲還送焉。衆皆爲然。無事放送。(自分)²⁹¹還鄉到家。親患漸次得差。數月後。蘇復焉。其後。李景周被司法官之抑勒法律。處三年懲役矣。一年後。蒙赦得放。

[33] 106. 時韓元校行賂萬金。使宋哥朴哥兩人。誘引李氏於無人之境。韓哥拔劍。刺殺李氏【噫。以財色。濫殺人命。可爲後人

---

284 兇: 凶 ③ ⑤
285 (自分): 我 ③ ⑤
286 傷: 破傷 ② ③ ④ ⑤
287 小: 少 ③ ④ ⑤
288 (自分): 我 ③ ⑤
289 徵: 懲 ② ③ ④ ⑤
290 說: 諭 ② ③ ④ ⑤
291 (自分): 我 ③ ⑤

之戒哉。】後。逃走。時自法司²⁹²發捕。捉得宋朴兩人與厥女。依律處刑。韓哥²⁹³終不得捕捉。痛哉。李氏懟²⁹⁴作永世之怨魂也。

107. 時各地方官吏。濫用虐政。吮²⁹⁵民膏血。官民間視若仇讎。對之如賊。但天主敎人等。抗²⁹⁶拒暴令。不受討索。故官吏輩疾²⁹⁷憎敎人。無異²⁹⁸於外賊。然彼直我曲。勢無奈何。【好事多魔。一魚濁海。】

108. 時亂類輩稱托敎人。挾雜之事。間或有之。故官吏等乘此機隙。與政府大官秘密相議。誣陷敎人云。黃海道因敎人之行悖。不能行政司法。自政府特派查覈使。李應翼到于海州府。派送巡檢兵丁於各郡。天主敎會頭領之人。不問曲直。[34] 沒數押上。敎會中。一大窘亂也。

109. 私父²⁹⁹亦欲捉得。巡檢兵丁二三次來到。然終爲抗³⁰⁰拒

292　法司：司法 ② ③ ④ ⑤
293　韓哥：然韓哥 ② ③ ⑤
294　懟：慘 ③ ⑤
295　吮：唆 ① ②
296　抗：抗 ②
297　疾：嫉 ③ ④
298　無異：無 ①
299　私父：父親 ③ ⑤
300　抗：抗 ②

不拿。避身他處。痛憤官吏輩之惡行。長嘆不息。晝夜飲酒。成心火病。罹於重症。數月後。還歸本宅。治療無效也。

110. 時敎中事。因法國宣敎師之保護。漸次平息焉。其後年。自分³⁰¹有所關事。出遊於他處矣。【文化郡也】得聞。則私父³⁰²來到致于³⁰³李敞³⁰⁴淳家云。【安岳邑咫近也】(自分)³⁰⁵卽往于³⁰⁶其家。則私父³⁰⁷已歸本宅。

111. 與李友相對。飲酒談話之際。李曰。今番。公之父親。巧逢重辱以歸矣。我大驚問曰。何故。李答曰。公父以身病治療次。來到我家。與我父偕往于³⁰⁸安岳邑。尋訪淸國醫師舒哥。對症後。飲酒談話矣。淸醫緣何事故。而足踢³⁰⁹公父³¹⁰之胷腹³¹¹。被傷。故下人等執淸醫。欲爲毆打。則公父挽論曰。

[35] 今日我等來此者。以治病次。訪醫而來。若打醫師。則是非勿

301　自分：我 ③⑤
302　私父：父親 ③⑤
303　致于：于 ②③⑤：於 ④
304　敞：敝 ①④
305　(自分)：我 ③⑤
306　于：於 ④
307　私父：父親 ③⑤
308　于：於 ④
309　踢：踼 ②
310　父：文 ②
311　腹：復 ②

論。難免他人笑柄[312]矣。幸愼名譽的關系。若何云云[313]。故衆皆忍忿以歸矣。

112. (自分)[314]曰。我父雖守大人之行動。然爲子之道。豈可忍過乎。當往該處。詳探曲直。然後。呼訴法司。懲[315]其悖習若何。李曰。然。卽地兩人同行。尋往舒哥。問其事實。語不過數話。噫。彼蠻淸[316]。突起拔劍。向我頭部。打將下來。

113. (自分)[317]大驚急起。以左手拒彼下手。右手索腰間短銃。向舒哥之脅腹上。形如欲射。舒哥喫㤼。不能犯手。如此之際。同行李敞[318]淳。見其危急之勢。亦取自己之短銃。向空中放砲[319]兩次。舒哥知我之放銃。大驚失色。我亦莫知其故大驚。李氏趕來。奪舒哥之劍。着[320]石折半。兩人分持半片劍。打下舒哥之膝足。舒哥倒[321]地。

312 柄: 抦 ① ②
313 云云: 云々 ① ②
314 (自分): 我 ③ ⑤
315 懲: 徵 ④
316 淸: 情 ②
317 (自分): 我 ③ ⑤
318 敞: 敝 ④
319 砲: 抱 ④
320 着: 著 ② ③ ⑤
321 倒: 到 ②

[36] 114．時(自分)³²²卽往法官。訴其前後事實。法官曰。外國人之事。不能判決云。故更到舒哥處。則邑中人會集挽諭。故抛棄舒哥。與李友各歸本家矣。

115．第五六日後。夜半。何許七八人。突入于³²³李敝³²⁴淳家。其父親亂打捉去。李敝³²⁵淳宿外房。度其火賊來劫。手執短銃追去。則厥漢等向李氏放銃。李氏亦放銃。不顧死生以突擊。彼等抛棄李氏父親。逃走以去。

116．其明日詳探。則舒哥往訴于³²⁶鎭南浦淸國領事。故淸³²⁷國巡査二名。韓國巡檢二名。派送安哥。捉待指令。而彼等不往安哥之家。如是空侵李家者也。

117．如此書信來到。(自分)³²⁸卽地發程。往于鎭南浦。探知。則淸領事以此事。報告于京城公使。照會韓國外部云。故(自[37] 分)³²⁹卽往京城。擧其前後事實。請願于外部。幸得公決回題。

322 (自分)：我 ③ ⑤
323 于：於 ④
324 敝：敞 ③ ④
325 敝：敞 ③ ④
326 于：於 ④
327 淸：情 ②
328 (自分)：我 ③ ⑤
329 (自分)：我 ③ ⑤

還付鎮南浦裁判所。

118. 後與舒哥公判之時。舒哥之前後蠻行現露。故舒非[330]安直。如是公決出末[331]。後有清人紹介者。與舒哥相逢。彼此謝過。平和維[332]持焉。

119. 這間。(自分)[333]與洪神父。有一大競走[334]之事。洪神父常有壓制教人之弊。故(自分)[335]與諸教人相議曰。聖教會中。豈有如是之道理乎。我等當往京城。請願于閔主教前。若主教不聽。則當往稟于羅馬府教皇前。期於以杜如此之習。若何。衆皆諾從耳。

120. 時洪神父聞此言。大發忿[336]怒。(自分)[337]無數揮打。故我含忿忍辱矣。其後。洪神父論[338]我曰。暫時忿[339]怒。肉情所發矣。相恕悔改。若何云云[340]。故(自分)[341]亦答謝。修好以

---

330 非: 曲 ③ ④ ⑤
331 末: 來 ④
332 維: 由 ① ② ③
333 (自分): 我 ③ ⑤
334 走: 爭 ② ③ ⑤
335 (自分): 我 ③ ⑤
336 忿: 憤 ③ ④ ⑤
337 (自分): 我 ③ ⑤
338 論: 謂 ③ ⑤
339 忿: 憤 ③ ④ ⑤

復前日之情也。

121. 歲去月來。當於一千九百五年。(乙巳) 仁川港灣。日露兩
[38] 國。砲聲轟振。東洋一大問題。突起之初。如此通信來到。
洪神父歎曰。韓國將危矣。(自分)[342]問曰。何故。洪曰[343]。露
國勝捷。則露主韓國。日本勝捷。則日本欲爲管轄韓國矣。
豈不危哉。

122. 時(自分)[344]日日[345]考覽新聞雜誌。與各國歷史。推測已[346]
往現在未來之事矣。日露戰爭。媾和休息後。伊藤博文渡來
韓國。威脅政府。勒[347]定五條約。三千里江山。二千萬人心。
撓亂如坐針盤。

123. 時私父[348]心神鬱憤。病勢[349]尤重耳。(自分)[350]與父親。秘

340 云云: 云々 ① ②
341 (自分): 我 ③ ⑤
342 (自分): 我 ③ ⑤
343 曰: 日 ②
344 (自分): 我 ③ ⑤
345 日日: 日々 ①
346 已: 己 ③
347 勒: 勤 ①
348 私父: 父親 ③ ⑤
349 勢: 氣 ② ③ ④ ⑤
350 (自分): 我 ③ ⑤

密相議曰。日露開戰時[351]。日本宣戰書中。東洋平和維[352]持。
韓國獨立鞏固云矣。今日本。不守如此之大義。恣[353]行野心
的侵略。此都日本大政治家伊藤之政略也。先定勒約。次滅
有志黨。後吞壇土。現世滅國新法矣。若不速圖之。難免[354]

[39] 大禍。豈肯束手無策。坐以待死乎。今欲擧義。反對於伊藤
政策。則強弱不同。徒死無益矣。

124. 現聞淸國山東上[355]海等地。韓人多數居留云。我之一般
家眷。移接於該處。然後。以圖善後方策。若何。然則。我
當先往該處。視察後歸來矣。父親這間。秘密束裝後。率家
眷往于[356]鎭南浦。待之我還到之日。當更議行之矣。

125. 父子計定已[357]畢。(自分)[358]卽地發程。遊歷山東等地。後
到于上海。尋訪閔泳翼[359]。守門下人。閉門不納云曰。大監不
見韓人矣。伊日退歸。後日二三次尋訪。亦然前日。不許會見。

351　時: 之時 ② ③ ⑤
352　維: 由 ① ② ③
353　恣: 杏 ④
354　難免: 難 ① ②
355　上: 山 ①
356　于: 於 ③
357　已: 己 ④
358　(自分): 我 ③ ⑤
359　翼: 翊 ④ ⑤

126. 故(自分)³⁶⁰大叱曰。公爲韓國人。不見韓人。而何國人見之乎。況公爲韓國世代國祿之臣。當此芨業³⁶¹之時。都無愛人下士之心。高枕安臥。頓忘祖國之興亡。世豈有如此之義乎。今日國家之危急。其罪都在於公等大官。不係於民族之過失。故面愧而不見耶。詬辱良久以歸。更不尋訪。

127. 其後尋訪徐相根。面會談話曰。現今韓國之勢。危在朝夕。何爲則好耶。計將安出。徐答曰。公韓國之事。向我勿言³⁶²。我一個商民。幾十萬元財³⁶³政。見奪於政府大官輩。如是避身到此。而況乎國家政治。民人等有何關係乎。

128. 我笑以答曰。不然。公但知其一。未知其二也。若人民無之。則國家何以有之。況國家非幾個大官之國家。堂堂³⁶⁴二千萬民族之國家。而若國民不行國民之義務。豈得民權自由之理乎。現今民族世界。而何故。獨韓國民族甘作魚肉。坐待滅亡可乎。

129. 徐答曰。公言雖然。我但以商業糊口而已³⁶⁵矣。更勿發

---

360 (自分)：我 ③ ⑤
361 芨業：芨業 ① ②
362 向我勿言：向我勿 ③
363 財：賊 ②
364 堂堂：堂々 ① ②
365 已：己 ③

[41] 政治談話。我再三發論。都無應諾。此所謂牛耳誦經一般也。
仰天長嘆自思曰。我韓民志皆如是。則國家前道。不言可想
也。歸臥客榻。左思右想。慷慨之懷。難禁耳。

130. 一日適往天主教堂。祈禱良久以後。出門望見之際。忽
一位神父。過去前路。回首望我。相見相驚曰。汝何故到此
耶。握手相禮。此乃郭神父。【此神父。法國人。多年來留韓國。
傳教于黃海道地方。故與我切親。而方自香港歸韓之路。】可謂眞夢
難醒也。

131. 兩人同歸旅館談話。郭曰。汝何故到此。我答曰。先生
現今。韓國之慘狀。不聞乎。郭曰。聞之已[366]久。我曰。現狀
如此。勢[367]無奈何。故不得已[368]。家眷搬移于外國。安接後。
連絡在外同胞。周列[369]還列國。說[370]明抑冤之狀。得其同感
情後。待時到機至。一次擧事。豈不達目的乎。

[42] 132. 郭默然良久答曰。我宗教家傳教師也。都無關於政治
界。然今聞汝言。則不勝感發之情。欲爲汝說[371]一方法。幸

---

366 已: 己 ③
367 勢: 執 ②
368 已: 己 ③
369 周列: 周 ②③④⑤
370 說: 設 ①②
371 說: 設 ①②

須³⁷²試聽。若合於理。則卽隨行之。不然。則自意爲之。

133. 我曰。願聞其計。郭曰。汝言雖如是。然此但知其一。未³⁷³知其二也。家眷移外。誤計也。二千萬人族。皆如汝。則國內將虛矣。此直致讎之所欲。我法國與德國戰爭時。割與兩道。汝亦所知者。迄³⁷⁴今四十年間。其地回復之機。數次有之。然此境有志黨。沒避外邦。故未達目的者矣。此可爲前轍也。

134. 在外同胞言。則比於在內同胞。思想倍³⁷⁵加。不謀³⁷⁶以同矣。不足慮也。以列強動定言之。則若聞汝之抑冤說³⁷⁷明。皆曰。矜憐云。然必無爲韓動兵聲討者明矣。今各國已³⁷⁸知[43] 韓國之慘狀。然各自紛忙³⁷⁹於自國之事。都無顧護他國之暇³⁸⁰。而若後日。運到時至。或有聲討日本不法行爲之機矣。

135. 今日汝之說明。別無效力矣。古書云。自助者天助。汝

372　須: 頃 ② ③ ⑤
373　未: 末 ②
374　迄: 迠 ②
375　倍: 培 ②
376　謀: 謨 ④
377　說: 設 ①
378　已: 己 ③
379　忙: 忘 ③
380　暇: 睱 ②

速歸國。先務汝事焉。一曰。敎育發達。二曰。社會擴張。三
曰。民志團合。四曰。實力養成。此四件確實成立。則二千萬
心力。堅如盤石。雖千萬門大砲[381]攻擊。不能破壞矣。此所
謂四夫之心。不可奪云。況二千萬夫之心力乎。

136. 然則。所奪壇土。形式狀而已。勒定條約。紙上空文。
歸於虛地矣。如此之日。快成事業。必達目的。此策。萬國
通行之例[382]也。如此諭之。自量爲之。聽罷。答曰。先生之言
善。願從行之。卽地束裝。搭乘汽船。還到鎭南浦。

__381__ 砲: 抱 ④
__382__ 例: 列 ②

안중근전

[1] 安重根傳

1. 一千九百五年。十二月。自上海還到于鎭南浦[383]。探聞[384]家信。則這間家眷。齊[385]發淸溪洞。到於鎭南浦。而但私父[386]中路。病勢尤重。別世長逝。故家眷更還反。私父[387]靈柩葬于[388]淸溪洞云。聽罷痛哭氣絕數次。翌日。發程還到淸溪[389]洞。設喪守齋。幾日後禮畢。與家眷過其冬節。

2. 此時。心盟斷酒曰[390]。當[391]大韓獨立之日。開飮[392]爲限。明

383　于鎭南浦 : 於鎭南浦 ④ : 鎭南浦 ⑤
384　聞 : 問 ⑤
385　齊 : 高 ②
386　私父 : 父親 ③ ⑤
387　私父 : 父親 ③ ⑤
388　于 : 於 ④
389　溪 : 污 ②

年春三月。率家眷離清溪洞。移居鎭南浦。建築洋屋一座。安業後。傾家産。設立學校二處。一曰三興學校。一曰敦義學校也。擔任校[393]務。敎育靑年英俊矣。

3. 其翌年春。何許一人來訪。察其氣像。則偉[394]儀軒昂。頗有道人之風。通其姓名。則金進士也。客[395]曰。我素與君父親厚。故特來尋訪。我曰。先生自遠方來。有何高見。

[2]

4. 客[396]曰。以君之氣慨[397]。當[398]此國勢危亂之時。何其坐以待死乎。我曰[399]。計將安出。客[400]曰。現今白頭山後。西北墾[401]島與露領海蔘葳[402]等地。韓人百餘萬人口居留。而物産豐富。可謂用武之地。以君之才。往于[403]該處。則後日必成大

---

390 曰: 日 ② ③
391 當: 常 ② ③
392 歛: 領 ② ③
393 校: 教 ⑤
394 偉: 威 ⑤
395 客: 家 ②: 彼 ③ ⑤
396 客: 家 ②: 彼 ③ ⑤
397 慨: 概 ⑤
398 當: 常 ②
399 曰: 日 ②
400 客: 家 ②: 彼 ③ ⑤
401 墾: 間 ⑤
402 海蔘葳 독도글수레 수정: 海三葳 ① ② ③ ④: 海蔘威 ⑤
403 于: 於 ④

事業。我曰。當謹守所敎矣。言畢。客相別以去。

5. 此時。我欲辦[404]財政之計。往于[405]平壤。開採石炭礦[406]矣。因日人之阻[407]戲。見害數千元好銀耳。時一般韓人。發起國債報償[408]會。雲集公議。時日本別巡查一名。來到探查矣。巡查問曰。會員幾何。財政幾收合乎。

6. 我答曰。會員二千萬人。財政一千三百萬圜。收合然後。報償[409]矣。日人[410]辱之曰。韓人下等之人。有何做事。我曰。[3] 負債者報債[411]。而[412]給債者[413]捧債[414]。則有何不美之事。如是嫉妬辱之乎。

7. 該日人發怒。打我以來。我曰。如此無理受辱。則大韓二千萬人族。將未[415]免大多壓制矣。豈肯甘受國恥。乃發忿[416]

404 辦: 辯 ③
405 于: 於 ④
406 礦: 鑛 ③ ④ ⑤
407 阻: 沮 ⑤
408 報償: □償 ①
409 報償: □償 ①
410 人: 人曰 ① ②
411 報債 독도글두레 첨가: □債 ①: 報償 ② ③ ④ ⑤
412 而: 卽 ①
413 者: 在 ②
414 捧債: 捧償 ⑤
415 未: 末 ②

相打無數。時傍觀者⁴¹⁷。盡力挽執。解決以散歸。

8. 時一千九百七年。伊藤博文來到韓國。勒定七條約。廢光武皇帝。解散兵丁。時二千萬民人。一齊忿發。義旅處處⁴¹⁸蜂起。三千里江山。砲聲大振。

9. 時我急急⁴¹⁹束裝後。離別家眷。向北墾⁴²⁰島到着。則此處。亦日兵方今來到住⁴²¹屯。而都無接足處。故數三朔視察各地方後。更離此處。投露領來過烟秋到于⁴²²海蔘葳⁴²³。此港內。韓人四五千人口居留。而學校有數處。又有青年會。

10. 伊時。我往參青年會矣。被選臨時查察。時何許一人。
[4]　無許私談。故我依規禁止。則其人發怒。打我耳邊數次。時諸員挽執勸解。

11. 我笑謂其人曰。今日所謂社會者⁴²⁴。以合衆力爲主。而

---

416 忿: 憤 ③ ④ ⑤
417 者: 在 ②
418 處處: 處々 ① ②
419 急急: 急々 ① ②
420 墾: 間 ⑤
421 住: 駐 ③ ④ ⑤
422 于: 於 ④
423 海蔘葳 독도글수레 수정: 海三葳 ① ② ③ ④: 海蔘威 ⑤
424 者: 在 ② ③ ④ ⑤

如是相鬪。則豈非他人所恥耶。勿論是非。以和爲主。若何。
衆皆稱善廢會。其後。得耳痛症重痛。月餘得差。

12. 此等地有一人。姓名李範允[425]。此人日露戰爭前。被任
北墾[426]島管理使。與淸兵多數交戰矣。日露開戰時。與露兵合
力相助。而露兵敗歸時。一伴渡來露領。于今。居留此處中也。

13. 往見其人後。談論曰。閣下日露戰役時。助露討日。此
可曰逆天也。何故。此時。日本擧東洋之大義。以東洋平和
維[427]持。大韓獨立鞏固之意。宣言世界後。聲討露國。此所
謂順天。故幸得大捷也。

[5] 14. 若今閣下更擧義旅。聲討日本。則是可曰順天也。何故。
現今伊藤博文。自恃其功。妄自尊大。傍若無人。驕甚惡
極[428]。欺君罔上。濫殺蒼生。斷絶鄰國之誼。排却世界之信
義。是所謂逆天矣。豈能久乎。

15. 諺云。日出露消。理也。月[429]盈必昃。亦合理矣。今閣下

---

425 允: 元 ②
426 墾: 間 ⑤
427 維: 由 ① ② ③
428 惡極: 極惡 ⑤
429 月 독도글두레 수정: 日 ① ② ③ ④ ⑤

受皇上聖恩。而當此家國危急之時。袖手旁觀而可乎。若天與
不受。反受其殃。可不醒哉。願閣下速擧大事。勿違時機焉。

16. 李曰。言雖合理。然財政軍器。都無辦備。奈何。我曰。
祖國興亡。在於朝[430]夕。而但束手坐待。則財政軍器。將從天
而落之乎。應天順人。則何難之有。今閣下決心擧事。則某
雖不才。當[431]助萬分之一力矣。李[432]範允[433]猶預[434]未決也。

17. 此處有兩個好人。一曰嚴仁燮。一曰金起龍。兩人頗有膽
[6] 略。義俠出衆。我與此兩人。結義兄弟。嚴爲長兄。我其次。
金爲第三。自此三人。義重情厚。謀議擧義之事。

18. 周還各處地方。尋訪多數韓人演說曰。譬如一家之中。一
人別其父母同生。離居他處十餘年矣。這間。其人家産優足。
妻子滿堂。朋友相親。安樂無慮。則必忘本家父母兄弟。自
然之勢也。

19. 而一日。本家兄弟中。一人來到告急曰。方今。家有大禍

---

430 朝: 都 ②
431 當: 常 ②
432 李: 季 ①
433 允: 元 ②
434 預: 豫 ⑤

焉。近日。他處強盜來到。逐出父母。奪居家屋。殺害兄弟。
掠取財產。豈不痛哉。願兄弟速歸救急。切望懇⁴³⁵請時。其
人答曰。今我居此處。安樂無慮。而本家父母兄弟。有何關
係乎。

20. 如是云云⁴³⁶。則是可曰人類乎禽獸乎。況傍觀者云曰。
此人不知本家⁴³⁷父兄。豈能知友乎。必爲排斥絶誼矣。排親
絶友之人。何面目。立於世乎。

21. 同胞同胞⁴³⁸。請詳聞我言。現今我韓慘狀。君等果知否。
日本與露國開戰時。宣戰書⁴³⁹曰。東洋平和維⁴⁴⁰持。韓國獨
立鞏固云矣。至於今日。不守如此之重義。

22. 反以侵掠⁴⁴¹韓國。五條約七條約勒定後。政權掌握。皇
帝廢立。軍隊解散。鐵道礦⁴⁴²産。森林川澤。無所不奪。官
衙各廳。民間廣宅。稱以兵站。沒數奪居。膏沃田沓。古舊

435　懇：墾 ④
436　云云：云々 ① ②
437　本家：本家之 ⑤
438　同胞同胞：同胞々々 ① ②
439　宣戰書：戰宣書 ②：宣書 ③ ④ ⑤
440　維：由 ① ② ③
441　掠：略 ③ ④ ⑤
442　礦：鑛 ③ ④ ⑤

墳墓。稱托[443]軍用地。插標拔[444]堀。禍及白骨。爲其國民者。爲其子孫者。誰有忍忿耐辱者乎。故二千萬民族。一致憤發。三千里江山。義兵處處[445]蜂起。

23. 噫。彼強賊反稱曰。暴徒。發兵討伐。殺戮極慘。兩年之間。被害韓人。至於數十萬餘。掠奪疆土。殘害生靈者。暴徒乎。自守自邦。防禦外賊者。暴徒乎。此所謂賊反荷杖之格也。

24. 對韓政略如是。殘暴之始本論之。則都是所謂日本大政治家。老賊伊藤博文之暴行也。稱托韓民二千萬。願受日本保護。現今太平無事。平和日進之樣。上欺天皇[446]。外罔列強。掩其耳目。擅自弄奸。無所不爲。豈不痛忿哉。

[8]

25. 我韓民族。若不誅此賊。則韓國必滅乃已。東洋將亡矣。諸君諸君[447]。熟思之。諸君祖國忘之否。先代之白骨忘之否。親族戚黨忘之否。若不忘之。則當此危急存亡之秋。憤發猛醒哉。

443 托:託 ④ ⑤
444 拔:發 ⑤
445 處處:處々 ① ②
446 天皇:□天皇 ②
447 諸君諸君:諸君々々 ① ②

26. 無根之木。從何以生。無國之民。居何以安。若諸君以
居外邦。無關於祖國。頓不顧助。則俄人知之。必曰。韓人
等不知其祖國。不愛其同族。豈能助外國。可愛異種乎。如
此無益之人種。置之無用。言論沸騰。不遠間。必逐[448]出俄
國地境。明若觀火矣。

27. 當如此之時。祖國疆[449]土。已[450]失於外賊。外國人一致
[9] 排斥不受。則負老携幼。去將安之乎。諸君。波蘭人之虐殺。
黑龍江上。清國人之慘狀。不聞否。

28. 若亡國人種。與強國人同等。則何憂亡國。何好強國。
勿論何國。亡國人種。如是慘殺虐對[451]。不可避也。然則。
今日我韓人種。當此危急之時。何爲則好耶。

29. 左思右想。都不如一次舉義。討賊之外。更無他法也。
何則。現今韓國內地。十三道江山。義兵無處不起。若義兵
見敗之日。噫。彼奸賊輩。無論善不善。稱托暴徒。人人[452]
被殺。家家[453]衝火矣。如此之後。爲韓國民族者。何面目行

---

448 逐: 遂 ②
449 疆: 壃 ①: 強 ②
450 已: 己 ③
451 對: 待 ③⑤
452 人人: 人々 ①②
453 家家: 家々 ①②

於世乎。

30. 然則。今日勿論在內在外之韓人。男女老少。擔銃荷劍。一齊擧義。不顧勝敗利[454]鈍。快戰一場。以免天下後世之恥笑。可也。

[10] 31. 若如是惡戰。則世界列強公論不無。可有獨立之望。況日本不過五年之間。必與俄淸美三國開戰矣。此韓國一大期[455]會也。當此時。韓人若無預備。則日本雖敗。韓國更入他賊手中矣。

32. 不可不一自今日義兵。繼續不絕。大期[456]勿失。以自強力。自復國權。可謂健全獨立矣。此所謂不能爲者。萬事之亡本。能爲者。萬事興本也。故自助者天助云。

33. 請諸君。坐以待死可乎。憤發振力可乎。於此於彼間。決心警醒。熟思勇進。伏望。

34. 如是說明。周還各地方。聞見者。多數服從。或自願出戰。或出機械。或出義金。助之。自此。足爲擧義之基礎也。

---

[454] 利: 以 ① ②
[455] 期: 機 ⑤
[456] 期: 機 ⑤

35. 時金斗星李範允等。皆一致舉義。此人等。前日已⁴⁵⁷爲總督與大將被任者也。我以參謀中將之任被選矣。義兵與軍器等。秘密輸送。會集于⁴⁵⁸豆滿江近邊後。謀議大事。

[11]

36. 伊時。我發論曰。現今我等。不過數三百人。則賊強我弱。不可輕賊。況兵法云。雖百忙中⁴⁵⁹。必有萬全之策。然後。大事可圖。

37. 今我等。一次舉義。不能成功明矣。然則。若一次不成。則二次三次。至于⁴⁶⁰十次。百折不屈。今年不成。更圖明年。明年又再明年。至于十年百年可也。

38. 若我代不成目的。則及于⁴⁶¹子代孫子代。必復大韓國獨立權。然後。乃已⁴⁶²矣。然則。不得不先進後進。急進緩進。預備後備。具備然後。必達目的矣。

39. 然則。今日先進出師者。病弱老年等。可合也。其次青年等。組織社會。民志團合。幼年教育。預備後備一邊。各項實

---

457 已:己 ③
458 于:於 ④
459 中:之中 ②③⑤
460 于:於 ④
461 于:於 ④
462 已:己 ③

業勤務。實力養成。然後。大事容易矣。僉⁴⁶³意若何。

[12] 40．聞見者。多有不美之論。何故。此處風氣頑固。第一有權力者財政家。第二強拳⁴⁶⁴者。第三官職最高者。第四年老者也。此四種之權中。我都無一條掌握之權。豈能實⁴⁶⁵施耶。自此於心不快。雖有退歸之心。然旣爲走坡⁴⁶⁶之勢。莫可奈何。

41．時領軍諸將校。分隊出師。渡于⁴⁶⁷豆滿江。時一千⁴⁶⁸九百八年。六月日。晝伏夜行。到于咸鏡北道。與日兵數次衝突。彼此間。或有死傷。或有⁴⁶⁹捕虜者矣。

42．時日本軍人與商民捕虜者。請來問曰。君等皆日本國臣民也。何故。不承□天皇之聖旨耶⁴⁷⁰。日露開仗⁴⁷¹之時。宣戰書。東洋平和維⁴⁷²持。大韓獨立鞏固云。而今日如是競走⁴⁷³

463　僉：愈 ②：留 ③ ⑤
464　拳：擧 ④
465　能實：能實能實 ②
466　坡：破 ③ ⑤
467　渡于：渡於 ④：到于 ⑤
468　一千：千 ③ ⑤
469　或有：有 ③ ④ ⑤
470　□天皇之聖旨耶：□天皇之聖旨 ②：天皇之聖旨 ③ ④ ⑤
471　仗：伏 ② ④：戰 ③ ⑤
472　維：由 ① ② ③
473　走：爭 ② ③ ④ ⑤

侵掠。可謂平和獨立乎。此非逆賊強盜而何耶。

43. 其人等落淚以對[474]曰。此非我等之本[475]然之心。出於不得
[13] 已[476]者明矣。人生斯世。好生厭死。人皆常情。而況我等萬
里戰場。慘作無主之冤魂。幾[477]不痛憤哉。

44. 今日所遭。非他故也。此都是伊藤博文之過也。不受□
皇上之聖旨[478]。擅[479]自弄權。日韓兩國間。無數貴重生靈殺
戮。彼輩安臥享福。我等雖有憤慨之心。勢無奈何。故至於
此境者。然是非春秋。豈可無之。

45. 況農商民渡韓者。尤甚困難。如是國弊民疲。頓不顧念。
東洋平和不啻。日本國勢之安寧。豈敢望也。故我等雖死。痛
恨不已矣。言畢。痛哭不絕。

46. 我謂曰。我聞君等之所言。則可謂忠義之士也。君等今
當放還矣。歸去。如此亂臣賊子掃滅。若又有如此奸黨。無
端起戰。同族鄰[480]邦間。侵害言論題出者。逐[481]名掃除。則

474 對: 待 ① ②
475 之本: 本 ⑤
476 已: 己 ③
477 幾: 豈 ③ ⑤
478 □皇上之聖旨: 皇上之聖旨 ③ ④ ⑤
479 擅: 壇 ①

[14] 不過十名以前。東洋平和可圖矣。公等能行之否。

47. 其人等踊[482]躍應諾。故卽時放送。其人等曰。我等軍器銃砲等物。不帶以歸。難免軍律矣。何爲好耶。我曰。然。卽地銃砲等物。還授謂之曰。公等速速[483]歸去。後被虜之說。切[484]勿出口。愼圖大事焉。其人等千謝萬謝以去矣。

48. 其後。將校等不穩。謂我曰。何故捕虜賊放還乎[485]。我答曰。現今萬國公法。捕虜賊兵。殺戮之法都無。囚於何處。而後日賠還。況彼等之所言。眞情所發之義談矣。不放何爲乎。

49. 諸人曰。彼賊等。我等義兵捕虜者。無餘慘惡殺戮。況我等殺賊之目的。來到此處。風饌[486]露宿者也。而如是盡力生擒者。沒數放送。則我等爲何之目的乎。

50. 我答曰。不然不然[487]。賊兵之如是暴行。神人共怒者。而

480 鄰：憐 ③
481 逐：遂 ① ④
482 踊：勇 ③ ④
483 速速：速々 ① ②
484 切：絶 ⑤
485 還乎：還 ③ ④ ⑤
486 饌：餐 ③ ④ ⑤
487 不然不然：不然々々 ① ②

[15] 今我等。亦行野蠻之行動。所願耶。況日本四千餘萬人口。盡滅後。國權挽回爲計耶。

51. 知彼知己。百戰百勝矣。今我弱彼強。不可惡戰不啻。以忠行義擧。聲討伊藤之暴略。廣布世界。得其列強之同感[488]情。然後。可以雪恨復權矣。

52. 此所謂弱能除強。以仁敵惡之法也。公等幸勿多言。如是曲切[489]諭之。然衆論沸騰不服。將官中。分隊遠去者。有之矣。

53. 其後。被日兵襲擊。衝突四五時間。日已[490]暮矣。霖雨暴注。咫尺不辨。將卒彼此分散。死生之多少。亦爲難判也。勢莫奈何。與數十人宿於林間。

54. 其翌日。六七十名相逢。問其虛實。則各各[491]分隊。離散以去云耳。時衆人兩日不食。皆有飢寒之色。各有圖生之心。當此地境。腸斷膽裂。然事勢不得。

---

488 感: 憾 ① ② ④
489 切: 折 ③ ④ ⑤
490 已: 己 ③
491 各各: 各々 ① ②

55. 慰諭衆心後。投去村落。求食麥飯。小⁴⁹²免飢寒。然衆心不服。不從紀律。當此之時。如此烏合亂衆。雖孫吳諸葛復生。無可奈何也。

56. 更探散衆之際⁴⁹³。適逢伏兵。一被狙擊。餘衆分散。難可復合。我獨坐於山上。自謂自笑曰。愚哉我兮。如彼之輩。何事可圖乎。誰怨誰⁴⁹⁴咎⁴⁹⁵。更憤發勇進。四處搜探。幸逢二三個人。

57. 相與議曰。何爲則好耶。四人議見各不同。或曰亡⁴⁹⁶命圖生云。或曰自刎以死云⁴⁹⁷。或曰自現趣⁴⁹⁸捕於日兵者。有之⁴⁹⁹也。我左思右想良久。忽思一首詩。吟謂同志曰。男兒有志出洋外。事不入謀難處身。望須同胞誓流血。莫作世間無義神。

58. 吟畢。更謂曰。公等皆隨意行之。我當下山。與日兵一場快戰。以盡大韓國二千萬人中。一分子之義務。然後。死以無

---

492 小: 少 ③ ④ ⑤
493 際: 除 ⑤
494 誰: 讎 ③
495 咎: 仇 ① ② ③ ④
496 亡: 已 ②: 己 ③ ⑤
497 死云: 死 ② ③ ⑤
498 趣: 取 ⑤
499 有之: 之 ② ⑤

恨矣。於是。携帶機械。望賊陣以去。

[17] 59. 其中一人。挺身出來。挽執痛哭曰。公之意見大誤也。
公但思一個人之義務。不顧許多生靈。及後日之大多事業乎。
今日⁵⁰⁰事勢。都死無益。如重萬金之一身。豈肯棄如草芥耶。
今日當更渡歸江東。【江東露領地名也】以待後日之好期⁵⁰¹會。
更圖大事。十分合理矣。何不深諒乎。

60. 我更回思謂之曰。公言甚善。昔楚霸王項羽。自刎於烏江
者。有二條。一何面目。更見江東父老乎。一江東雖小。亦足
以王句語。發憤自死于⁵⁰²烏江。當此之時。項羽一死。天下更
無項羽。可不惜哉。今日安應七一死。世界更無安應七必矣。
夫爲英雄者。能屈能伸。目的成就。當從公言。

61. 於是。四人同行。尋路之際。更逢三四個人⁵⁰³。相謂曰。
[18] 我等七八人。白晝不能衝過賊陣矣。不如夜行也。其夜。霖
雨尚不息暴注。咫尺難辨。故彼此失路離散。但三個人。作
伴同行。

---

500 今日: 今 ③ ⑤
501 期: 機 ⑤
502 于: 於 ④
503 個人: 人 ③ ④

62. 三人都不知山川道⁵⁰⁴路不啻。雲霧滿天覆地。東西不辨。莫可奈何。況山高谷深。人家都無。如是徧⁵⁰⁵踏四五日間。都不一回喫飯。腹無食米。足不穿⁵⁰⁶鞋。故不勝飢寒苦楚。採草根以食之。裂氈⁵⁰⁷褥以裏足。

63. 相慰相護以行。遠聞雞犬之聲。我謂二人曰。我當前往村家。乞飯問⁵⁰⁸路以來矣。隱於林間。以待歸我。遂尋人家以去。此家。日兵派出所也。日兵擧火⁵⁰⁹出門以來。我忽見覺之。急急⁵¹⁰避身。還到山間。更與二人相議逃走。

64. 時氣力乏盡。精神眩昏。倒於地上。更勵神後。仰天祝之曰。死則速死。生則速生焉。祝畢。尋川飲水一腹後。臥於樹下以宿。

[19] 65. 其翌日。二人甚爲苦。歎不息。我諭之曰。幸勿過慮。人命在天矣。何足憂也。人有非常困難。然後。必成非常事業。陷之死地。然後生矣。雖如⁵¹¹是落心。何益之有。以待天命

504 道：渡 ④
505 徧：遍 ③ ⑤
506 穿：着 ⑤
507 氈：氊 ⑤
508 問：聞 ① ② ④
509 日兵擧火：擧火 ③ ⑤
510 急急：急々 ① ②

已而矣。言雖大談。然左思右量。都無奈何之方法也。

66. 自思謂之曰。昔日。美國獨立之主。華盛頓七八年風塵之
間。許多困難苦楚。豈能忍耐乎。眞萬古無二之英傑[512]也。
我若後日成事。必當委往美國。特爲華盛頓。追想崇拜。紀念
同情矣。

67. 此日。三人不顧死生。白晝尋訪人家。幸逢山間僻村人
家。呼其主人乞飯。其主人。一碗粟飯。給以謂之曰。請君
等勿滯。速去速去[513]。昨日。此下洞。日兵來到。無故良民五
名捕縛。稱托[514]義兵饋飯。卽時砲殺以去。此處。時時[515]來
到搜索。勿咎速歸焉。

[20] 68. 於是。更不打話。擁飯上山[516]。三人均一分食。如此別
味。人間更難求得之味也。疑是天上仙店料理矣。此時。絶
食已過六日間耳。

69. 更越山渡川。不知方向以去。恒晝伏夜行。霖雨不息。苦

---

511 雖如:如 ③ ④ ⑤
512 傑:雄 ③ ⑤
513 速去速去:速去々々 ① ②
514 托:託 ⑤
515 時時:時々 ① ②
516 上山:山上 ⑤

楚益甚也。數日後。一夜。又逢一座家屋。叩門呼主。則主
人出來。謂我曰。汝必是露國入籍者也。當押送于[517]日本兵
站矣。亂棒打下。呼其同類。欲爲捕縛。故勢無奈何。避身
逃躱以去。

70. 適過一隘口之際。此處日兵把守矣。黑暗之中。相撞于[518]
咫尺。故日兵向我放銃三四發。然我幸免不中。急與二人。
避入山中。更不敢行於大路。但往來于[519]山谷。四五日。復如
前不能得食。飢寒尤甚於前日也。

71. 於是。勸[520]勉二人曰。兩兄信聽我言。世人若不奉事天地
大君大父天主。則不如禽獸矣。況今日我輩。難免死境。速
信天主耶穌[521]之道理。以救靈魂之永生。若何。古[522]書云。
朝聞道。夕死可矣。請兄等速悔改前日之過。奉事天主。以
救永生。若何。

72. 於是。天主造成萬物之道理。至公至義賞罰善惡之道
理。耶穌[523]基督降生。救贖之道理。一一[524]勸[525]勉。二人聽

[21]

517　送于：送 ⑤
518　于：於 ④
519　于：於 ④
520　勸：勤 ① ④
521　穌：蘇 ③ ④ ⑤
522　古：右 ①

罷。願信奉天主敎。故卽依⁵²⁶會規。授代洗。【此代理洗禮權】
行禮畢。

73. 更探人家。幸逢山僻處一座⁵²⁷茅屋。叩門呼主。小⁵²⁸頃。
一老人出來。接入房中。禮畢。請求飮食。言罷。卽喚童子。
盛備饌需以來。【山中無別味。葉草兼於果】不顧廉恥。一場飽喫
後。回神思之。大凡十二日之間。但二次喫飯。而救命到此
也。

74. 乃大多感謝於主翁。前後所遭苦楚。一一⁵²⁹說話。老人曰。
[22] 當此國家危急之秋。如是困難。國民之義務。況謂興⁵³⁰盡悲
來。苦盡甘來。幸勿多慮。現今日兵處處⁵³¹搜索。眞難行路。
當從我所指。從某至某。無慮便利。豆滿江不遠。速行渡歸。
以圖後日之好期⁵³²會。

523 穌: 蘇 ③ ④ ⑤
524 一一: 一々 ① ②
525 勸: 勤 ① ④
526 依: 作 ① ④
527 座: 産 ① ②
528 小: 少 ③ ④ ⑤
529 一一: 一々 ① ②
530 興: 與 ②
531 處處: 處々 ① ②
532 期: 機 ⑤

75. 我問其姓名。老人曰。不必深問也。但笑以不答矣。於
是。謝別老人。依其所指。幾日後。三人一致。無事渡江。
時纔放心。到於一村家。安息數日之際。始脫衣服以見之。
已盡朽⁵³³腐。難掩赤身。蝨⁵³⁴族極盛。不計其數也。

76. 出師前後計日。則凡一個月半。別無舍營。恒露營以宿。
霖雨不息暴注。這間。百般苦楚。一筆難記也。

77. 到於露領烟秋方面。親友相見不識。皮骨相接。無復舊時
容之故。千思萬量。若非天命。都無生還之道矣。留此十餘日
治療後。到于⁵³⁵海蔘葳⁵³⁶。此處韓人同胞。設備歡迎會請我。

[23] 78. 我固辭曰。敗軍之將。何面目。肯受諸公之歡迎乎。諸人
曰。一勝一敗。兵家常事。何愧之有。況如是危險之地。無
事生還。豈不歡迎耶云矣。

79. 伊時。更離此處。向河發浦⁵³⁷方面。搭⁵³⁸乘汽船。視察
黑龍江上流數千餘里。或尋訪韓人有志家後。更還致于⁵³⁹水

---

533 朽：枵 ② ③
534 蝨：風 ②
535 于：於 ④
536 海蔘葳 독도글수레 수정：海三葳 ① ② ③ ④：海蔘葳 ⑤
537 浦：捕 ③ ④
538 搭：塔 ③ ④

清等地。或勸勉教育。或組織社會。周行各方面矣。

80. 一日到于山谷無人之境。忽然何許兇怪輩六七名突出。捕縛我。一人謂之曰。義兵大將捉得矣。此時。同行人數名。逃走以去。彼等謂我曰。汝何故。自政府嚴禁之義兵。敢行耶。

81. 我答曰。現今所謂我韓政府。形式如有。然內容則伊藤之一個人之政府矣。爲韓民者。服從政府命令。其實服從伊藤者也。彼輩曰。不再多言。卽打殺。

[24] 82. 言畢。以手巾結縛我項。倒於白雪之中。無數亂打。我高聲叱曰。汝等若殺我於此地。或如無事。然向者。我同行二人逃去矣。此二人必往告于⁵⁴⁰我同志。汝等後日盡滅無餘矣。諒以行之焉。

83. 彼等聽罷。相附耳細語。此必然不能殺我之⁵⁴¹議也。小⁵⁴²頃。拿我入於山間草屋之中。或有毆打者。或有挽執者也。我乃以好和之說。無數勸解。彼等默然不答矣。

---

539 致于: 到于 ② ③ ⑤: 致於 ④
540 于: 於 ④
541 我之: 之我 ②
542 小: 少 ③ ④ ⑤

84. 相謂曰。汝金哥發起之事矣。汝金哥任意行之。我等更不相關矣。彼金哥一人。押我下山以去。我一邊曉諭。一邊抗⁵⁴³拒。金哥理勢都無奈何。無辭以退去也。

85. 此等皆一進會之餘黨。而自本國避亂到此。居生之輩矣。適聞過我之說。如是行動之事本⁵⁴⁴耳。時我得脫免死。尋訪親友之家。治療傷所。過其冬節。

[25] 86. 其翌年正月。【時卽己酉。一千九百九年。】還到于烟秋方面。與同志十二人。相議曰。我等前後。都無成事。則難免他人之恥笑不暜。若無特別團體。無論某事。難成目的矣。今日我等斷脂⁵⁴⁵同盟。以表記跡。然後。一心團體。爲國獻身。期於到達目的。若何。眾皆諾從。

87. 於是。十二人各各⁵⁴⁶。斷其左手藥脂⁵⁴⁷後。以其血。太⁵⁴⁸極旗前面。大書四字云曰。大韓⁵⁴⁹獨立。書畢。大韓獨立萬歲。一齊三唱後。誓天盟地以散。其後。往來各處。勸勉敎

---

543 抗: 抗 ① ②
544 本: 件 ③ ④ ⑤
545 脂: 指 ③ ④ ⑤
546 各各: 各々 ① ②
547 脂: 指 ③ ④ ⑤
548 太: 大 ②
549 韓: 韓國 ②

育。團合民志。購⁵⁵⁰覽新聞爲務。

88. 伊時。忽接鄭大鎬書信。卽往見後。本家消息詳聞。家屬率來之事。付托⁵⁵¹以歸。且春夏間。與同志幾人。渡韓内地。欲察許多動靜矣。運動費辦⁵⁵²備無路。未達目的。虛送歲月。已到初秋九月。時卽一千九百九年九月也。

[26]

89. 時適留於烟秋方面矣。一日。忽然無故而心神憤鬱⁵⁵³。不勝躁⁵⁵⁴悶。自難鎭定。乃謂親友數人曰。我今欲往海蔘葳⁵⁵⁵。其人曰。何故如是無期牢往乎。

90. 我答曰。我亦莫知其故也。自然腦⁵⁵⁶心煩惱。都無留此之意。故欲去。其人問曰。今去何還。我無心中。忽發言答曰。不欲更還。其人甚怪以思之。我亦不覺所答之辭意也。

91. 於是。相別發程。到于⁵⁵⁷穆口港。適逢汽船【此港汽船。一

---

550 購:講 ②
551 托:託 ⑤
552 辨:辦 ⑤
553 憤鬱:鬱 ④
554 躁:操 ① ② ③ ④
555 海蔘葳 독도글두레 수정: 海三葳 ① ② ③ ④:海蔘威 ⑤
556 腦:惱 ⑤
557 于:於 ④

週間。或一二次⁵⁵⁸式往來于海港。】搭⁵⁵⁹乘。到于海蔘葳⁵⁶⁰。聞
之。則伊藤博文將來到于此處云云⁵⁶¹。巷⁵⁶²說浪⁵⁶³藉矣。

92. 於是。詳探裏許。購覽各樣⁵⁶⁴新聞⁵⁶⁵。則日間。哈爾賓
到着之期。眞實無疑也。自思暗喜曰。多年所願目的。今乃到
達矣。老賊休於我手。然到此之說未詳。必往哈爾賓。然後。
成事無疑矣。

[27] 93. 卽欲起程。然運動費沒策。故左思右想。適尋訪此處
居留。韓國黃海道義兵將⁵⁶⁶李錫山以去。時李氏適往他處次。
束裝發程。出門以去。急喚回來。入於密室。請求一百元貸給
云云⁵⁶⁷。李氏終不肯從⁵⁶⁸。

94. 事勢到此。勢無奈何。卽威脅勒奪一百元後還來。事如

---

558 或一二次 : 或二次 ①

559 搭 : 塔 ② ③ ④

560 海蔘葳 독도글두레 수정 : 海三葳 ① ② ③ ④ : 海蔘威 ⑤

561 云云 : 云々 ① ②

562 巷 : 陪 ① : 隋 ② : 港 ④

563 浪 : 狼 ④ ⑤

564 樣 : 洋 ④

565 聞 : 文 ① ②

566 義兵將 : 義將 ⑤

567 云云 : 云々 ① ②

568 不肯從 : 不肯 ⑤

半成矣。於是。請同志人禹德淳。密約擧事之策後。各携帶
拳銃。卽地發程。

95. 搭[569]乘汽車。以行思之。則兩人都不知露國言語。故憂
慮不小[570]矣。中路到于綏芬河地方。尋訪柳東夏云曰。現今
我家眷迎接次。往于哈爾賓。而我不知露話[571]。故甚悶。君
偕往其處通辯。周旋凡事。若何。

96. 柳曰。我亦方欲貿藥次。去哈爾賓。爲計之際。則偕往
甚好。卽地起程同行。其翌日。到于[572]哈爾賓。金聖伯家留宿
後。更得見新聞。詳探伊藤之來期。

[28] 97. 其翌日。更欲南向長春等地。欲爲擧事。柳東夏本以年
少之人故。卽欲還其本家。更欲得通辯一人。適逢曹[573]道先。
以家屬迎接次。同行南向云。則曹氏卽許諾也。

98. 其夜。又留宿於金聖伯家。時運動費有不足之慮。故
托[574]柳東夏。金聖伯許五十元暫貸。則不遠間。卽還報云。柳

569 搭: 塔 ① ② ③ ④
570 小: 少 ③ ④ ⑤
571 話: 語 ③ ④ ⑤
572 于: 於 ④
573 曹: 曺 ⑤
574 托: 託 ⑤

氏尋訪金氏。以出外也。

99. 時獨坐於客燈寒榻[575]上。暫思將行之事。不勝慷慨之心。偶吟一歌曰。丈[576]夫處世兮。其志大矣。時造英雄兮。英雄造時。雄視天下兮。何日成業。[577]東風漸寒兮。壯士義熱。憤慨一去兮。必成目的。鼠竊伊藤兮。豈肯比命。豈度至此兮。事勢固然。同胞同胞兮。速成大業。萬歲萬歲兮。大韓獨立。萬歲萬萬歲。大韓同胞。

[29] 100. 吟罷。更書一度書信。欲付海蔘葳[578]大東共[579]報新聞社。此意。則一我等所行目的。公布於新聞上之計。一柳東夏若金聖伯處五十元金貸來。則還報之計沒策。故將大東共[580]報社支發云云[581]。爲其憑籍。而暫時譎計也。

101. 書畢。柳氏還來。貸金之算不中云。故不得以宿過夜。其翌日早朝。與禹曹[582]柳三人。偕往于停車場。乃使曹[583]氏南

---

575 榻: 塔 ① ② ④
576 丈: 大 ①
577 時造英雄兮 英雄造時 雄視天下兮 何日成業, 안중근「丈夫歌」육필원고: 雄視天下兮 何日成業 時造英雄兮 英雄造時 ① ② ④
578 海蔘葳 독도글두레 수정: 海三葳 ① ② ③ ④: 海蔘威 ⑤
579 共: 其 ④
580 共: 其 ④
581 云云: 云々 ① ②
582 曹: 曺 ⑤

清列車相交換停車場。何處有之。詳問驛官。則蔡家溝[584]等地云云[585]。故卽與禹曹[586]兩人相別柳氏後。搭[587]乘列車。南行發程。到于同方面下車。定館[588]留宿。

102. 問停車場事務人曰。此處汽車。每日幾次式來往乎。答曰。每日三次式來往矣。今日夜。特別車自哈爾賓發送于長春。日本大臣伊藤迎接。而再明日朝六點。到此矣云云[589]。如此分明之通信。前後初聞之確報也。

[30]

103. 於是。更自深算曰。再明日上午六點頃。姑[590]未天明之時。則伊藤必不下停車場矣。雖下車視察。黑暗中眞假難辨[591]。況我不知伊藤之面目。豈能擧事。更欲前往長春等地。則路費不足。何爲則好耶。左思右想。心甚悶鬱矣。

104. 時適打電於柳東夏曰。我等但到此下車矣。若該處有緊事。則打電爲望也云矣。黃昏後。答電來到。而其辭意都

583 曹：曺 ⑤
584 溝：鉤 ④
585 云云：云々 ① ②
586 曹：曺 ⑤
587 搭：塔 ② ③ ④
588 館：舘 ②
589 云云：云々 ① ②
590 姑：故 ④
591 辨：辯 ②

不分明。故更加疑訝不小[592]。故其夜十分深諒。更算良策後。
其翌日。與禹氏相議曰。我等合留此處。沒策矣。一曰財政不
足。二曰柳氏答電甚疑。三曰伊藤明朝未明過此。則事必難
行矣。若失明日之期[593]會。則更難圖事也。

[31] 105. 然則。今日君留於此[594]處。以待明日之期[595]會。見機動
作。我今日還去哈爾賓。明日兩處擧事。十分便利也。若君不
成事。則我必成事。若我不成事。則君必成事矣。若兩處都
不如意。更辦備運動費後。更相議擧事。此可爲萬全之策矣。

106. 於是相別。我搭[596]乘列車。還到于[597]哈爾賓。更逢柳
東夏。問答電辭意。則柳氏答辭[598]。亦不明。故我發怒噴之。
柳氏無辭以出門[599]去矣。

107. 其夜。留宿金聖伯家。其明朝早起。盡脫新鮮衣服後。
換着溫厚洋服一件後。携帶短銃。卽向停車場以去。時午前

---

[592] 小: 少 ③ ④ ⑤
[593] 期: 機 ⑤
[594] 於此: 此 ④
[595] 期: 機 ⑤
[596] 搭: 塔 ② ③ ④
[597] 于: 於 ④
[598] 辭: 辯 ③ ④ ⑤
[599] 以出門: 出門 ⑤

七點頃也。到於當地。則時露國將官與軍人。多數來到。準
備迎接伊藤節次也。

[32] 108. 我坐於賣茶店裡。吃茶二三盃後。待之矣。到九點頃。
伊藤搭[600]乘特別汽車來到。時人山人海也。我坐於茶店裡。
窺其動靜。自思曰。何時狙擊則好耶。

109. 十分思量。未決之際。小[601]頃。伊藤下車以來。各軍隊
敬禮。軍樂之聲。飛空灌耳以來。當時。忿氣突起。三千丈
業火。腦裏衝出也。何故世態如是不公耶。嗚呼。強奪隣邦。
殘害人命者。如此欣躍。小[602]無忌憚。無故[603]仁弱之人種。
反如是陷困耶。

110. 更不打話。卽大踏步踊[604]進。至于[605]軍隊列立之後。見
之。則露國一般官人。護衛還來之際。其前面。一個黃面白
鬚之小翁。如是沒廉。敢行于天地之間耶。想必是伊藤老賊
也。卽拔短銃。向其右側。快射四發後[606]思之。則十分疑訝。

600 搭: 塔 ②③④
601 小: 少 ③④⑤
602 小: 少 ③④⑤
603 故: 辜 ⑤
604 踊: 湧 ③⑤: 勇 ④
605 于: 於 ④
606 後: 之後 ②③⑤

起腦者。我本不知伊藤之面貌者也。若一次誤中。則大事狼
貝[607]矣。

111. 遂復[608]向後面。日人團體中。偉[609]儀最重。前面先行
[33] 者。更爲目表[610]。連射三發後更思。則若誤傷無罪之人。則
事必不美。故停止思量之際。露國憲兵來到捕捉。時卽
一千九百九年。陰九月十三日。上午九點半頃也。

112. 時[611]向天。大呼大韓萬歲三次後。拿入於停車場憲兵分
派所。全身檢查後。小[612]頃。露國檢察官。與韓人通[613]譯來
到。問其姓名。及何國何處居住。從何處以來。因何故。加
害於[614]伊藤之故。問之故。大槪說明者。通辯[615]韓人韓語。
不能詳[616]解故也。

607 貝: 狽 ③ ④ ⑤
608 復: 腹 ②
609 偉: 威 ⑤
610 表: 標 ③ ④ ⑤
611 時: 時卽 ② ③ ④ ⑤
612 小: 少 ③ ④ ⑤
613 『안중근 자료집 제1권 안중근 유고: 안응칠 역사·동양평화론·기서』, 신운
용·최영갑(편역), (사)안중근평화연구원, 2016의 『安應七歷史』의 나가사키본의
영인본은 '與韓以通' 이후 2쪽 누락.
614 加害於: 加害 ⑤
615 辯: 辨 ②
616 詳: 祥 ④

113. 伊時。寫眞撮影者。數三次有之矣。午后八九點頃。露國憲兵將官。與我搭[617]乘馬車。不知方向以去。到于日本領事館。交付後去矣。其後。此處官吏。二次審問。第四五日後。溝淵檢察官來到。更爲審問。前後歷史細細[618]供述[619]。而[620]又問伊藤加害之事。

[34] 114. 故答曰。一韓國閔皇后弑殺之罪。二韓國□皇帝[621]廢位之罪。三勒定五條約與七條約之罪。四虐殺無故之[622]韓人之罪。五政權勒奪之罪。六鐵道礦[623]山與山林川澤勒奪之罪。七第一銀[624]券紙貨勒用之罪。八軍隊解散之罪。九敎育防[625]害之罪。十韓人外國遊學禁止之罪。十一敎課[626]書押

---

617 搭: 塔 ② ③ ④
618 細細: 細々 ① ②
619 1978년 2월 발견되었던 나가사키 판본은 "前後歷史細細供述 以下略 一千九百十年 庚戌 陰二月初五日 陽三月十五日 旅順獄中 大韓國人安重根畢書"까지이다. 그 후 1979년 9월 일본 국회도서관 헌정자료실 '시치조 기요미 관계문서' 중에서 발견된 『安重根傳記及論說』에 합철된 전문 필사본 『安重根傳』은 '前後歷史細細供述' 이후부터 계속 이어진다. 『安重根傳記及論說』의 『安重根傳』은 나가사키 판본과 마찬가지로 "一千九百十年 庚戌 陰二月初五日 陽三月十五日 旅順獄中 大韓國人安重根畢書"로 끝을 맺고 있다.
620 而: 而溝淵 ③ ⑤
621 韓國□皇帝: 韓國皇帝 ③ ④ ⑤
622 故之: 辜 ⑤
623 礦: 鑛 ⑤
624 銀: 銀行 ③ ⑤
625 防: 妨 ③ ④ ⑤
626 課: 科 ⑤

收燒火之罪。十二韓人欲受日本保護云云[627]。而誣罔世界之罪。十三現行日韓間。競爭不息。殺戮不絕。韓國以太平無事之樣。上欺 □天皇之罪[628]。十四東洋平和破壞之罪。十五日本□天皇階下[629]父皇[630]太皇帝弒殺之罪云云[631]。則檢察官聽罷。愕然謂曰。今聞所述。則可謂東洋義士也。自已[632]義士。必無被死刑之法矣。勿爲[633]憂慮焉。

[35] 115. 我答曰。我之死生勿論。以此意。速速[634]上奏于日本天皇階下。速改伊藤之不善政略。以扶東洋危急之大勢。切望矣。言罷。更囚地窟[635]獄矣。更四五日後。謂曰。今日自此去旅順口云矣。

116. 時見之。則禹德淳曹[636]道先柳東夏鄭大鎬金成玉。與又面貌不知人[637]二三人。偕爲結縛。而到于停車場。搭[638]乘

627 云云：云々 ①
628 □天皇之罪：天皇之罪 ③ ④ ⑤
629 日本□天皇階下：日本天皇階下 ③ ④ ⑤
630 父皇：父 ③ ⑤
631 云云：云々 ①
632 已：③ ④
633 爲：謂 ⑤
634 速速：速々 ①
635 窟：屈 ① ②
636 曹：曺 ⑤
637 不知人：不知 ⑤
638 搭：塔 ④

汽車發程。此日。到于長春憲兵所過夜。翌日。更搭⁶³⁹乘汽
車行。到一處停車場。忽日本巡查一名。上來矣。突地揮拳
打我面部。

117. 故我發怒辱之。則時憲兵正校在側⁶⁴⁰矣。引其巡查。下
送汽車後。謂我曰。日韓間。相有如此⁶⁴¹不美之人矣。幸勿怒
焉。其翌日。到于旅順口監獄署捉囚。時日九月二十一日頃也。

118. 自此在監以後。與一般官吏⁶⁴²。日日⁶⁴³漸次相近中。典獄
警守係⁶⁴⁴長。與其次一般官吏特別厚對⁶⁴⁵。我不勝感動中⁶⁴⁶。
[36] 或心中自思疑訝曰⁶⁴⁷。此眞耶夢耶。同一日本之人。何如是
大不相同耶。韓國來往日人。何其強惡太甚。旅順口來住⁶⁴⁸
日人。何故如是仁厚耶。韓國與旅順口。日人之種類。不同
然耶。水土風氣。不同以然耶。韓國日人。主權者伊藤極惡。
故效其心以然耶。旅順口日人。主權都督仁慈。故和其德以

---

639 搭：塔 ④

640 側：則 ③ ④

641 相有如此：如此 ④

642 與一般官吏：與一般官吏 누락 ③ ⑤

643 日日：日々 ①

644 係：系 ④

645 對：待 ③ ⑤：特 ④

646 感動中：感動 ③ ④ ⑤

647 自思疑訝曰：疑訝曰 ⑤

648 住：往 ③ ⑤

然耶。左思右想。理由未覺也。

119. 其後溝淵檢察官。與韓語通譯官園木氏。來到于[649]監獄署內。十餘次審問。而這間酬酌。一筆難記。【詳細談話載於檢察官文簿。故不必更記也。】檢察官常對我特厚。審問後。恒給埃及金口紙捲[650]烟。相對談話吸烟。評論公直。同憾[651]情現於容色[652]矣。

120. 一日。英國辯護士一人。露國辯護士一人。來訪面會謂我曰。我等兩人。海蔘葳[653]居留。韓人諸氏委托委任以來。欲爲辯護。而自此法院已[654]有許可。將公判之日。更爲來到云以去。

[37]

121. 時我自思心中。大驚小怪謂曰。日本文明程度。至於如此之境耶。我前日之念不及處也。今日觀其英露辯護士能容許可之事。是可謂世界第一等國之行動也。我果誤解。如是過激手段妄動否。十分疑訝矣。

649 于: 於 ④
650 捲: 卷 ⑤
651 憾: 感 ⑤
652 現於容色 독도글두레 수정: 現容於色 ① ② ③ ④ ⑤
653 葳: 威 ③ ④ ⑤
654 已: 已 ③

122. 時韓國內部警視日本人仙境氏來到。韓語極善通。而日日⁶⁵⁵相逢談話。雖日韓兩國人。相對酬酌之。其實政略機關。大相不同。然人情論之。則漸次親近。無異於如舊之誼也。

123. 一日。我問於仙境氏曰。日前。英露兩國辯護士。到此之時。自此法院官吏。公平之眞心許可耶。答曰。果眞心⁶⁵⁶矣。我曰。若果然。則東洋之特色有之矣。若不然。則對於我事反害。無益甚多矣。相笑以散。

[38]

124. 伊時。典獄栗原氏。與警守係⁶⁵⁷長中村氏。常顧護特對⁶⁵⁸。每一週日間。沐浴一次式。每日午前午後⁶⁵⁹二次式。自監房出於事務室。各國上等紙捲⁶⁶⁰烟。與西洋菓⁶⁶¹子。及茶水。厚給飽⁶⁶²喫⁶⁶³。

125. 又朝午夕三時飯。上等白米飯饋之。內服品好者。一件換着。綿衾四件特給。柑子與林檎黃梨等果實。日日⁶⁶⁴數三

---

655 日日：日々 ①

656 眞心：眞 ③ ⑤

657 係：系 ④

658 特對：特待 ③ ⑤；待特 ④

659 午後：後 ④

660 捲：卷 ⑤

661 菓：果 ① ③ ④

662 飽：胞 ① ③ ④

663 喫：吃 ④

次給之。牛乳每日一瓶式給之。此園木氏之特恩也。溝淵檢
察官。鷄與烟草等物買給。如此許多特對[665]。感荷不已[666]。難
可盡述也。

126. 至於十一月頃。我同生親弟。定根恭根二人。自韓國鎭
南浦。來到此處。相逢面會。相別三年後。初見之面也。不
[39] 覺眞夢之界矣。自此恒四五日間。或十餘日間。鱗次相逢談
話。而韓國辯護士請來事。與天主敎神父請來。受聖事之事。
相托。

127. 其後一日。檢察官又來到。審問之際。其言語與形容。
與前日大不相同。或有壓制。或有抑說。或有凌[667]侮之態。
故我自思曰。檢察官之思想。如是忽變。此非本情也。客風大
侵矣。此所謂道心惟微。人心惟危之句。眞不虛傳之文字也。

128. 我憤然答曰。日本雖有百萬精兵。又有千萬門大砲[668]
俱[669]備。然安應七之一命。但一殺之權外。更無他權矣。人生
斯世。一死都無事。何慮之有。我更不答辭矣。任意行之焉。

664 日日：日々 ①
665 對：待 ③ ④ ⑤
666 已：巳 ③
667 凌：浚 ③ ④
668 砲：炮 ④
669 俱：具 ⑤

129. 自此時。我之來頭事。將爲大非。而公判必變爲曲判之勢明確。自算以信之。而況言權禁止許多。目的意見。末[670]能進[671]述。又諸般事機。掩跡飾詐之態現[672]著。是何故也。

130. 推理思之。則非他故也。此必變曲爲直。變直爲曲之理[673]也。夫法性如鏡。毫髮不容。而今我之事。是非曲直。已爲明白矣。何掩之有。何詐之有。譬如此世人情。勿論賢愚。善美之事。爭欲現誇於外。惡累之事。必然暗隱以忌他矣。推此則可知也。

131. 此時。我不勝大憤。頭腦甚痛。數日後。漸差焉。其後。月餘無事拖[674]過。此亦一怪點也。一日。檢察官謂我曰。公判日已[675]定六七日後。而英露韓辯護士。一體[676]不許。但此處官選辯護士。使用云云[677]。

132. 故我自思曰。我之前日。上中二等之策所望。眞浪信過

---

670 末：未 ③ ④ ⑤
671 進：陳 ⑤
672 現：顯 ⑤
673 之理：理 ⑤
674 拖：施 ③ ⑤
675 已：己 ③
676 體：切 ③ ④ ⑤
677 云云：云々 ①

慕也。不出於我之下等所料也。其後。公判初日。到于[678]法院公判席。時鄭大鎬金成玉等。五人已[679]盡無事放還。但禹[41]曹[680]柳三人。與我同爲被告出席。而傍聽人數三百員。

133. 時韓國人辯護士安秉瓚氏。與前日已[681]受許可以去。英國人辯護士。亦爲來參。然都不許辯護之權。故但傍聽而已矣。

134. 時裁判官出席。依檢察官所審文簿。大槪更爲審問。然我欲進[682]述詳細意見。則裁判官常要避杜口。故未能說明矣。我已知其意。故一日。乘其期[683]會。幾個目的。說明之際。裁判官大驚起座。卽禁止傍聽後。退入于[684]他房以去也。

135. 時我自思曰。我言中。有刀[685]劍以然耶。銃砲有之以然耶。譬如淸風一吹[686]。塵累盡散。一般也。此非他故。我說明伊藤之罪名時到於日本□孝明天皇[687]弑殺之句語。如是破席矣。

678 于: 於 ④
679 已: 己 ③
680 曹: 曺 ⑤
681 已: 巳 ③
682 進: 陳 ⑤
683 期: 機 ⑤
684 于: 於 ④
685 刀: 力 ③ ⑤
686 吹: 次 ④
687 日本□孝明天皇: 日本孝明天皇 ③ ④ ⑤

136. 小⁶⁸⁸頃。裁判官更爲出席後。謂我曰。更勿發如此之言。
[42] 此時。我默然良久。自思自謂曰。眞鍋判事不知法律以如是
耶。□天皇之命⁶⁸⁹不重以如是耶。伊藤公所立之官以如是耶。
何故如是耶。大醉於秋風以然耶。我今日之所遭之事。眞耶
夢耶。我堂堂⁶⁹⁰大韓國之國民。而何故今日。被囚於日本監
獄中。

137. 況受當日本法律。是何故耶。我何日歸化於日本國耶。判
事日本人。檢事⁶⁹¹日本人。辯護士日本人。通譯官日本人。
傍聽人日本人。此所謂啞者演說會。聾者傍聽。一般也。眞
個⁶⁹²是夢中世界矣。若夢。則⁶⁹³速醒快覺。速醒快覺焉。如
此之境。說明無所用。公談⁶⁹⁴亦無益矣。

138. 我乃笑以答曰。裁判官任意行之。我更別無他言也。其
翌日。檢察官說明被告之罪狀。而終日不絶。至於脣亡舌弊。
氣盡以罷。

688　小 : 少 ③ ④ ⑤
689　□天皇之命 : 天皇之命 ③ ④ ⑤
690　堂堂 : 堂々 ①
691　事 : 查 ① ③ ④
692　個 : 皆 ⑤
693　則 : 中 ④
694　談 : 判 ④

[43] 139. 終末所⁶⁹⁵請者。不過是處我於死刑而已矣。請死刑之
理由。則如此之人。若生存於⁶⁹⁶此世。則許多韓人慕⁶⁹⁷範其
行。日本人畏怖。不能持保之理由也。

140. 時我自思甚爲冷笑。自謂曰。自今及古。天下各國。俠客
義士。無日不絶。此皆效我以然耶。俗談曰。勿論某人。不必
願⁶⁹⁸親十個裁判官也。但願全無一個罪狀云。此果課言也。

141. 若日本人無罪。則何必畏怖韓人⁶⁹⁹耶。許多日本人中。
何必伊藤一人被害耶。今日。又畏怖韓人之日本人。此非與
伊藤同目的以然耶。況我以私嫌。加害於伊藤云。我本不知
伊藤。有何私嫌。而若曰我與伊藤有私嫌以如是。則檢察官
與我有何私嫌以如是耶。

142. 若如檢察官所言。則不得不世無公法公事。都出於私情
[44] 私嫌云。可也。然則。必對溝淵檢察官之以私嫌。請死刑之
罪。又有他檢察官審查溝淵氏之罪。然後。亦爲請刑。可合
於公理也。然則。世事豈有出末之日耶。

---

695 所: 訴 ⑤
696 存於: 存 ⑤
697 慕: 摸 ③: 模 ⑤
698 願: 顧 ④
699 韓人: 韓國人 ⑤

143. 伊藤公[700]。日本天地。第一等高大之人物。故日本四千餘萬人民。甚畏敬服者。則我罪亦極大。必有非常極重極大之刑罰。請求之樣。思量矣。何故。但以死刑請求耶。日本人無才。死刑之外。上之上。極爲重大之刑法。未[701]能辨[702]備以然耶。酌量減輕[703]以然耶。我雖千思萬量。難辨[704]理由曲直。可訝可訝也。

144. 其翌日。水野鋤田。兩氏辯護士辯論曰。被告之犯罪。現明無疑。然此出於誤解之故。則其罪不重矣。況韓國人民。日本司法官管轄之權。頓無云云[705]。

145. 而我更爲辨[706]明曰。伊藤公[707]之罪狀。天地神人皆知。
[45] 而我何誤解耶。況我非個人謀殺犯罪人也。我則大韓國義兵參謀中將之義務帶任。而到于哈爾賓。開仗襲擊後。被虜到此矣。旅順口地方裁判所。都[708]無關係。則當以萬國公法與國際公法。判決可也。

700 伊藤公: 伊藤 ③ ⑤
701 未: 末 ① ③ ④
702 辨: 辯 ③ : 辦 ⑤
703 減輕: 輕減 ⑤
704 辨: 辯 ③
705 云云: 云々 ①
706 辨: 辯 ③
707 伊藤公: 伊藤 ③ ⑤
708 都: 到 ⑤

146. 於是。時間已盡。而裁判官曰。再明日。來聞[709]宣告焉。時我自思曰。再明日。則日本國四千七百萬之人格。算斤之日也。當觀輕重高下矣。

147. 此日。到于法院。則眞鍋裁判官宣告曰。安重根處於死刑。禹德淳三年懲役。曹[710]道先柳東夏各一年半處役云云[711]。而與檢察官如出一口。而控訴[712]日字。限五日內。更定云後。不更不打話。紛紛[713]終判以散。時一千九百十年。庚戌正月。初三日也。

148. 還囚監獄中。乃自思自謂曰。不出於我之所料也。自古及今。許多忠義志[714]士。以死爲限。忠諫設略。無不必中於後日之事矣。

149. 今我特憂東[715]洋大勢。竭盡赤誠。獻身設策。而終歸烏有。痛嘆奈何。然日本國四千萬人族。大呼安重根之日。應不遠矣。東洋平和局。如是缺[716]裂。百年風雲。何時可息乎。現

---

709 聞: 開 ③ ⑤
710 曹: 遭 ① ③: 曺 ⑤
711 云云: 云々 ①
712 控訴 독도글두레 수정: 拱訴 ① ③ ④: 控所 ⑤
713 紛紛: 紛々 ①
714 義志: 意誌 ④
715 東: 平 ① ③ ④

今日本當局者。小⁷¹⁷有知識。則必不行如此政略也。

150. 況若有廉恥公直之心。豈能行如此之行動耶。去一千八百九十五年【乙未】。駐⁷¹⁸韓日本公使三浦。驅兵犯闕。韓國□明聖皇后閔氏⁷¹⁹弑殺。而日本政府。三浦別無處刑以放釋。其內容。則必有使命者。故如是者明矣。

151. 然至於今⁷²⁰日。我事論之。則雖曰個人間殺人罪云⁷²¹之。三浦之罪與我之罪。誰輕誰重乎。可謂腦碎⁷²²膽裂處也。我有何罪。我犯何過耶。千思萬量之際。忽然大覺後。搏⁷²³掌大笑曰。我果大罪人也。我非他罪。我爲仁弱韓國人民之罪也。乃解疑安心焉。

[47]

152. 其後。典獄栗原氏特別紹介高等法院長平石氏。面會談話之際。我對死刑判決不服之理由。大概說明後。東洋大勢之關係。與平和政略意見進⁷²⁴述。則高等法院長聽罷。慨

---

716 缺: 決 ⑤
717 小: 少 ③ ④ ⑤
718 駐: 住 ① ③ ④
719 韓國□明聖皇后閔氏: 韓國明聖皇后閔氏 ③ ④ ⑤
720 今: 令 ③ ④
721 云: 雲 ④
722 碎: 晬 ④
723 搏: 拍 ⑤
724 進: 陳 ⑤

然答曰。我與君同情。雖厚。然政府主權之機關。難改奈何。
當君之所述之意見。稟達于[725]政府矣。

153. 我聽罷。暗暗[726]稱善曰。如此公談正論。如雷灌耳。一
生難得再聞之說也。如此公義之前。雖木石。可爲感服矣。
我更請曰。若爲許可。則東洋平和論一卷。欲爲著述。執行
日字。限月餘寬宥若何。

[48] 154. 高等法院長答曰。不必月餘[727]寬限。雖數個月之餘[728]。
特別許可矣。勿慮焉。於是。感謝不已。而還自此控[729]訴權
抛棄請願[730]。若更爲控[731]訴。則都無利益。明若觀火不啻。
高等法院長之所言。果是眞談。則不必更[732]念矣。

155. 於是。東洋平和論著述爲始。而時法院與本署一般官
吏。我手寫之書籍。欲爲紀蹟[733]次。絹疋紙張數百枚。買送
請求。故事勢不得不。思自己之筆法不能。不顧他人之戲笑。

725 于：於 ④
726 暗暗：暗々 ①
727 餘：余 ③
728 餘：余 ③
729 控：拱 ① ③ ④
730 願：顧 ④
731 控：拱 ① ③ ④
732 不必更：更 ④
733 蹟：跡 ④

每日數時間式寫書焉。

156. 一自在監以後。特有所親之友二人。一部長青木氏。與
看守田中氏也。青木氏。性情仁厚公平。田中氏。能通韓國
言語。而我之一動一定[734]之事。兩氏不無顧護。我與兩氏。
情若兄弟矣。

157. 時天主教會傳教師[735]洪神父。欲教[736]授我之永生永
[49] 樂[737]之聖事次。自韓國來到此處。與我相逢面會。如夢如醉。
難覺喜樂也。氏本佛蘭西國人。巴里京。東洋傳教會神品學
校卒業後。守童貞[738]。許願[739]受神品聖事。升[740]爲神父。氏才
藝出衆。多聞博學。而英法德與羅瑪古語。無不達通[741]也。

158. 一千八百九十年頃[742]。來到韓國。京城與仁川港。幾年
間居留矣。其後。一千八百九十五六年頃[743]。更下來于[744]海西

---

734 定: 顚 ③: 足 ③ ④ ⑤

735 傳教師: 傳教老師 ④

736 教: 數 ④

737 永樂: 樂 ④

738 貞: 眞 ④

739 願: 顧 ④

740 升: 外 ③ ④ ⑤

741 達通: 通達 ⑤

742 九十年頃: 九十五六年頃 ④

743 九十五六年頃: 十五六年頃 ④

黃海道等地。傳教之時。我入教領洗。其後同也。

159. 今日此地。更爲相逢。孰能思量乎。氏年歲五十三矣。時洪神父對我訓誡聖教道理後。翌日。授告解聖事。又翌朝。來到監獄署中。擧行彌撒[745]聖祭大禮[746]。時我服事聖祭。領聖體[747]聖事。受天主之格外特恩。感謝何極。時監獄署一般官吏來參焉。

[50] 160. 其翌日午後二點頃。又來到謂我曰。今日復歸于[748]韓國。故作別次來到云。相對談話數時[749]間後。握手相別之際。謂我曰。仁慈天主不棄汝。而必收之矣。勿慮安心在。遂擧手。向我降福以後。相別以去。時一千九百十年。庚戌。二月初一日。下午四點頃也。以上。安重根之三[750]十二年間之歷史大概[751]耳。

161. 一千九百十年。庚戌。陰二月初五日。陽三月十五日。旅順獄中。大韓國人安重根畢書。

744　于：於 ④
745　彌撒：撒 ④
746　禮：體 ④
747　體：解 ④
748　于：於 ④
749　數時：時 ③ ④ ⑤
750　之三：三 ⑤
751　概：慨 ① ③

원문대역

상편 안응칠 역사

하편 안중근전

안응칠 역사

[1] ◉ 安應七歷史

어린 시절

1. 一千八百七十九年。己卯七月十六日。大韓國黃海道海州府。
首陽山下。生一男子。姓安。名重根。字應七。【性質近於輕急。故
名曰重根。胸腹有七介黑子。故字應七。】

　　1879년 기묘년 7월 16일에 대한국 황해도 해주부海州府 수양산
아래에서 한 사내아이가 태어났다. 성은 안安, 이름은 중근重根, 자
字는 응칠應七이다. 【성질이 경솔하고 조급한 편이어서 이름을 '중근'
이라고 했고, 가슴과 배에 일곱 개의 사마귀가 있어서 자字를 '응칠'이
라고 했다.】

2. 其祖父名仁壽。性質仁厚。家産豐富。以慈善家著名於道內。
曾前敍任于鎭海[郡名]縣監[郡守]。生六男三女。第一名曰泰鎭。
二泰鉉。三泰勳[私父]。四泰健。五泰敏。六泰純。合六兄弟。

할아버지 이름은 인수仁壽로, 성품이 어질고 후덕한 데다가 집안의 재산이 풍부하여 자선가慈善家로서 도내道內에 명성이 자자했다. 일찍이 진해鎭海[군의 이름]의 현감縣監[군수]으로 임명되었고, 6남 3녀를 낳았다. 첫째는 이름을 '태진泰鎭'이라 했고, 둘째는 '태현泰鉉', 셋째는 '태훈泰勳[나의 부친]', 넷째는 '태건泰健', 다섯째는 '태민泰敏', 여섯째는 '태순泰純'으로 도합 6형제이다.

3. 皆文翰有餘。其中私父。才慧英俊。八九歲。通達四書三經。十三四歲。科文六體卒業。讀習通鑑冊時。敎師開卷。指示一字問曰。自此字十張之下底字。何文字能知否。暗思答曰。能知。彼必天字矣。散見則果若其言天字。

6형제 모두 문장을 짓는 재주가 뛰어났는데, 그중에서 나의 부친이 재주와 지혜가 영민하고 준수했다. 여덟아홉 살 무렵에 사서삼경四書三經에 통달하였고, 열서너 살 무렵에 과문육체科文六體[1]의 학업을 마쳤다.『통감』책을 읽으며 익힐 때, 교사가 책을 펴고 한 글자를 가리키며 물었다.

"이 글자에서부터 열 장 아래의 글자가 무슨 글자인지 알 수 있겠느냐?"

(나의 부친이) 가만히 생각하고 대답했다.

"알 수 있습니다. 저 글자는 반드시 '천天' 자일 것입니다."

(교사가) 뒤적여 보니 과연 그가 말한 대로 '천天' 자였다.

---

1 과문육체(科文六體): 문과의 과거를 보는 데 쓰는 여섯 가지의 문체로, 시(詩)·부(賦)·표(表)·책(策)·의(義)·의(疑)를 말한다.

4. 教師奇異之。更問曰。此冊飜逆推上。能知否。答曰。能知。如
[2] 此試問十餘次。順逆一般。都無錯誤。聞見者。無不稱善。謂之
仙童。

교사가 기이하게 여겨 다시 물었다.

"이 책을 뒤집어 역행해서 밀고 올라가도 알 수 있겠느냐?"

(나의 부친이) 대답했다.

"알 수 있습니다."

이처럼 십여 차례나 시험해 물었지만, 바로 하나 거꾸로 하나 한
결같아 조금도 틀린 데가 없었다. 듣거나 본 사람이 칭찬해 마지
않았고 '선동仙童'이라 일컬었다.

5. 自此。名譽播著遠近。中年。登科進士。娶趙氏作配。生三男
一女。一曰重根[自分]。二定根。三恭根也。

이로부터 명성이 사방에 파다하게 알려졌고, 마흔 살 무렵에 과
거에 급제하여 진사進士가 되었다. 조씨趙氏²에게 장가들어 짝을
짓고 3남 1녀³를 낳았다. 첫째를 '중근'[나], 둘째는 '정근定根', 셋
째는 '공근恭根'이다.

6. 一千八百八十四年(甲申)間。往留於京城矣。時朴泳孝氏深慮
國勢之危亂。欲爲革新政府。開明國民。選定英俊靑年七十人。
將欲派遺外國遊學。[私父]亦爲被選矣。

---

2 조씨(趙氏): 안중근의 어머니로, 이름은 조성녀(趙姓女, 1862~1927)이다. 세례
   명이 '마리아'이기에 통상 '조마리아'라고 불린다.
3 1녀: 안중근의 여동생으로, 이름은 안성녀(安姓女, 1881~1954)이다.

1884년(갑신년)에 경성京城에 가서 머물렀다. 그때 박영효朴泳孝[4]씨가 나라의 형편이 위태롭고 어지러움을 깊이 염려하여 혁신정부를 만들어 국민을 개명開明하고자 하였다. 그래서 영민하고 준수한 청년 70명을 선정하여 장차 외국에 파견하여 유학을 시키고자 하였는데, [나의 부친] 또한 선발되었다.[5]

7. 烏呼。政府奸臣輩。構誣朴氏。欲爲反逆。發兵捕捉。時朴氏逃走於日本。同志者與學生等。或被殺戮。或被捉遠謫。

아, 슬프구나! 정부의 간신배들이 박씨를 무고誣告하고 반역을 꾀한다고 하여 군사를 동원하여 체포하려 했다. 그러자 박씨는 일본으로 도주하고, 뜻을 같이했던 사람들은 학생들과 살육을 당하거나 붙잡혀 멀리 유배를 갔다.

8. [私父]避身逃躱。歸隱於鄕第。與其父相議曰。國事將日非矣。富貴功名。不足圖也。一日都不如早歸楱山。耕雲釣月。以終此世。盡賣家産。整理財政。準備車馬。統率家眷。凡七八十人口。

[3] 移居于信川郡。淸溪洞山中。地形險峻。田畓俱備。山明水麗。

---

4 박영효(朴泳孝, 1861~1939): 1884년 12월 갑신정변을 일으켜 친청(親淸) 세력을 숙청하고 새로이 내각을 수립했으며, 이 내각에서 전후영사 겸 좌포도대장(前後營使兼左捕盜大將) 직을 맡아 병권을 장악했다. 그러나 청나라 군대의 즉각적인 개입에 삼일천하(三日天下)로 실패하자 김옥균 등과 함께 일본으로 망명했다. 이후 일제강점기에 내부대신, 후작, 일본제국의회 귀족원 칙선의원 등을 역임하는 등 친일반민족 활동을 했다.

5 영민하고…선발되었다: 안중근의 아버지 안태훈(安泰勳, 1862~1905)은 개화파 청년그룹에 속했다. 박영효가 70명의 청년들을 일본 등으로 유학 보내려 할 때 선발됐다. 그러나 1884년 갑신정변이 실패하자 유학은 좌절됐다.

可謂別有天地也。

　[나의 부친은] 피신하여 고향 집으로 돌아와 은거하였다. 할아버지와 상의하며 말하였다.

　"나랏일이 장차 날로 글러질 것입니다.[6] 부귀공명富貴功名은 도모할 것이 못 되니, 모두 하루라도 일찍 산으로 돌아가 살면서 구름을 갈고 달을 낚으며[7] 이 세상을 마치는 것만 못합니다."

　가산家産을 다 팔아 재정財政을 정리하고 수레와 말을 준비한 뒤에, 칠팔십 명의 가솔家率을 모두 거느리고 신천군信川郡에 거처를 옮겼다. 청계동淸溪洞 산중은 지형이 험준하고 전답이 모두 닦여져 있으며, 산이 밝고 물이 수려하여 별천지라고 할 만했다.

9. [自分]時年六七歲也。依賴祖父母之愛育。入於漢文學校。八九年間。纔習普通學文。至十四歲頃。祖父仁壽棄世長逝。[自分]不忘愛育之情。甚切哀痛。沈病半年以後。蘇復耳。

　[나는] 이때 나이가 예닐곱 살이었는데, 조부모의 사랑스러운 보살핌에 힘입어 한문 학교에 들어간 지 8, 9년 만에 겨우 보통학문을 익힐 수 있었다. 열네 살 즈음 할아버지 인수仁壽께서 세상을

6　나랏일이⋯것입니다: 이 구절은 『자치통감강목(資治通鑑綱目)』에 보인다(자사가 위후에게 말하기를 "임금의 나랏일이 장차 날로 글러질 것입니다[子思言於衛侯曰君之國事將日非矣]"). 안태훈이 『통감』의 내용을 인용한 것을 보면 그의 『통감』에 관한 일화가 사실임을 미루어 짐작할 수 있다.

7　구름을⋯낚으며: 팽대익(彭大翼)이 지은 『산당사고(山堂肆考)』에 나오는 말로, 송(宋)의 시인 관사복(管師復)이 인종(仁宗)이 관직을 내리려 할 때 거절하면서 한 말이다. "온 둔덕의 흰 구름 갈아도 끝이 없고, 한 연못의 밝은 달은 낚아도 흔적이 없습니다[滿塢白雲耕不盡, 一潭明月釣無痕]."

버리고 멀리 떠나셨다. [나는] 사랑스러운 보살핌의 정을 잊지 못하여 너무 슬퍼한 나머지 병을 앓다가 반년 뒤에야 회복하였다.

10. 自幼時特性。所好狩獵也。常隨獵者。遊獵山野之間。漸長擔銃登山。狩獵禽獸。不務學文。故父母與教師。重噴之。終不服從。親友學生。相謂勸勉曰。汝之父親。以文章著名於現世。汝何故。將欲以無識下等之人自處乎。

어릴 때 특성이 사냥을 좋아하여 항상 사냥꾼을 따라 산과 들 사이를 돌아다니며 사냥하였다. 점점 자라면서 총을 메고 산에 올라가 짐승을 사냥하고 글공부에 힘쓰지 않았다. 그래서 부모와 교사가 거듭 꾸짖었지만 끝내 복종하지 않았다. 친한 벗과 학생들이 서로 권면하며 말했다.

"너의 부친은 문장으로 지금 세상에 이름을 드러냈는데, 너는 무슨 까닭으로 무식한 하등下等의 사람으로 도대체 자처하려 하는가?"

11. 答曰。汝之言是也。然試聽我言。昔楚霸王項羽曰。書足以記姓名云云。而萬古英雄楚霸王之名譽。尙遺傳於千秋也。我不願以學文著世。彼丈夫我丈夫。汝等更勿勸我。

(내가) 대답했다.

"너의 말이 옳다. 그러나 한번 내 말을 들어보라. 옛날에 초패왕 항우는 '글은 성명을 적을 수 있으면 충분하다'라고 운운했지만,[8]

---

8 글은…운운했지만: 『사기(史記)』 「항우본기(項羽本紀)」의 "글은 성명이나 기록할 만하면 그만이요, 칼은 한 사람을 당할 뿐이라 배울 것이 못 되니, 만인을 당할

만고의 영웅 초패왕의 명예는 오히려 천추에 남겨 전한다. 나는 글로 세상에 드러내고 싶지 않다. 그도 장부이고 나도 장부이니[9], 너희들은 다시는 나에게 권면하지 마라."

[4] 12. 一日。此時三月春節。與學生等。登山翫景。臨於層巖絶壁之上。貪花欲折。失足滑倒。顚沛墮下數十尺。勢無奈何。勵精思量之際。忽逢一株柯木。展手把扼。奮身勇起。回顧四面。若過數三尺墮落。則數百尺層巖之下。碎骨粉身。更無餘望之地。

어느 날이었다. 춘삼월이었는데, 학생들과 산에 올라 경치를 구경했다. 바위가 겹겹이 쌓인 절벽 위에 이르러 꽃을 탐내 꺾으려다가 발을 헛디뎌 미끄러져 넘어지고 말았다. 그래서 수십 자 아래로 굴러떨어져 어찌할 수 없는 형편이 되었다. 마음을 가다듬고 생각할 즈음에 홀연히 한 그루 모밀잣밤나무[10]를 만나 손을 펴서 움켜잡고 몸을 떨쳐 날래게 일어났다. 사방을 둘러보니 만약 두서너 자만 더 아래로 떨어졌다면 수백 자 층암절벽 아래에 뼈는 부러지고 몸은 가루가 되어 다시는 가망이 없는 처지가 될 뻔했다.

수 있는 것을 배우리라(書足以記姓名而已 劍一人敵 不足學 學萬人敵)"라는 구절에서 인용하였다.

9 그도…장부이니: 『맹자』「등문공(滕文公)」의 "그도 장부이고 나도 장부이다. 그러니 내가 그를 두려워할 것이 뭐가 있겠는가(彼丈夫也 我丈夫也 吾何畏彼哉)"라는 구절에서 인용하였다.

10 모밀잣밤나무: 참나뭇과에 속한 상록 활엽 교목. 높이는 10~15미터이고, 지름은 1미터 정도이다. 잎은 어긋나고 두 줄로 배열되며 가장자리가 밋밋하거나 윗부분에 톱니가 있다. 주로 산지의 습지에서 자라며 나무는 건축재, 기구재로 쓴다.

13. 群兒立於山上。面如土色而已矣。見其得活。取索引上。別無
傷處。汗出沾背。握手相賀。感謝天命。下山歸家。危境免死之
第一回也。

　뭇 아이들이 산 위에 서 있었는데, 얼굴이 마치 흙빛과 같을 따름
이었다. 내가 살아있는 것을 보고 줄을 가져다가 끌어 올렸는데,
특별히 상처가 없고 땀이 나서 등만 젖었다. 악수하며 서로 축하
하고 천명天命에 감사했다. 산에서 내려와 집으로 돌아왔다. 위험
한 지경에서 죽음을 면한 첫 번째 일이다.

갑오년의 소용돌이

14. 一千八百九十四年[甲午]。[自分]年十六歲。娶妻金氏。現生
二男一女。時韓國各地方。所謂東學【現今一進會之本祖也】黨。處
處蜂起。稱托外國人排斥。橫行郡縣。殺害官吏。掠奪民財。【此
時。韓國將危之基礎。日淸露開戰之源因。[自分]所遭之菌。】官軍不能
鎭壓。故淸國動兵渡來。日本亦動兵渡來。日淸兩國。互相衝突。
[5]　必成大戰爭。

　1894년[갑오], [나는] 나이 16세에 김씨[11]에 장가들어 현재 2남 1
녀를 낳았다. 당시 한국 각 지방에는 이른바 동학당【현재 일진회一
進會[12]의 본조本祖이다.】이 곳곳에서 벌떼처럼 일어나 외국인을 배

11　김씨: 안중근의 부인으로, 이름은 김아려(金亞麗, 1878~1946)이다.
12　일진회(一進會): 1904년에서 1910년 사이 송병준의 유신회(維新會)를 개칭한 일
　　진회에 이용구의 진보회(進步會)를 흡수 통합한 친일단체.

척한다는 평계로 군현郡縣에서 횡행하며 관리를 살해하고 백성의
재물을 약탈했다.【이때가 한국은 장차 위태롭게 된 바탕이었고, 일
본·청국·러시아는 전쟁을 시작하는 원인이었으며, [내게는] 재앙을
부른 병균이었다.】관군이 진압할 수 없었기에 청국이 군사를 출동
시켜 건너왔고, 일본도 군사를 출동시켜 건너왔다. 일본과 청국
두 나라가 서로 충돌하여 기어코 큰 전쟁이 벌어지고 말았다.

15. 伊時。[私父]難耐東學黨之暴行。團結同志。飛檄擧義。召集
狩獵者。妻子編於行伍。精兵凡七十餘員。陳於淸溪山中。抗拒
東學黨。

그때, [나의 부친은] 동학당의 포악한 행태를 견디지 못해 동지와
단결하여 격문을 급히 돌려 의병을 일으켰다. 사냥꾼을 불러모으
고 처와 자식을 대오에 편성하니, 정병이 모두 70여 명이었다. 청
계산 속에 진을 치고 동학당에 항거했다.

16. 時東學魁首元容日。領率徒黨二萬餘名。長驅大進以來。旗
幟槍劍蔽於日光。鼓角喊聲振動天地。義兵數不過七十餘名。强
弱之勢。比如以卵擊石也。衆心喫怵。不知方法矣。

동학의 괴수 원용일元容日[13]이 도당徒黨 2만여 명을 거느리고 승승
장구하며 거침없이 진격해 오니 깃발과 창검이 햇볕을 가리고, 북

---

13 원용일(元容日): 동학의 접주(接主)로서 황해도 재령에서 동학농민혁명에 참여
하였다. 1894년 가을 무렵 동학농민군을 이끌고 봉기하여 황해도 신천, 재령, 송
화, 장연, 해주에서 관군과 여러 차례 전투를 벌였다. 『동학인명사전』은 '원용일
(元容馹)'로 표기했다.

과 나발이 천지를 진동시켰다. 하지만 의병의 숫자는 70여 명에 불과하였다. 강하고 약한 형세를 비유하면 달걀로 돌을 치는 것 같았다. 여럿의 마음이 겁을 집어먹고 어찌할 방법을 몰랐다.

17. 時十二月冬天。東風忽吹。大雨暴注。咫尺難辨。敵兵衣甲盡濕。冷氣觸身。勢無奈何。故退陳于十里許。村中留宿。

이때는 12월 한겨울이었다. 동풍이 홀연히 불더니 큰비가 갑자기 쏟아져 지척도 분간하기 어려웠다. 적은 갑옷이 모두 젖어 차가운 기운이 몸에 닿아 어찌할 수 없는 형편이었다. 그러므로 물러나서 10리쯤에 진을 치고 마을에서 머물렀다.

18. 是夜。[私父]與諸將相議曰。若明日坐受敵兵之包圍攻擊。則小不敵大。必然之勢也。不如今夜先進。襲擊敵兵。乃傳令。鷄鳴早飯。選精兵四十名進發。餘兵守備本洞。

이날 밤에 [나의 부친은] 여러 장군과 상의하며 말했다.

"만약 내일 앉은 채로 적병의 포위와 공격을 받는다면 작은 것은 큰 것을 대적할 수 없는 필연의 형세이다. 오늘 밤에 먼저 나아가서 적병을 습격하는 것이 나을 것이다."

곧 명령을 내려서, 닭 울음소리에 새벽밥을 먹고 정병 40명을 뽑아 출발하게 했으며, 남은 병사로 본동本洞을 수비하게 하였다.

[6] 19. 時[自分]與同志六人。自願先鋒。兼爲偵探獨立隊。前進搜索。臨於敵兵大將所咫尺之地。隱伏於林間。觀察陳勢動定。旗幅隨風翩翩飛。火光衝天。如白晝。人馬喧鬧。都無紀律。

이때, [나는] 동지 여섯 명과 선봉先鋒에 자원하고 겸하여 정탐독립대偵探獨立隊가 되었다. 앞으로 나아가며 수색하여 적병의 대장이 있는 곳과 지척인 곳에 접근하고, 숲속에 매복하여 적진 형세의 낌새를 관찰했다. 깃발이 바람에 따라 펄럭거리고 불빛이 하늘에 치솟아 마치 대낮과 같았는데, 사람과 말이 시끄럽게 떠들어 조금도 규율이 없었다.

20. 顧謂同志者曰。今若襲擊敵陳。則必建大功。衆曰。以小小殘兵。豈能當敵數萬大軍乎。答曰。不然。兵法云。知彼知己。百戰百勝。我觀敵勢。烏合亂衆。吾輩七人。同心合力。則如彼亂黨。雖百萬之衆。不足畏也。姑未天明。出其不意。勢如破竹矣。公等勿疑。聽從我計。衆應諾之。運籌已畢耳。

(나는) 동지들을 돌아보며 말했다.

"지금 만약 적진을 습격하면 반드시 큰 공을 세울 수 있다."

무리가 말했다.

"보잘것없는 잔약한 병사로 어찌 수만 대군을 대적할 수가 있겠는가?"

(나는) 대답했다.

"그렇지 않다. 병법에 '상대를 알고 자기를 알면 백 번 싸워 백 번 이긴다'[14]고 했다. 내가 적의 형세를 살펴보니 까마귀가 모인 것처럼 질서가 없는 무리이다. 우리 일곱 사람이 마음을 같이하고 힘을 합하면 저와 같이 소란을 피우는 무리가 비록 백만의 무리

─────────────────

14 상대를 알고⋯이긴다: 본래 문장은 『손자(孫子)』「모공(謀攻)」의 "적을 알고 자기를 알면 백 번 싸워도 위태롭지 않다(知彼知己 百戰不殆)"이다.

라 할지라도 두려울 것이 못 된다. 우선 날이 밝지 않았으니, 예상치 못한 틈에 공격하면 형세가 대나무를 쪼개는 것과 같이 거침이 없을 것이다. 여러분은 의심하지 말고 나의 계책을 잘 듣고 따르라."

무리가 승낙하여 작전계획을 얼마 뒤에 완성할 수 있었다.

21. 一聲號令。七人一齊。向敵陳大將所。沒放射擊。砲聲如雷。震動天地。彈丸與雨雹一般。敵兵別無預備。措手不及。身不着衣甲。手不執機械。自相踐踏。滿山徧野以走。乘勝追擊矣。

한 마디 호령에 일곱 사람이 일제히 적진의 대장이 있는 곳을 향하여 한꺼번에 사격하였다. 대포 소리가 우레처럼 천지를 진동시켰고, 탄환이 우박처럼 쏟아졌다. 적병은 별도의 준비가 없어 손을 미처 쓸 수가 없었다. 몸에 갑옷을 입지 못하고 손은 기계(병장기)를 잡지 못한 채 자신들끼리 서로 짓밟으며 온 산과 들로 달아나서, 승세를 타고 추격했다.

[7] **22.** 小頃。東天已明耳。敵兵始覺我勢之孤弱。四面圍圍攻擊。危勢甚急。左衝右突。都無脫身之策矣。忽然背後。砲聲大振。一枝軍趕來衝突。敵兵敗走。解圍得脫。此乃本陳後援兵。來到接應也。

조금 뒤에 동쪽 하늘이 밝자, 적병이 우리의 형세가 외롭고 약한 것을 비로소 알아차리고 사방에서 포위하고 공격하였다. 위태로운 형세가 몹시 급하여 좌충우돌하였지만, 도무지 몸을 빼낼 계책이 없었다. 갑자기 뒤쪽에서 포성이 크게 울리더니, 한 떼의 병

사가 달려와서 부딪쳤다. 적병이 패주하여 포위를 풀고 탈출할
수 있었는데, 이 병사들은 바로 본진本陣의 후원병으로서 맞으러
온 것이었다.

23. 兩陣合勢追擊。敵兵四散遠逃。收拾戰利品。軍器彈藥。數十
馱。馬匹不計其數。軍糧千餘包。敵兵死傷者。數十餘名。義兵
都無損害一人。感謝天恩。三呼萬歲。凱旋本洞。馳報勝捷于本
道觀察府。

양편의 부대가 합세하여 추격하자, 적병은 사방으로 흩어져 멀리
달아나버렸다. 수습한 전리품은 병장기와 탄약이 수십 짐이었고,
말은 그 수효를 헤아리지 못했으며, 군량은 천여 포나 되었다. 적
병의 사상자는 수십여 명이었지만, 의병 한 사람도 전혀 다친 자
가 없었다. 하늘의 은혜에 감사드리고, 세 차례 만세를 불렀다. 본
동에 개선한 뒤에, 급히 본도本道 관찰부觀察府에 승전을 알렸다.

24. 此時。日本尉官鈴木。領軍過去。送交書信。以表賀情矣。自
此。敵兵聞風以走。更無交鋒。漸次沈息。國內泰平耳。戰役以
後。[自分]罹於重症。苦痛數三朔。免死回生。自伊到今。十五年
間。都無一次輕症也。

이때, 일본의 위관尉官 스즈키鈴木가 군대를 통솔하여 지나가다가
서신을 보내와서 축하의 뜻을 전했다. 이로부터 적병은 소문을
듣고 달아나서 다시는 교전하는 일이 없었고, 점차 잠잠해져 나
라 안이 태평하였다. 전쟁 이후에 [나는] 중병에 걸리어 두세 달
동안을 고통스러워하다가 죽을 고비를 넘기고 회생하였다. 그때

부터 지금까지 15년간 한 번도 가벼운 병에 걸린 적이 전혀 없다.

25. 噫。狡兔死。走狗烹。越川之杖。棄於沙場。其翌年[乙未]夏
[8] 間。何許兩個客來訪[私父]謂曰。昨年戰爭時。輸來千餘包糧米。
此非東學黨之所物。本是其半。今度支部大臣。魚允中氏之貿置
穀。其半。前惠堂。閔泳駿氏之農莊秋收穀矣。勿爲遲滯。依數
還報焉。私父笑以答曰。魚閔兩氏之米。我非所知。卽接奪取於
東學陳中之物。公等更勿發如此無理之說。兩人無答以去矣。

아! '교활한 토끼가 죽으면 사냥개는 삶아지고, 내를 건너던 지팡
이도 모래밭에 버려진다'라고 하였다. 이듬해 [을미년(1895년)]
여름에 어떤 두 사람이 [나의 부친을] 찾아와서 말했다.

"작년 전쟁 때에 천여 포대의 군량미를 실어왔는데, 이것은 동학
당의 물건이 아니오. 본래 그 절반은 지금 탁지부度支部의 대신大臣
어윤중魚允中이 사두었던 곡식이고, 나머지 절반은 전前 선혜당상
宣惠堂上 민영준閔泳駿[15]이 농장에서 추수한 곡식이오. 지체하지 말
고 수량대로 돌려주시오."

나의 부친이 웃으면서 대답했다.

"어씨와 민씨 두 사람의 쌀은 내가 알 바 아니오. 바로 동학당 진
중에서 빼앗은 물건을 받은 것이니, 여러분은 다시는 이처럼 이

---

15 민영준(閔泳駿): 조선 말기 용인 출신의 문신. 고종(高宗, 재위 1864~1907) 때
민씨 세도의 거두였고, 1894년 동학혁명이 일어났을 당시 선혜당상(宣惠堂上) 및
통위사(統衛使)의 직위에 있었다. 그는 한일병합이 된 뒤 일제로부터 자작의 작
위를 받아 귀족이 되었고, 일제에 협력하는 대가로 천일은행을 설립하였다. 당시
온갖 지탄의 대명사가 되었던 '영준'이라는 이름을 '영휘(泳徽)'로 바꾸고, 개명
한 이름자를 따서 '휘문학교'의 교명을 지었다.

치에 맞지 않는 말을 하지 마시오."

두 사람은 대답 없이 가버렸다.

26. 一日。自京城。緊急書信一度來到。拆見則云。現今度大魚允中。與閔泳駿兩氏。以所失穀包。推覓之慾。誣陷上奏皇帝陛下曰。安某。莫重國庫金。所貿之米千餘包。無端盜食。故使人探查。則以此米養兵數千。將有陰謀。若不發兵鎭壓。國家大患云云。故方欲發兵派遣爲計。如是諒之。火速上來。以圖善後方針。
【金宗漢書信 前判決】

어느 날이었다. 경성으로부터 긴급한 서신 한 통이 왔는데, 뜯어보니 내용이 이러하였다.

"지금의 탁지부 대신 어윤중과 민영준 두 사람이 잃어버린 곡식 포대를 찾을 욕심으로 무함誣陷하여 황제 폐하께 상주上奏하기를 '안安 아무개가 막중한 국고금國庫金과 사두었던 쌀 천여 포대를 무단으로 도둑질하여 먹었습니다. 그러므로 사람을 시켜 탐사하게 하니, 이 쌀로 병사 수천 명을 길러 장차 몰래 뭔가를 도모하려 합니다. 만약 병사를 동원하여 진압하지 않으면 나라의 큰 우환이 될 것입니다'라고 운운하였소. 그러므로 바야흐로 병사를 내어 파견하는 것을 계책으로 삼으려 하니, 이처럼 양지諒知하고 쏜살같이 올라와서 뒷마무리를 잘할 방침을 도모하시오."【전前 판결사判決事 김종한金宗漢[16]의 서신】

---

[16] 김종한(金宗漢, 1844~1932): 일제강점기 함경남도 관찰사, 한성은행 은행장, 남작 등을 역임한 관료. 정치인으로 친일반민족행위자이다.

[9] 27. 看罷。[私父]卽發程。到於京城。則果若其言。擧實呼訴于法官。數三次裁判。終未判決。金宗漢氏。提議於政府曰。安某本非賊類。擧義討匪。國家一大功臣。當表其功勳。而反以不近不當之說。搆陷可乎。然魚允中終不聽矣。不意魚氏逢民亂。以作亂民石下之憨魂。魚謀於是休矣。

편지를 다 읽고 [나의 부친은] 즉시 길을 떠났다. 경성에 도착하니 과연 그 편지의 말과 같았다. 사실관계를 제시하여 법관에게 호소하고, 두서너 차례 재판하였지만 끝내 판결을 내리지 못했다. 김종한이 정부에 제의했다.

"안 아무개는 본래 도적의 부류가 아닙니다. 의병을 일으켜 도적을 토벌하였으니, 국가의 큰 공신입니다. 마땅히 그 공훈을 표창해야 하는데 도리어 이치에 맞지도 않고 마땅하지도 않은 말로 무함하는 것이 옳은 것입니까?"

그러나 어윤중은 끝내 받아들이지 않았다. 하지만 뜻밖에 어魚씨는 민란을 만나 난민의 돌 아래서 부끄럽게 죽은 혼백이 되었다.[17] 어윤중의 모해謀害는 여기에 그치고 말았다.

28. 毒蛇已退。猛獸更進也。時閔泳駿更爲擧事謀害。閔氏勢力家。事機危迫。計窮力盡。勢無奈何。避身投入於法國人天主敎

---

17 뜻밖에…되었다:『한국민족문화대백과사전』에는 "어윤중이 아관파천 후 갑오경장의 내각이 붕괴되자, 김홍집과 함께 일본으로의 망명을 거절하고 고향인 보은으로 피신하다가, 경기도 용인을 지날 때 산송문제(山訟問題)로 원한을 품은 향반 무리가 머슴을 동원하여 기습, 1896년 2월 17일 49세의 나이로 피살되었다."라고 하였다.

堂。隱跡數月。幸賴法人之顧助。閔事永爲出末。無事妥帖焉。

독사가 물러간 뒤에는 맹수가 다시 다가오는 법이다. 이제 민영
준은 다시 일을 벌이고 모략하여 해하고자 했다. 민씨는 세력을
가진 사람이라 우리 일의 형세가 위급해졌으며 계책이 궁하고 힘
이 다하였다. 어찌할 수 없는 형편에 몸을 피하여 프랑스 사람의
천주교당에 들어갔다. 종적을 숨긴 지 두서너 달 만에 다행히 프
랑스 사람의 보살핌에 힘입어 민씨의 일이 영원히 끝이 나고 무
사히 해결되었다.

29. 這間。久留教堂內。多聞講論。博覽聖書。感於眞理。許身入
教後。將欲播傳福音。與教中博學士李保祿。多數經書。輸歸本
鄕。

이즈음 오랫동안 교당 안에 머물면서 강론을 많이 듣고 『성서』를
널리 읽어 진리를 깨달았다. 몸을 허락하여 입교한 뒤에는 장차
복음을 전파하고자 교회 안의 박학한 선비인 이보록李保祿과 다수
의 경서經書를 싣고 고향에 돌아왔다.

30. 時[自分]年十七八歲頃。年富力強。氣骨淸秀。不下於衆。平
[10] 生特性好嗜者有四。一曰親友結交。二飮酒歌舞。三銃砲狩獵。
四騎馳駿馬。

이때, [나는] 나이가 열일고여덟 살쯤 되었다. 나이가 젊고 기력이
왕성한 데다가 기골이 맑고 빼어나서 무리에서 뒤처지지 않았다.
평소의 특성상 좋아하는 것이 네 가지가 있었다. 첫째는 친한 벗
과 교분을 맺는 것이며, 둘째는 술을 마시고 노래하고 춤추는 것

이며, 셋째는 총으로 사냥하는 것이며, 넷째는 날랜 말을 타고 달리는 것이다.

31. 無論遠近。若聞義俠好漢。居留之說。則常携帶銃砲。馳馬尋訪。果若同志。談論慷慨之說。痛飲快好之酒。醉後。或歌或舞。

멀고 가까움을 따지지 않고 만약 의협심이 있는 사내대장부가 머무른다는 말을 들으면 항상 총을 휴대하고 말을 달려 방문하였다. 과연 뜻을 함께할 만하면 비분강개한 말을 담론하고 좋은 술을 실컷 마셨으며, 취한 뒤에는 노래를 부르거나 춤을 추었다.

32. 或遊戲於花柳房。謂妓女曰。以汝之絶妙之色態。與豪男子作配解老。豈不美哉。汝輩不然。若聞金錢之聲。則流涎失性。不顧廉恥。今日張夫。明日李夫。甘作禽獸之行耶。

하루는 기생집에서 놀다가, 기생에게 말했다.

"너의 절묘한 색태色態로 호걸 남자와 짝을 지어 늙어가는 것이 어찌 아름답지 않겠는가? 너희들은 그렇지 않다. 만약 금전의 소리를 들으면 침을 흘리고 실성하여 염치를 돌아보지 않고, 오늘은 장張씨 사내, 내일은 이李씨 사내를 맞이한다. 어찌 짐승과 같은 행동을 기꺼이 하고자 하는가?"

33. 言辭如是。娥女不肯。疾憎之色。不恭之態。現於外。則或詬辱毆打。故朋友稱別號曰。電口也。

말씨가 이와 같아서 기생이 달가워하지 않고 미워하는 기색과 공손하지 못한 태도가 겉으로 드러내면 간혹 욕하거나 구타했다.

그러므로 친구들이 별호別號를 불렀는데, '번개 입[電口]'이라고 했다.

34. 一日。與同志六七人。入山鹿獵。巧哉彈丸罹於銃穴。【舊式六連發】不能拔。不能入。以鐵杖貫穴。無忌猛刺矣。不意轟轟一聲。魂飛魄散。不知頭部在不在。不覺生命死不死。小頃聚精會神。詳細檢查。則彈丸爆發。鐵杖與丸子。穿右手以飛上天。卽往病院。治療得差。

[11]

어느 날, 동지 예닐곱 명과 산에 들어가 사슴 사냥을 하다가 공교롭게도【구식 6연발】탄환이 총구멍에 걸리어 빼낼 수도 없고 밀어넣을 수도 없었다. 쇠꼬챙이를 구멍에 꿰어 거리낌 없이 세차게 찌르니 생각지도 못한 굉음이 났다. 혼비백산하여 머리통이 붙어 있는지 없는지를 몰랐고 목숨이 달렸는지 떨어졌는지를 깨닫지 못했다. 조금 뒤에 정신을 한데 모아 자세히 살펴보았더니, 탄환이 폭발하여 쇠꼬챙이와 총알이 오른손을 뚫고 하늘로 날아간 것이었다. 즉시 병원에 가서 치료하여 나았다.

35. 自此迄今十年之間。雖夢想中。念到此時驚狀。則常毛骨悚然耳。其後。一次橫被他人之誤射獵銃。霰彈二介。中於背後。然別無重傷。卽地拔丸得差耳。

이로부터 지금까지 십 년간 비록 꿈속에서라도 그때의 놀랐던 상황을 떠올리게 되면 항상 몸이 으쓱해지고 털끝이 쭈뼛해졌다. 한번은 뜻밖에 다른 사람이 잘못 쏜 엽총에 피해를 보았다. 산탄두 개를 등 뒤에 맞았지만 별다른 중상을 입지는 않았고, 즉석에서 총알을 빼내어 나왔다.

천주교에 입교

36. 伊時。[私父]廣播福音。勸勉遠近。入敎者日加月增。一般家眷渾入信奉天主敎。[自分]亦入敎。受洗于法國人宣敎師洪神父若瑟。作聖名曰多默。講習經文。討論道理。已過多月。信德漸固。篤信無疑。崇拜天主耶穌基督也。

　한편 [나의 부친은] 널리 복음을 전파하고 사방으로 권면하였기에 입교하는 자가 날로 더하고 달로 늘어났다. 온 식구가 모두 입교하여 천주교를 신봉하였고, [나] 또한 입교하여 프랑스 사람 선교사 홍洪 신부 요셉若瑟[18]에게 세례를 받고 세례명을 지었으니, '도마多默'라고 했다. 경문經文을 강습 받고 도리를 토론하는 것이 벌써 여러 달이 지나자, 신덕信德이 점점 단단해져 독실하게 믿고 의심하지 않았으며 천주天主 예수耶穌 그리스도基督를 숭배했다.

---

18 요셉(若瑟): 니콜라 빌렘(Nicolas Joseph Marie Wilhelm, 1860~1938) 신부의 세례명이다. 한국명은 홍석구(洪錫九)이다. 1883년 사제품을 받고 말레이시아 페낭 신학교에서 신학생 양성을 담당하던 그는 한국 유학생을 가르치면서 한국 파견을 희망했다. 1889년 서울에 도착한 빌렘 신부는 제물포본당 초대 주임, 용산 예수성심신학교 교장 등을 역임했다. 1896년 조선대목구장 뮈텔 주교 지시에 따라 황해도 지역 사목을 담당했다. 이때 안중근의 아버지 안태훈을 만나 안씨 가문에 세례를 주며 안 의사와 인연을 맺었다. 안 의사는 17세 때 빌렘 신부에게 세례를 받고, 빌렘 신부 복사로 활동했다.

37. 日去月來。已過數年。時教會事務擴張。[自分]與洪教師。往來各處。勸人傳教。對衆演說曰。兄弟乎。兄弟乎。我有一言。請試聞之。若有一人。獨食美饌。不給家眷。抱藏才藝。不敎他人。

[12] 則是可曰同胞之情理乎。我今有異饌奇才。此饌一飽。則能長生不死之饌。此才一通。則能飛上天之才。故欲爲敎授。願僉同胞傾耳聽之乎。

날이 가고 달이 오고 벌써 몇 해가 지나갔다. 이때 교회의 사무를 확장하자, [나는] 홍 교사敎師와 함께 여러 곳을 왕래하며 사람을 권면하고 전도하면서 군중에게 다음과 같이 연설했다.[19]

"형제여, 형제여! 내가 한마디 말을 하겠으니, 한번 들어보길 바랍니다. 만약 어떤 한 사람이 홀로 맛있는 반찬을 먹으면서 식구에게 주지 않거나, 재능과 기예를 숨긴 채 남을 가르치지 않는다면, 이것이 정말 동포의 인정과 도리라고 할 수 있겠습니까? 나는 지금 특별한 반찬과 기이한 재주가 있습니다. 이 반찬은 한번 먹으면 장생불사長生不死할 수 있고, 이 재주는 한번 통달하면 하늘을 날 수 있습니다. 그러므로 가르쳐주고자 하니, 모든 동포는 귀를 기울여 듣길 바랍니다.

38. 夫天地之間。萬物之中。惟人最貴者。以其魂之靈也。魂有三

---

19 본문의 이어지는 연설을 미루어보면, 안중근 의사가 천주교를 공부하면서 읽었을 법한 대표적인 전거는 다음과 같다: 마태오 리치(M. Ricci), 『천주실의(天主實義)』(송영배 역); 프란체스코 삼비아시(F. Sambiasi), 『영언여작(靈言蠡勺)』(김철범, 신창석 역); 정하상(丁夏祥), 『상재상서(上宰相書)』(윤민구 역) 등이 있다. (이하 인용문 표기는 역본을 기준으로 하겠다)

別。一曰生魂。此草木之魂。能生長之魂。二曰覺魂。此禽獸之
魂。能知覺之魂。三曰靈魂。此人之魂。能生長。能知覺。能分辨
是非。能推論道理。能管轄萬物。故惟人最貴者。魂之靈也。

무릇 이 세상의 모든 사물 중에서 오직 사람이 가장 귀한 것은 그
혼이 신령하기 때문입니다. 혼에는 세 가지 구별이 있으니, 첫 번
째는 '생혼生魂'이라고 합니다. 이것은 풀과 나무의 혼으로, 생장
生長할 수 있는 혼입니다. 두 번째는 '각혼覺魂'이라고 합니다. 이
것은 날짐승과 길짐승의 혼으로, 지각知覺할 수 있는 혼입니다. 세
번째는 '영혼靈魂'이라고 합니다. 이것은 사람의 혼으로, 생장할
수 있고 지각할 수 있으며, 시비是非를 분별할 수 있고 도리道理를
추론할 수 있고 만물을 관할管轄할 수 있습니다. 그러므로 오직 사
람이 가장 귀한 것은 혼이 신령하기 때문입니다.

39. 人若無靈魂。則但肉體。不如禽獸。何故。禽獸不衣以溫。不
業以飽。能飛能走。才藝勇猛。過於人類。然許多動物。受人所
制者。其魂之不靈所致矣。故靈魂之貴重。推此可知。而卽所謂
天命之性。此至尊天主。賦畀于胎中。永遠無窮。不死不滅者也。

만일 사람에게 영혼이 없다면, 한갓 육체만으로는 날짐승과 길짐
승보다 못할 것입니다. 무슨 까닭이겠습니까? 날짐승과 길짐승은
옷을 입지 않아도 따뜻하고 일하지 않아도 배부르며, 날 수 있고
뛸 수 있으며, 재주와 용맹이 사람보다 뛰어납니다. 그러나 수많
은 동물이 사람에게 제압당하는 것은 그 혼이 신령하지 않은 결
과입니다. 그러므로 영혼이 귀중한 것은 이것으로 미루어 알 수
있습니다. 이른바 '천명지성天命之性'! 이것은 지극히 존귀한 천주

天主가 태중胎中에 부여하여 영원히 끝이 없고 죽지 않으며 없어지지 않는 것입니다.[20]

[13] 40. 天主誰耶。曰一家之中。有家主。一國之中。有國主。天地之上。有天主。無始無終。三位一體。【聖父聖子聖神也。其意深大未解。】全能全知全善。至公至義。造成天地萬物。日月星辰。賞罰善惡。獨一無二之大主宰。是也。

천주는 누구시겠습니까? 이를테면, 한 집안에는 집 주인이 있고, 한 나라 안에는 나라 주인이 있듯이, 하늘과 땅 위에는 하늘의 주인이 계시는 것입니다. 처음도 끝도 없는 삼위일체三位一體【성부聖父·성자聖子·성신聖神으로, 그 뜻이 매우 깊어 아직 깨닫지 못했다.】로서, 모든 것에 능하시고 모든 것을 아시고 모든 것이 선하시며, 지극히 공정하고 지극히 의로우며, 세상의 만물 및 해와 달과 별들을 만드셨으며, 선한 사람에게 상을 주시고 악한 사람에게 벌을 주시는, 유일무이한 대주재大主宰가 바로 이분이십니다.

41. 若一家中主父。建築家屋。辨備産業。給其子享用。其子肆然自大。不知事親之道。則不孝莫甚。其罪重矣。一國中君主。施政至公。保護各業。與臣民共享太平。臣民不服命令。都無忠愛之性。則其罪最重。

---

[20] 그러므로…것입니다: "사람이 고귀하다는 것은 그 혼이 영특하기 때문입니다. 즉 하늘이 주신 것을 성(性)이라고 하는데, 이것은 하늘이 우리가 태중에 있을 때 불어넣어주신 것입니다. 어찌 그러한 영혼이 동물과 식물같이 썩어서 없어지겠습니까?"『상재상서』 26.

만약 한 집안 주인인 아버지가 집을 짓고 산업産業을 마련하여 그 자식에게 주어 향유하게 했는데, 그 자식이 방자하여 스스로 큰 줄 알고 부모 섬기는 도리를 모른다면, 불효가 이보다 더 큰 것이 없어 그 죄는 무거울 것입니다.[21] 만약에 한 나라의 임금이 지극히 공평하게 정사를 베풀고 각각의 산업을 보호하여 신민臣民과 태평연월을 함께 누리게 했는데, 신하와 백성이 명령에 복종하지 않고 임금에게 충성하고 나라를 사랑하는 마음이 조금도 없다면, 그 죄는 가장 무거울 것입니다.

42. 天地之間。大父大君天主。造天以覆我。造地以載我。造日月星辰光照我。造萬物以享用我。終終洪恩。如是莫大。而若人類。妄自尊大。不盡忠孝。頓忘報本之義。則其罪尤極無比。可不懼哉。可不愼哉。故孔子曰。獲罪於天。無所禱也。

천지 사이에 거룩하신 아버지이시고 거룩하신 임금이신 천주께서는 하늘을 만들어 우리를 덮어주시고, 땅을 만들어 우리를 실었으며, 해와 달과 별들의 빛을 만들어 우리를 비춰주시고, 만물을 만들어 우리에게 향유하게 하셨습니다.[22] 크나큰 은혜가 진실

---

21 만약…것입니다: "예컨대 아버지가 집을 짓고 살림을 마련하여 아들에게 주어 사용하게 하였더니, 그 아들이 그 집에 살고 그 살림을 쓰면서 함부로 제가 잘난 체하고 부모를 섬기는 도리와 근본에 보답하는 뜻은 모른다면 이것이 효도하는 것이겠습니까? 불효하는 것이겠습니까?" 『상재상서』 22

22 천주께서는…하셨습니다: "하느님께서는 하늘을 만드시어 우리를 감싸주시고, 땅을 만드시어 우리의 터전을 마련해주시고, 해와 달과 별을 만드시어 우리를 비추시고, 식물과 동물과 금과 은과 동과 철 등을 내시어 우리가 유익하게 사용할 수 있게 하셨습니다." 『상재상서』 21.

로 이처럼 막대합니다.[23] 그런데 만약 인류가 망령되게 스스로 존 귀하고 위대하다고 여기며 충효를 다하지 않고 근본에 보답하는 의리를 까맣게 잊는다면, 그 죄는 더욱 심하여 견줄 데가 없을 것 인데 두렵지 않을 수 있겠습니까, 삼가지 않을 수 있겠습니까? 그 러므로 공자께서 '하늘에 죄를 지으면 빌 곳이 없다'라고 하셨습 니다.[24]

[14] 43. 天主至公。無善不報。無惡不罰。功罪之判。卽身死之日也。 善者靈魂升天堂。受永遠無窮之樂。惡者靈魂入地獄。受永遠無 盡之苦。

천주께서는 지극히 공평하여 선행에 보답하지 않음이 없고, 악행 에 벌하지 않음이 없습니다. 공로와 죄과의 재판은 곧 육신이 죽 는 날에 할 것이니,[25] 선한 사람의 영혼은 천당에 올라 끝이 없는 즐거움을 받고, 악한 사람의 영혼은 지옥에 들어가 끝이 없는 고

---

23 크나큰…막대합니다: "이와 같이 하느님께서는 사람이 태어나서 성장할 때까지 여러 가지 큰 은혜를 한없이 내려주시니 사람이 해야 할 본분은 마땅히 어떠해야 하겠습니까?"『상재상서』21-22.

24 하늘에…없다:『논어』「팔일(八佾)」에 나오는 문장으로, 위(衛)나라 대부 왕손가 (王孫賈)의 "아랫목 신에게 잘 보이기보다는 부엌 신에게 잘 보이라고 하니, 무슨 말입니까?"라는 질문에 대해서 공자가 대답한 말이다. 본문의 이 인용구절은『상 재상서』19에 다음과 같이 나온다. "하지만 다음과 같은 말들이 중국의 경서와 『사기』에도 나타나 있지 않습니까?『역경』에서는 "하느님께 바칩니다"라는 말을 하고,『시경』에서는 …『서경』에서는 … 공자 역시 "하늘에 죄를 지으면 기도 바 칠 곳이 없다"는 말을 하고 있습니다."

25 천주께서는…할 것이니: "공로와 죄에 대한 판결은 육신이 죽는 날 있게 됩니다. 하느님께서는 지극히 공변되시어 선은 꼭 갚아주시고 또한 지극히 의로우시어 악은 반드시 벌하십니다."『상재상서』25.

통을 받을 것입니다.

44. 一國之君。尙有賞罰之權。況天地大君乎。若曰。何故天主。
人生現世。何不報復賞罰善惡乎。曰不然。

한 나라의 임금에게도 오히려 상을 주고 벌을 주는 권한이 주어
지거늘, 하물며 천지의 큰 임금에 대해서는 말할 필요가 있겠습
니까. 만약 '무슨 까닭으로 천주께서는 사람이 사는 현세에 선한
사람에게 상으로 보답하고 악한 사람에게 벌을 내리지 않습니
까?'라고 한다면, '그렇지 않다'라고 할 것입니다.

45. 此世賞罰有限。善惡無限。若有一人。殺一人。則判其是非。
無罪則已。然有罪。則當一身代之。足矣。若有一人。殺幾千萬
人之罪。則以一身。豈能代之。若有一人。活幾千萬人之功。則
以暫世之榮。豈能盡其賞。

이 세상은 상벌을 주는 데는 한계가 있고 선악을 행하는 데는 한
계가 없습니다. 만약 어떤 사람이 사람 한 명을 죽인다면 그 시비
를 판단하여 죄가 없으면 그만이지만, 죄가 있으면 한 몸을 단죄
하여 그로 대신하면 충분합니다. 만약 어떤 사람이 몇천만 사람
을 죽인 죄가 있다면, 한 몸으로 어찌 대신하겠습니까? 만약 어떤
사람이 몇천만 사람을 살린 공로가 있다면 잠시 머무는 세상의
영광으로 어찌 그 상을 다할 수 있겠습니까?

46. 況人心時日變更。或今時爲善。後時作惡。或今日作惡。明日
爲善。若欲隨其善惡。報其賞罰。則此世人類。難保明矣。

더구나 사람의 마음은 때와 날에 따라 변하니, 혹 지금 선을 행하다가도 나중에는 악을 행하고, 오늘 악을 행하다가도 내일 선을 행합니다. 만약 선악에 따라서 그 상벌을 갚고자 한다면, 이 세상의 인류는 보전하기 어려울 것이 분명합니다.

47. 又世罰。但治其身。不治其心。天主之賞罰。不然。全能全知
[15] 全善。至公至義。故寬待人命。終世之日。審判善惡之輕重。然
後。使不死不滅之靈魂。受永遠無窮之賞罰。賞者。天堂之永福。
罰者。地獄之永苦也。升降一定。更無移易。

또 세상의 벌은 그 몸만을 다스릴 수 있을 뿐 그 마음을 다스릴 수 없습니다. 천주의 상벌은 그렇지 않습니다. 모든 것에 능하시고 모든 것을 아시고 모든 것이 선하시며, 지극히 공정하고 지극히 의롭기에 사람의 목숨에 관대합니다. 세상을 마치는 날에 선악의 가볍고 무거움을 심판한 뒤에, 죽지 않고 사라지지 않는 영혼으로 하여금 영원히 다함이 없는 상벌을 받게 합니다. 상이란 천당의 영원한 복락福樂이고, 벌이란 지옥의 영원한 고통입니다.[26] 올라가고 내려감이 한번 정해지면 다시 옮기거나 바꿀 수 없습니다.[27]

---

26 세상을…고통입니다: "영혼이 정말로 죽지도 않고 사라지지도 않는다면 도대체 어디로 가겠습니까? 선한 사람의 영혼은 천당으로 올라가서 하느님께 상을 받고 악한 사람의 영혼은 지옥에 내려가 벌을 받게 됩니다. 상은 천당의 영원한 행복이며 벌은 지옥의 영원한 고통입니다." 『상재상서』 27.
27 올라가고…없습니다: "또한 천당에 오르고 지옥에 내려가는 것은 한번 결정되면 다시 변경할 수가 없습니다." 『상재상서』 28.

48. 烏呼。人壽多不過百年。無論賢愚貴賤。以赤身生於此世。以赤身歸於後世。此所謂空手來空手去。世事如是虛幻。已可知。然而何故。汨於利慾場中。作惡不覺。後悔何及。若無天主之賞罰。靈魂亦身死隨滅。則暫世暫榮。容或可圖。而靈魂之不死不滅。天主之至尊權能。明若觀火也。

아! 사람의 목숨은 길어야 백 년에 지나지 않습니다. 현명한 사람이나 어리석은 사람, 귀한 사람이나 천한 사람을 막론하고 맨몸으로 이 세상에 태어나서 맨몸으로 저 세상으로 돌아가니, 이것이 이른바 '빈손으로 왔다가 빈손으로 간다'라는 것입니다. 세상일이 이처럼 허무한 환상임을 이미 알고 있습니다. 하지만 어찌하여 이익을 탐하는 욕심의 구렁텅이에 빠져 악행을 저지르고도 깨닫지 못하니, 후회한들 무슨 소용이 있겠습니까! 만약 천주의 상벌이 없어 영혼 또한 육신처럼 죽음과 함께 사라진다면, 잠시 머무르는 세상에서 잠시의 영화를 혹 꾀할 법도 하련만, 영혼은 죽지 않고 사라지지 않는 것과 천주의 지극히 높은 권능權能은 불을 보듯 뻔한 것입니다.

49. 昔堯曰。乘彼白雲。之于帝鄉。何念之有。禹曰。生寄也。死歸也。又曰。魂升魄降云。此足爲靈魂不滅之明證也。若人不見天主之堂獄。不信有之。則是何異於遺腹子不見其父。不信其有父也。瞽者不見天。而不信天有日也。見其華麗家屋。而不見建[16] 築之時。故不信有所做之工匠。則豈不笑哉。

옛날에 요堯임금은 '저 흰 구름을 타고 천제天帝의 거처에 가면 무슨 걱정이 있겠는가?'[28]라고 하였고, 우禹임금은 '삶은 부쳐 사는 것이며, 죽음은 돌아가는 것이다'[29]라고 하였으며, 또 '혼魂은 올라가고 백魄은 내려간다'라고 하였으니, 이는 영혼이 없어지지 않는 명백한 증거라고 할 수 있습니다. 만약 사람이 천주의 천당과 지옥을 보지 않아 그것이 있음을 믿지 않는다면, 이것이 유복자가 그 아버지를 보지 못하여 그 아버지가 있음을 믿지 못하며, 맹인이 하늘을 보지 못하여 하늘에 해가 있음을 믿지 못하는 것과 무엇이 다르겠습니까? 화려한 집을 보았는데 집을 지을 때를 보지 못하였다고 집을 지은 장인이 있음을 믿지 못한다면, 어찌 웃지 않을 수 있겠습니까?

50. 今夫天地日月星辰之廣大。飛走動植之奇奇妙妙之萬物。豈無作者。以自然生成乎。若果自然生成。則日月星辰。何以不違其轉次。春夏秋冬。何以不違其代序乎。

　지금 저 하늘과 땅과 해와 달과 별들의 광대함, 날고 달리고 움직

28　저…있겠는가: 『장자(莊子)』「천지(天地)」에 나오는 말이다. 요(堯)임금이 직접 말한 것이 아니라, 당시 화(華) 땅의 봉인(封人)이 요임금에게 축수(祝壽)한 말 가운데 "천 년 뒤에 세상이 싫어지거든 신선이 되어 올라가서 저 흰 구름을 타고 제향에 이르소서.[千歲厭世。去而上仙。乘彼白雲 至于帝鄕。]"라고 하였다.

29　삶은…것이다: 『십팔사략(十八史略)』 권1에 나오는 말이다. 우(禹)임금이 제후들과 함께 회식을 마치고 강을 건너려는 순간 갑자기 황룡이 배를 등에 지고 물 위에 올리니 배에 타고 있던 사람들이 모두 두려워하였다. 그러자 우 임금이 하늘을 우러러 탄식하면서 "나는 하늘로부터 명을 받아 백성들을 위해 온 힘을 전부 바쳤다. 삶은 부쳐 사는 것이며, 죽음은 돌아가는 것이라.[禹仰天嘆曰。吾受命於天。竭力以勞萬民。生寄也。死歸也。]"라고 하였다. 우임금이 자신을 두려워하지도 않고 태연하며 흔들림이 없이 또한 위엄 있게 대응하자, 황룡은 기가 꺾여 고개를 숙인 채 다시 하늘로 올라가 버렸다고 한다.

이고 심어진 기기묘묘한 만물이 어찌 만든 자가 없이 저절로 생성된 것이겠습니까? 만약 과연 저절로 생성된 것이라면 해와 달과 별들이 어찌 운행의 차례를 어기지 않으며, 봄과 여름과 가을과 겨울이 어찌 절기의 차례를 어기지 않습니까?[30]

51. 雖一間屋。一個器。若無作者。都無成造之理。水陸間。許多機械。若無主管之人。則豈有自然運轉之理哉。故可信與不可信。不係於見不見。而惟係於合理與不合理而已。

비록 한 칸의 집과 한 개의 그릇이라도 만드는 자가 없으면 만들어지는 이치는 전혀 없을 것이고, 물과 뭍 사이의 많은 기계가 만약 주관하는 사람이 없다면 어찌 저절로 운전하는 이치가 있겠습니까?[31]

52. 擧此幾證。至尊天主之恩威。確信無疑。沒身奉事。以答萬一。吾儕人類。當然之本分也。

이러한 몇 가지 증거를 들어보건대, 지극히 높은 천주의 은혜와 위엄을 굳게 믿어 의심할 것이 없으니, 몸을 바쳐 봉사하여 만분

---

30 지금…않습니까?: "생각해보면 천지는 하나의 커다란 집이라고 할 수 있습니다. 날아다니는 것, 걸어다니는 것, 동물, 식물 등 제각기 다양한 형상들이 어떻게 저절로 생겨났다고 할 수 있습니까? 만약 천지가 저절로 생겨났다면, 해와 달과 별이 어떻게 그 자리를 벗어나지 않으며, 봄 여름 가을 겨울이 어떻게 그 바뀌는 순서가 잘못되지 않습니까?" 『상재상서』 14.

31 비록…있겠습니까?: "이처럼 이치를 가까이는 자신의 몸에서, 멀리는 사물에서 따져보더라도 안 그런 것이 하나도 없거늘, 어찌 천지를 만든 이가 없다고 하겠습니까?" 『상재상서』 15.

의 일이라도 보답하는 것이 우리 사람의 당연한 본분입니다.

53. 於今。一千八百餘年前。至仁天主。矜憐此世。將欲救贖萬民
[17] 之罪惡。天主第二位聖子。降孕于童貞女瑪利亞腹中。誕生于猶
太國伯利恒邑。名曰耶穌基督。

지금으로부터 1,800여 년 전에 지극한 사랑의 천주께서 이 세상
을 불쌍하게 여기시어, 장차 만백성의 죄악을 대신하여 속죄하고
자 천주의 두 번째 자리인 성자聖子를 동정녀 마리아의 뱃속에 내
려 잉태하게 하시고, 유태국猶太國 베들레헴伯利恒 고을에서 탄생하
게 하였으니, 이름이 예수 그리스도耶穌基督입니다.

54. 在世三十三年間。周遊四方。勸人改過。多行靈跡。瞽者見。
啞者言。聾者聽。跛者行。癩者愈。死者蘇。遠近聞者。無不服
從。

세상에 33년간 있으면서 사방을 두루 돌아다니며 사람에게 잘못
을 고치도록 권면하셨고, 신령한 행적을 많이 행하셨습니다. 맹인
은 보게 되었고 벙어리는 말하게 되었으며, 귀머거리는 듣게 되
었고 절름발이는 걷게 되었으며, 문둥이는 병이 나았고 죽은 사
람은 다시 살아났으니, 멀고 가까이에서 소문을 들은 사람들이
복종하지 않음이 없었습니다.

55. 擇選十二人。爲宗徒。十二人中。又特選一人名伯多祿。爲
敎宗。將代其位。任權定規。設立敎會。現今。意太利國羅馬府。
在位敎皇。自伯多祿。傳來之位。今世界各國。天主敎人。皆崇

奉也。

열두 사람을 가려 뽑아 신도로 삼았고, 열두 사람 중에 또 특별히 이름이 베드로인 한 사람을 골라 뽑아 교종敎宗으로 삼았고, 장차 그 자리를 대신하게 하려고 권한을 맡기고 규칙을 정하여 교회를 설립하였습니다. 현재 이탈리아국意太利國의 로마羅馬 시에서 재위하는 교황은 베드로로부터 전해 내려오는 자리로서 지금 세계 각 나라의 천주교 사람들이 모두 숭배하여 받들고 있습니다.

56. 時猶太國耶路撒冷城中。古敎人等。憎惡耶穌之策善。嫌疑權能。誣陷捕捉。無數惡刑加。千苦萬難後。釘于十字架。懸於空中。耶穌向天祈禱。求赦萬民之罪惡。大呼一聲。遂氣絶。

이때, 유태국 예루살렘耶路撒冷 성안에서 옛 교파 등은 예수가 선행을 권면하는 것을 증오하고, 예수의 권세와 능력을 꺼리고 싫어하였습니다. 그래서 예수를 무함誣陷하여 잡아다가 무수한 악형惡刑을 가하였고, 온갖 고초를 겪게 한 뒤에는 십자가에 못을 박아 공중에 매달았습니다. 예수는 하늘을 향해 기도하며 '만백성의 죄악을 용서해주십시오'라고 한 마디를 크게 외치고, 마침내 기절하셨습니다.

57. 時天地振動。日色晦冥。人皆恐懼。稱上帝子云。宗徒取其屍葬之矣。三日後。耶穌復活。出墓現於宗徒。同處四十日。以傳赦罪之權。離衆升天。

[18]

그때 하늘과 땅이 진동하고 햇빛이 캄캄해지니, 사람들이 모두 두려워하며 '상제上帝의 아들이다'라고 일컬었습니다. 신도들이 그의 시체를 가져다가 장사지내니, 사흘 뒤에 예수가 부활하여 무덤에서 나와 신도에게 나타났습니다. 40일 동안 같이 지내면서 죄를 용서하는 권한을 전하고, 무리와 이별하고 하늘로 올라갔습니다.

58. 宗徒向天拜謝而歸。周行世界。播傳天主教。迄今二千年間。信教者。不知幾億萬名。欲證天主教之眞理。爲主致命者。亦幾百萬人。現今世界文明國。博學紳士。無不信奉天主耶穌基督。然現世。僞善之教甚多。此耶穌預言於宗徒曰。後世必有僞善者。依我名惑衆。愼勿陷非。入天國之門。但天主教會一門而已云。

신도들이 하늘을 향해 삼가 감사를 표하고 돌아와서 세계를 두루 돌아다니며 천주교를 전파하였으니, 지금까지 2천 년간 천주교를 믿는 사람이 몇억만 명인지를 알지 못하고, 천주교의 진리를 증명하고자 천주를 위해 목숨을 바친 사람이 또한 몇 백만 명입니다. 지금 세계 문명국의 박학한 신사들이 천주 그리스도를 신봉하지 않음이 없습니다. 지금 이 세상에 위선의 종교가 매우 많습니다. 이 때문에 예수가 신도들에게 예언하기를 '후세에 반드시 위선하는 사람이 있어 내 이름에 기대어 대중을 현혹할 것이니, 삼가 잘못에 빠지지 말라. 천국에 들어가는 문은 다만 천주교회의 한 문일 뿐이다'라고 하셨습니다.

59. 願我大韓僉同胞。兄弟姊妹。猛醒勇進。痛悔前日之罪過。以爲天主之義子。現世以作道德時代。共享太平。死後升天以受賞。同樂無窮之永福。千萬伏望耳。如是說明。往往有之。然聞者或信。或不信也。

바라건대, 나는 우리 대한의 모든 동포 형제자매는 절실하게 깨닫고 용왕매진勇往邁進³²하여 전일의 죄과를 깊이 뉘우쳐서 천주의 의로운 자식이 되며, 지금 이 세상을 도덕의 시대로 만들어 태평연월을 함께 누리다가 죽은 뒤에는 하늘로 올라가서 상을 받고 끝없는 영원한 복을 함께 즐기십시오. 천만 번 엎드려 바랄 뿐입니다."

이와 같은 설명이 이따금 있었지만, 듣는 사람이 어떤 때는 믿다가도 어떤 때는 믿지 않았다.

의협 청년

60. 時敎會漸次擴張。敎人近於數萬名。宣敎師八位。來留於黃海道內。[自分] 伊時。洪神父前。學習法語。幾個月矣。與洪神父相議曰。現今韓國敎人。矇昧於學文。傳敎上。損害不小。況來頭國家大勢。不言可想。稟於閔主敎前。西洋修士會中。博學士幾員請來。設立大學校後。敎育國內英俊子弟。則不出數十年。必有大效矣。

[19]

이때, 교회가 점차 확장되어 교인이 수만 명에 육박하였다. 선교사 여덟 분이 황해도 내에 와서 머물렀는데, [나는] 그때 홍 신부에게 프랑스어를 배운 지 몇 개월이 되었다. 홍 신부와 서로 의논

---

32 용왕매진(勇往邁進): 거리낌 없이 힘차고 용감하게 나아감.

하며 말했다.

"지금 한국 교인들은 글을 배우는 데에 몽매蒙昧[33]하여 교리를 전함에 손해가 적지 않거늘, 하물며 장래 국가의 대세는 말하지 않아도 알 수 있습니다. 민閔 주교主敎[34]께 아뢰어 서양 수사회 중에서 박학한 선비 몇 사람을 오도록 요청하여 대학교를 설립한 뒤에 국내의 영준한 자제를 교육하면, 수십 년이 지나지 않아 큰 효과를 반드시 볼 것입니다."

61. 計定後。與洪神父卽上京。會見閔主敎。提出此議。主敎曰。韓人若有學文。則不善於信敎。更勿提出如此之議焉。再三勸告。終不聽。故事勢不得已。回還本鄕。

계획이 정해진 다음에 홍 신부와 즉시 서울에 올라가 민 주교를

---

33 현재는 '어리석고 사리에 어둡다'는 뜻으로 '蒙昧(몽매)'가 주로 쓰이지만, '瞢昧(몽매)'로 쓰는 용례도 있다. ①, ②필사본은 '矇昧(몽말)'이라고 표기하였는데, 잘못 필사한 듯하다. ④는 '矇昧(몽말)'이라고 하였는데, 이렇게 쓰인 용례는 보이지 않는다.

34 민(閔) 주교(主敎): 제8대 조선 교구장 뮈텔(Mutel, Gustave Charles Marie, 1854~1933)을 말한다. 그의 한국명은 민덕효(閔德孝)이다. 1873년 10월 파리외방전교회에 입회한 뒤 1877년 2월 사제서품을 받고 한국 선교사로 임명되었다. 병인박해로 인해 조선에 입국하지는 못하고 만주에 머물렀으며 1880년 11월에 가서야 황해도 장연(長淵)에 상륙할 수 있었다. 1885년 파리외방전교회 신학교의 지도자로 임명되어 파리로 소환되었으나, 1890년 8월 조선교구 제8대 교구장(대목)으로 임명되어 1891년 2월 조선에 재입국하였다. 예수성심신학교, 종현(鐘峴)성당, 약현(藥峴)성당 등을 준공시켰고, 각 지방에서의 본당 창설활동에 많은 지원을 해주었다. 1920년 교황청으로부터 백작 작위를 수여받고, 1925년 3월 대주교로 승품되었다. 교회의 존속과 발전을 위해 노력하다가 1933년 1월 23일 서울에서 79세의 생을 마쳤다.

만나보고 이런 의견을 제시하니, 주교가 말씀했다.

"대한 사람이 만약 글을 배운다면 종교를 믿는 데 좋지 않으니, 다시는 이러한 의견을 제시하지 마시오."

두세 번 권고하였지만 끝내 듣지 않았다. 그러므로 일의 형편상 어쩔 수 없어 고향으로 돌아오고 말았다.

62. 自此不勝憤慨。心盟曰。敎之眞理可信。然外人之心情不可信也。敎受法語。弊之不學。友人問曰。緣何弊工。答曰。學日語者。爲日奴。學英語者。爲英奴。我若學習法語。則難免法奴。故弊之。若我韓國威振於世界。則世界人通用韓語矣。君須勿慮。

[20] 客無辭以退。

이로부터 분개함을 이기지 못하여 마음속으로 맹세하며 '종교의 진리는 믿을 수 있지만, 외국 사람의 심정은 믿을 수 없다'라고 하고, 가르침을 받던 프랑스어를 그만두고 배우지 않았다. 벗이 물었다.

"무슨 이유로 공부를 그만두었는가?"

나는 대답했다.

"일본어를 배우는 사람은 일본의 노예가 되고, 영어를 배우는 사람은 영국의 노예가 되니, 내가 만약 프랑스어를 배운다면 프랑스의 노예를 면하기 어려울 것이다. 그러므로 공부를 그만둔 것이다. 우리 한국이 세계에 위엄을 떨친다면 세계 사람들이 한국어를 두루 사용할 것이다. 그대는 모름지기 걱정하지 말게."

손님이 말없이 물러갔다.

63. 時所謂金礦監理。朱哥爲名人。毁謗天主敎。被害不小云。
故[自分]選定總代。派遣朱哥處。擧理質問之際。金礦役夫。
四五百名。各持杖石。不問曲直。打將下來。此所謂法遠拳近也。
危急如此。勢無奈何。

그때 금광 감리監理인 주가朱哥라는 자가 천주교를 훼방하여 피해
가 적지 않았다고 하였다. 그러므로 [내가] 총대總代로 선정되어
주가가 있는 곳으로 파견되었다. 일의 이치를 들어 따지려는 즈
음에 금광의 인부 사오백 명이 각기 몽둥이와 돌을 들고서 옳고
그름을 묻지도 않은 채 때리려고 막 내려오고 있었다. 이것이 이
른바 '법은 멀고 주먹은 가깝다'라는 것인데, 위급함이 이와 같아
어찌할 수 없는 형편이었다.

64. [自分]右手拔腰間之短刀。左手把朱哥之右手。大呼叱之曰。
汝雖有百萬之衆。汝之命。懸於我手。自量爲之。朱哥大怯。叱
退左右。不能犯手。乃執朱哥之右手。牽出門外。同行十餘里後。
放還朱哥。乃得脫歸焉。

[나는] 오른손으로는 허리 사이의 단도를 뽑고, 왼손으로는 주가
의 오른손을 잡고서 크게 꾸짖으며 말했다.

"네가 비록 백만의 무리를 소유했더라도 너의 목숨은 내 손에 달
려있으니, 스스로 헤아려 행동하라."

주가가 크게 겁을 먹어 좌우를 꾸짖어 물리고 함부로 손을 쓰지
못했다. 이에 주가의 오른손을 잡고 문밖으로 끌고 나와 십여 리
를 동행한 뒤에 주가를 돌려보내고, 마침내 거기서 탈출하여 돌
아올 수 있었다.

65. 其後。[自分]被選萬人稧【彩票會社】社長。臨出票式擧行日。遠近來參之人。數萬餘名。列立於稧場前後左右。無異於人山人海。稧所在於中央。各任員。一般居處。四門巡檢。把守保護矣。

그 뒤에 [나는] 만인계【채표회사彩票會社³⁵】의 사장에 뽑혔다. 출표식出票式을 거행하는 날이 되자, 멀고 가까운 지역에서 찾아와 참석한 수만 명이 계장稧場의 전후좌우에 줄지어 선 것이 인산인해와 다름이 없었다. 중앙에 있는 계소稧所는 각 임원이 함께 거처하는 곳이기에 네 문을 순검巡檢이 경계해 지키면서 보호했다.

[21] **66.** 時出票機械。不利有傷。票印五六介。【票印每次一介式出規】一番出來。觀光者數萬人。不分是非曲直。稱以挾雜所做。高喊一聲。石塊亂杖。如雨下來。把守巡檢。四散紛走。一般任員。被傷者無數。各自圖生以逃躱。但所存者。[自分]一個人而已。

이때, 표를 뽑는 기계에 장애가 생겨 원활치 못하자 표인票印 대여섯 개가【표인은 매번 한 개씩 나오는 것이 규례規例이다.】한 번에 나왔다. 구경꾼 수만 명이 잘잘못을 따지지 않고 '협잡꾼의 소행이다'라고 일컬으며 고함을 지르니, 돌덩이와 들쭉날쭉한 몽둥이가 비 오듯 쏟아졌다. 경계해 지키던 순검이 사방으로 뿔뿔이 달아나서 전체 임원 중에 다친 사람이 헤아릴 수 없이 많았다. 제각기 살길을 꾀하여 도망가서 몸을 숨기니, 자리에 남아있는 사람은 [나] 한 사람뿐이었다.

---

35 채표회사(彩票會社): '채표(彩票)'는 '복권(福券)'이라는 뜻으로, 채표회사는 돈을 관리하고 추첨을 한다.

67. 衆人大呼曰。社長打殺。一齊打杖投石以來。危勢甚急。命在時刻。卒然自量。則若爲社長者。一次逃之。會社事務。更無餘顧。況後日名譽之何如。不言可想也。

무리가 크게 호통치며 말했다.

"사장을 때려죽여라!"

일제히 몽둥이로 치고 돌을 던지며 오니, 위험한 형세가 매우 급하여 목숨이 경각에 달렸다. 문득 스스로 헤아리기를, 만약 사장이란 사람이 한 번 도망치면 회사의 사무는 다시 돌아볼 여지가 없을 것이다. 게다가 뒷날의 명예가 어떠한가는 말하지 않아도 알 수 있으리라.

68. 然勢無奈何。急探行李中。搜索一柄銃砲。【十二連放新式銃】執於右手。以大踏步。上於稧壇。向衆大呼曰。何故何故。暫聽我言。何故欲殺我乎。公等不辨是非曲直。起鬧作亂。世豈有如此野蠻之行耶。公等雖欲害我。然我無罪。豈肯無故棄命可乎。

[22] 我決不無罪以死矣。若有與我爭命者。快先前進。說破。衆皆喫怵。退後壞散。更無喧鬧者矣。

어찌할 수 없는 형편인지라 급히 짐 속을 더듬어 한 자루 총포를 찾아【12발을 연속해서 쏠 수 있는 신식 총이다.】오른손에 쥐고 큰 걸음으로 계단稧壇[36]에 올라가서 무리에게 크게 호통을 치며 말했다.

"무슨 까닭이요, 무슨 까닭이란 말입니까? 잠시 내 말을 들어보시오. 무슨 까닭으로 나를 죽이려고 하오? 여러분이 잘잘못을 따

---

[36] 계단(稧壇): '稧'는 상호 부조나 친목을 도모하기 위하여 만드는 조직체를 말하고, '稧壇'은 계 모임을 행하기 위하여 주변보다 높게 만들어놓은 자리를 말한다.

지지 않고 소란을 피우고 난동을 부리니, 세상에 어찌 이와 같은 야만의 행동이 있단 말입니까? 여러분이 비록 나를 해치려 하지만, 나는 죄가 없으니 어찌 아무 까닭 없이 기꺼이 목숨을 버릴 수 있겠소? 나는 절대로 죄 없이 죽지는 않을 것이오. 만약 나와 목숨을 다툴 자가 있다면 빨리 먼저 앞으로 나오시오."

말이 끝나자 무리는 모두 겁을 먹고 뒤로 물러나 뿔뿔이 흩어졌고, 다시는 시끄럽게 떠드는 사람이 없었다.

69. 小頃。一人自外面。超越數萬人圍上以來。疾如飛鳥。當立於面前。向我叱呼曰。汝爲社長。請數萬人來到。而如是欲爲殺害耶。乍觀其人。身體健長。氣骨淸秀。聲如洪鍾。可謂一大偉雄。

잠시 뒤에, 한 사람이 외부로부터 수많은 사람의 포위 위를 뛰어넘어 왔는데 날아가는 새처럼 빨랐다. 눈앞에 서서 나를 향해 꾸짖으며 말했다.

"너는 사장이 되어 수많은 사람을 오도록 하고서 이처럼 살해하려고 하는가?"

잠시 그 사람을 살펴보니, 신체가 건장하며 기골이 맑고 준수한데다가 목소리가 큰 종과 같아서 위대한 영웅이라고 할 만하였다.

70. [自分]遂下壇握其手。敬禮諭之曰。兄長兄長。息怒聽言。今之事勢到此者。此非我之本意也。事機若此若彼。而亂類輩。空起惹鬧之事矣。幸須兄長。活我危命焉。古書云。殺害無罪之一人。則其殃及於千世。救活無罪之一人。則陰榮及於萬代。聖人能知聖人。英雄能交英雄。兄我間。自此以作百年之交。若何。

[나는] 마침내 단에서 내려와 그 사람의 손을 잡으며 공경히 예우하고 타일러 말했다.

"형장兄長이여, 형장이여! 노여움을 거두고 말 좀 들어보소. 지금 일의 형세가 이 지경에 이르렀는데, 이것은 나의 본뜻이 아니오. 일의 형편이 이럴 수도 있고 저럴 수도 있는데 난류배亂類輩가 공연히 시끄러운 일을 일으킨 것이오. 부디 형장께서는 나의 위태로운 목숨을 살려주시오. 옛 책에 이르기를 '죄 없는 한 사람을 살해하면 그 재앙이 천세에 이르고, 죄 없는 한 사람을 구원하여 살려주면 음덕陰德의 영화가 만대에 이른다'라고 하였소. 성인만이 성인을 알 수 있고, 영웅만이 영웅과 사귈 수 있는 것이오. 형장과 나 사이에 이로부터 백 년의 사귐을 맺는 것은 어떻겠소."

71. 答曰。諾諾。遂向衆人大呼曰。社長都無罪過。若有欲害社
[23] 長者。我以一拳打殺。乃已說破。以左右手排坼衆圍。形如水波。
一般壞散。

그가 대답했다.

"좋소, 좋소."

마침내 무리를 향해 크게 부르짖으며 말했다.

"사장은 죄가 전혀 없소. 만약 사장을 해치려고 하는 자가 있다면 내 한 주먹으로 때려죽일 것이오."

이에 말을 끝낸 뒤에 왼손과 오른손으로 무리의 포위를 밀쳐 여니, 물결과 같은 모양으로 모두 무너져 흩어졌다.

72. 時[自分]始纔放心。更上稷壇。大呼衆人。會集安定後。曉諭

說明曰。今日所遭之事。於此於彼。別無過失。而此巧機械之不利所致也。願僉公恕容。思之若何。衆皆諾諾。

이때, [나는] 비로소 마음을 놓고 다시 계단稧壇에 올라 큰 소리로 무리를 불러 모아서 안정시킨 뒤에 타일렀다.

"오늘 당한 일은 어쨌든 별로 과실이 없으며, 이것은 공교롭게도 기계가 원활치 않아 빚어진 것입니다. 여러분께 용서해줄 것을 바라는데, 어떻게 생각하십니까?"

무리가 모두 '좋소, 좋소' 했다.

73. 又曰。然則。今日出票式舉行。當始終如一。然後。可免他人之恥笑矣。從速更爲舉行。出末若何。衆皆搏手應諾耳。於是。遂續式擧行。無事畢了散歸。

(나는) 또 말했다.

"그렇다면 오늘 출표식의 거행은 마땅히 처음과 끝이 한결같은 뒤에라야 다른 사람의 웃음거리를 면할 수가 있을 것입니다. 속히 다시 거행하여 일을 끝내는 것이 어떻겠습니까?"

무리가 모두 손뼉을 치며 응낙하였다. 이에 마침내 출표식을 계속해서 거행하였고, 무사하게 끝마치고 해산하여 돌아왔다.

74. 時與其恩人相通姓名。姓許名鳳。咸鏡北道人。感賀大恩後。結約兄弟之誼。置酒宴樂。能飮毒酒百餘碗。都無醉痕。試其膂力。則或榛子栢子數三十介。置於掌中。以兩掌合磨。則如石磨壓磨。破碎作粉。見者無不驚嘆。

이때, 그 은인과 서로 통성명을 하였다. 성은 허許에 이름은 봉鳳

으로, 함경북도 사람이었다. 큰 은혜에 감사한 뒤에 형제의 우의
를 맺고, 술자리를 베풀어 즐기면서 독한 술 백여 사발을 마시는
데도 전혀 취한 흔적이 없었다. 그의 완력을 시험하니, 개암나무
열매나 잣나무 열매 수십 개를 손바닥 안에 놓고 양 손바닥을 합
하여 비비니 마치 맷돌로 눌러 간 것처럼 부스러져 가루가 되었
다. 보는 사람 중에 경탄하지 않는 사람이 없었다.

75. 又有一別才。以左右手。向背抱圍柱棟後。以繩索緊縛兩手。
[24] 則柱棟自然在於兩臂之間。身如柱棟一體。若不解其手之縛繩。
則都無拔身之策必矣。

또 별난 재주가 하나 있었다. 왼손과 오른손을 등 쪽으로 향해 기
둥을 안은 뒤에 끈으로 양손을 묶으면 기둥은 자연히 양팔 사이
에 있게 되어, 몸이 기둥과 한 몸이 되었다. 만약 그 손을 묶은 끈
을 풀지 않는다면 결코 손을 빼낼 계책이 없음이 분명했다.

76. 如是作之後。衆人回立小頃。一分間顧見。則兩手緊縛。如前
有之。小無變更然。柱棟拔於兩臂之間。如前完立。其身不係於
柱棟以脫焉。見者無不稱善曰。酒量勝於李太白。膂力不下於項
羽。術法可比於佐左云云。同樂幾日後。分手相別。迄今幾年間。
未知何落耳。

이렇게 만든 뒤에 뭇 사람들이 잠깐 돌아섰다가 1분 사이에 돌아
보니, 양손을 단단히 동여맨 것은 이전처럼 조금도 바뀐 것이 없
었다. 그런데 기둥을 양팔 사이에서 뽑아 이전처럼 온전하게 서
있었으니, 그 몸이 기둥에 걸리지 않고 빠져나온 것이었다. 보는

사람들은 잘한다고 칭찬해 마지않으면서 이렇게 말했다.

"주량은 이태백李太白보다 낫고, 완력은 항우에 못지 않으며, 술법은 좌좌佐左[37]에 견줄 만하다."

며칠을 함께 즐긴 뒤에 서로 작별을 하였는데, 지금까지 몇 년간 어디에 떨어져 살고 있는지 알지 못한다.

검사에 항거

77. 時有兩件事。一甕津郡民。錢五千兩。被奪於京城居前參判金仲煥處事。一李景周事。氏本籍平安道永柔郡人。業醫士。來留於黃海道海州府。與柳秀吉【本賤人財政家】女息作配。同居數三年之間。生一女。秀吉李氏許。家舍田畓財産奴婢。多數分給矣。

이때, 두 사건이 생겼다. 하나는 옹진甕津 군민이 돈 5천 냥을 경성에 거주하는 전 참판參判 김중환金仲煥에게 빼앗긴 일이다. 또 하나는 이경주李景周의 일이다. 그는 본적이 평안도 영유군永柔郡 사람으로 직업이 의사인데, 황해도 해주부에 와서 살다가 유수길柳秀吉【본시 신분이 천한 사람이었지만 재력이 있는 사람이다.】의 딸과 짝을

---

37 좌좌(佐左): 좌자(左慈)의 오기인 듯하다. 좌자는 동한 말의 술사(術士)로, 자(字)는 원방(元放)이다. 『후한서』 「방사전(方士傳)」 「좌자전(左慈傳)」에는 좌자에 대한 기이한 일들이 기록되어 있으나 대부분 황당한 내용이라 믿을 수가 없다. 「신선전(神仙傳)」에 "후한(後漢) 사람 좌자가 도술을 배워 육갑(六甲)에 정통하여 귀신을 부렸다. 일찍이 조조(曹操)가 오강(吳江)의 농어(鱸魚)가 먹고 싶다고 하자, 즉시 쟁반에 물을 떠 놓고 낚시질하여 농어를 낚아 올렸다"라고 하였다.

맺었다. 함께 산 지 두서너 해 만에 딸 하나를 낳으니, 유수길이 이씨를 받아들이고 집과 전답과 재산과 노비를 많이 나눠주었다.

[25] **78.** 時海州府地方隊兵營尉官 韓元校爲名人。乘李氏上京之隙。誘引其妻通姦。威脅秀吉。奪其家舍什物後。完然居生耳。

이때, 해주부 지방대병영地方隊兵營 위관尉官 한원교韓元校라는 이름을 가진 사람이 이씨가 상경한 틈을 타서 그 처를 유인하여 간통하고, 유수길을 위협하여 그 집과 집기를 빼앗은 뒤에 번듯하게 머물러 살았다.

79. 時李氏聞其言。自京城還到本家。則韓哥使兵丁亂打李氏毆逐。頭骨破傷。流血浪藉。目不忍見。然李氏孤跡他鄉。勢無奈何。

이때, 이씨가 그 말을 듣고 경성에서 본가로 돌아오니, 한원교가 병정을 시켜 이씨를 마구 때려 쫓아내었는데, 두개골이 깨어지고 유혈이 낭자狼藉[38]하여 눈으로 차마 볼 수 없었다. 그러나 이씨는 타향에서 외로운 신세라 어찌할 수 없는 형편이었다.

80. 逃躱保命後。卽上京呼訴于陸軍法院。與韓哥裁判七八次。韓哥免其官職。然李氏妻與家産。不能推尋。【此韓哥之勢力家所致】韓哥與其女。收拾家産。上京居住也。

달아나서 목숨을 보전한 뒤에 곧장 서울에 올라가 육군법원에 호

---

[38] 낭자(狼藉): '여기저기 흩어져 어지럽다'라는 뜻인데, '浪藉(낭자)'로 표기된 기록도 있다.

소하였다. 한원교와 일고여덟 번 재판하여 한원교는 그 관직에서 물러났지만, 이씨의 처와 가산은 찾아올 수 없었다. 【이것은 한원교가 세력가인 탓이다.】 한원교와 그 여자는 가산을 수습하고 서울에 올라가 살았다.

81. 時甕津郡民與李氏。皆教會人。故[自分]被選摠代。偕兩人上京。幹護兩件事。先往見金仲煥。時金玉賓客。滿堂以坐。與主人相禮。通姓名後坐定。金仲煥問曰。緣何事以來訪乎。

이때, 옹진 군민과 이씨는 모두 교회 사람이기에 [내가] 총대摠代로 선출되었다. 두 사람과 함께 서울에 올라가서 두 가지 일을 맡게 되었다. 먼저 김중환에게 가보니, 이때 귀한 손님이 집에 가득 앉아 있었다. 주인과 서로 예로써 대하고 통성명을 한 뒤에 좌정하니, 김중환이 물었다.

"무슨 일로 찾아왔는가?"

82. [自分]答曰。我本居下鄕愚氓。不知世上規則法律。故問議次
[26] 來訪。金曰。有何問事。答曰。若有京城一大官。勒討下鄕民財幾千兩。都不還給。則此何律法。治之可乎。

[나는] 대답했다.

"저는 본래 시골에 사는 어리석은 백성으로 세상의 규칙과 법률을 알지 못하므로 문의하고자 찾아왔습니다."

김중환이 말했다.

"문의할 일이 무엇인가?"

나는 대답했다. "만약 경성에 한 대관大官이 시골 백성의 재산 몇

천 냥을 강제로 빼앗아 모두 돌려주지 않는 일이 있다면, 이것은
어떤 법률로 다스리는 것이 옳겠습니까?"

83. 金暗思小頃曰。此非我事否。答曰。然。公何故。甕津民財
五千兩。勒奪不報乎。金曰。我今無錢不報。當後日還報爲計也。
答曰。不然。如此高臺廣室。許多什物豐備居生。而若無五千金
云云。則何人可信之乎。

김중환이 곰곰이 생각하다가 이윽고 말했다.

"이것은 나와 관계된 일이 아닌가?"

나는 대답했다.

"그렇습니다. 공께서는 무슨 까닭으로 옹진 백성의 재산 5천 냥
을 강제로 빼앗아 갚지 않습니까?"

김중환이 말했다.

"나는 지금 돈이 없어 갚을 수가 없지만, 마땅히 뒷날에 갚을 계
획이네."

나는 대답했다.

"그렇지 않습니다. 이처럼 높은 누대와 넓은 집에 많은 집기를 풍
족하게 갖추고 살면서도 만약 5천 금이 없다고 한다면 어느 누가
믿을 수 있겠습니까?"

84. 如此相詰之際。傍聽一官人。高聲叱我曰。金參判年老大官。
君少年鄕民。何敢發如此不恭之說話乎。[自分]笑以問曰。公誰
耶。客曰。我之姓名。丁明爕也。【現時。漢城府裁判所檢查官。】

이렇게 서로 따지는 즈음에 옆에서 듣던 관리 하나가 큰 소리로

나를 꾸짖으며 말했다.

"김참판은 연세가 지긋한 대관이고 너는 나이가 젊은 시골 백성인데, 어찌 이처럼 공손치 못한 말을 감히 내뱉는 것이냐?"

[나는] 웃으며 물었다.

"공은 뉘시오?"

손님이 말했다.

"내 성명은 정명섭丁明燮이다. 【현재 한성부 재판소 검사관檢查官이다.】"

85. 我答曰。公不讀古書也。自古及今。賢君良相。以民爲天。暗君貪官。以民爲食。故民富則國富。民弱則國弱。當此岌業時代。公等爲國家輔弼之臣。不受皇上之聖意。如是虐民。則國家
[27] 前道。豈不痛嘆哉。況此房非裁判所也。公若有五千金報給之義務。則與我相詰可也。

나는 대답했다.

"공께서는 옛 책을 읽지 않았구려. 예로부터 지금까지 어진 임금과 재상은 백성을 하늘로 여기고, 어리석은 임금과 탐욕스런 관리는 백성을 먹을거리로 여깁니다. 그러므로 백성이 부유하면 나라가 부유하고, 백성이 약하면 나라가 약합니다. 이렇게 위태로운 시대를 맞이하여 공 등은 국가를 보필하는 신하가 되어서 황상의 거룩한 뜻을 따르지 않고 이처럼 백성을 학대하면 국가의 장래가 어찌 통탄스럽지 않겠습니까? 하물며 이 방은 재판소가 아닙니까? 공이 만약 5천 금을 갚아줄 의무가 있다면 나와 서로 따지는 것이 옳을 것입니다."

86. 丁哥都無答辭。金仲煥曰。兩公幸勿相詰焉。我當幾日後。還報五千金矣。公須寬恕。哀乞四五次。故事勢不得。退限定約以歸。

정명섭이 아무 답변도 하지 못하자, 김중환이 말했다.

"두 공께서는 부디 서로 따지지 마시오. 내가 마땅히 며칠 뒤에 5천 금을 갚을 터이니, 공께서는 부디 너그럽게 용서하시오."

네다섯 번 애걸하기에 일의 형세가 부득이하여 기한을 연기하고 약속을 정한 뒤에 돌아왔다.

87. 伊時。李景周探知韓元校之住處。相議曰。韓哥勢力家。自法官稱托逃躱。都不捉致公判。我等先當探捉韓哥夫妻。然後。偕往法司。公判可也。李氏與同志幾人。偕往韓哥住在家搜索。則韓哥夫妻知機先避。故未能捉得空還矣。

헌데 이경주가 한원교가 사는 곳을 찾아내고 상의하며 말했다.

"한원교는 세력을 가진 사람이라 법관에게 핑계를 대고 도망을 가는 바람에 아예 잡아 와서 공판하지 못했습니다. 우리가 먼저 마땅히 한원교 부부를 찾아서 붙잡은 뒤에 함께 법사法司에 가서 공판하는 것이 옳을 것입니다."

이경주와 동지 몇 사람이 함께 한원교가 사는 집에 가서 수색했지만, 한원교 부부는 낌새를 알고 먼저 도망을 갔기에 붙잡지 못하고 빈손으로 돌아왔다.

88. 韓哥誣訴于漢城府曰。李景周來到於本人家。突入內庭。老母毆打云。故自漢城府捉致李景周。檢查之場。問其證人。則李

氏指名[自分]姓名。故亦爲被招。到於檢查所。觀之。則檢查官
丁明變也。

한원교가 한성부에 사실을 속여 고소하기를 '이경주가 본인의 집
에 와서 갑자기 안뜰에 들어오더니 노모를 구타하였습니다'라고
하였다. 그러므로 한성부에서 이경주를 잡아서 검사하는 곳에서
그 증인을 물으니, 이경주가 [나의] 성명을 지명하였다. 그러므로
또한 불려가서 검사소에 이르러서 보니, 검사관이 정명섭이었다.

[28] 89. 丁氏一見[自分]。怒色現於外面。[自分]內念暗思自笑曰。今
日必受丁哥之前嫌矣。【金仲煥家相詰之嫌】然無罪之我。孰能害
之。思畢。檢查問我曰。汝證見於李韓兩之事乎。答曰。然。

정명섭이 [나를] 언뜻 보더니 성난 기색을 바깥으로 드러내었다.
[나는] 마음속으로 곰곰이 생각하고 웃으며 자신에게 말하였다.
'오늘 필시 정명섭으로부터 옛날의 혐의를 받겠구나.【김중환 집
에서 서로 따지던 혐의】 하지만 죄 없는 나를 누가 해칠 수 있겠는
가?'
생각이 끝나자, 검사가 나에게 물었다.
"너는 이경주와 한원교 두 사람의 일을 증험해볼 수 있느냐?"
나는 대답했다.
"그렇습니다."

90. 又問曰。何故毆打韓哥之母乎。答曰。不然。初無如此行動
也。此所謂己所不欲。勿施於人。豈有他人之老母毆打之理乎。
(검사가) 또 물었다.

"무슨 까닭으로 한원교의 어머니를 구타하였느냐?"

나는 대답했다.

"그렇지 않습니다. 애초에 이렇게 행동을 한 적이 없습니다. 이것이 이른바 '자기가 원하지 않는 일을 남에게 시키지 마라'[39]는 것이니, 어찌 다른 사람의 노모를 구타하는 이치가 있겠습니까?"

91. 又問曰。何故他人之內庭。無故突入乎。答曰。我本無他人內庭。突入之事。但有李景周家內庭。出入之事矣。

(검사가) 또 물었다.

"무슨 까닭으로 다른 사람의 안뜰에 아무 이유도 없이 갑자기 들어갔느냐?"

나는 대답했다.

"나는 본래 다른 사람의 안뜰에 갑자기 들어간 일이 없습니다. 다만 이경주의 집 안뜰에 출입한 일은 있습니다."

92. 又問曰。何故李哥內庭云乎。答曰。此家則以李哥之錢。買得之家。房內器具。皆李哥之前日所持之物。奴婢亦李哥所使之奴婢。其妻卽李哥所愛之妻也。此非李哥之家庭。何人之家庭乎。檢查默默無言耳。

(검사가) 또 물었다.

---

[39] '자기가…마라':『논어』「위령공(衛靈公)」에 나온다. 자공(子貢)이 평생토록 지니고서 행할 가치가 있는 한 마디의 말이 있느냐고 공자에게 묻자, 공자가 "바로 서라는 말이다. 그것은 즉 자기가 원하지 않는 일을 남에게 시키지 마라[其恕乎 己所不欲 勿施於人]"라고 대답하였다.

"무슨 까닭으로 이경주의 안뜰에 대해 말하는가?"

나는 대답했다.

"이 집은 이경주의 돈으로 산 집이고 방 안의 집기는 모두 이경주
가 전날에 소지한 물건이며, 노비 또한 이경주가 부리던 노비이
고 그(한원교) 아내는 곧 이경주가 사랑하는 아내입니다. 이것이
이경주의 가정이 아니면 어느 사람의 가정이란 말입니까?"

검사는 입을 다문 채 말이 없었다.

93. 忽見。則韓元校立於面前。[自分]急呼韓哥謂之曰。韓哥。汝
[29] 聽我言。夫軍人者。國家之重任也。培養忠義之心。防禦外賊。
守護壃土。保安人民。堂堂軍人之職分。汝況爲尉官者。勒奪良
民之妻。討索財産。然恃其勢力。無所忌憚。若京城。如爾之賊
漢。多有居生。則但京漢輩【辱說】生子生孫。保家安業。下鄉殘
民。其妻其財。被奪於京漢輩。盡滅乃已。世豈有無民之國乎。
如爾之京漢輩。萬死無惜也。

문득 보니, 한원교가 눈앞에 서 있었다. [나는] 급히 한원교를 부
르며 말했다.

"한韓가야, 너는 내 말을 들어보아라. 무릇 군인이란 국가의 중임
을 맡은 자이다. 충의의 마음을 배양하여 외적을 방어하고 강토
를 수호하며 인민을 편안히 지키는 것이 당당한 군인의 직분이
다. 하물며 너는 위관이 되어 양민의 아내를 강제로 빼앗고 재산
을 억지로 요구한 데다가, 그 세력을 믿고 거리끼는 바가 없다. 만
약 경성에 너와 같은 도둑놈이 많이 산다면, 서울놈들【욕설】만 자
식을 낳고 손자를 낳아 집안을 보전하고 생업에 안심하고 종사

할 뿐이요, 시골의 곤궁한 백성은 그 아내와 그 재산을 모두 서울
놈들에게 빼앗겨 다 없어지고야 말 것이다. 세상에 어찌 백성이
없는 나라가 있더냐? 너와 같은 서울놈은 만 번 죽어도 아깝지 않
다."

94. 言未畢。檢查搏床大叱曰。此漢【辱也】。京漢輩京漢輩。京城
何如人居生。而【皇帝大官云云。前嫌所發】汝敢發如此之言乎。
　　말이 아직 끝나지 않았는데, 검사가 탁자를 치고 크게 꾸짖으며
　　말했다.
　　"이놈【욕했다】! '서울놈들, 서울놈들'이라고 하는데,【'황제皇帝'나
　　'대관大官'을 운운한 것은 전날의 미움에서 나온 것이다.】경성에 어떤
　　사람이 살기에 네가 감히 이러한 말을 내뱉느냐?"

95. [自分]笑以答曰。公何故。如是發怒耶。我言韓哥云曰。若爾
之賊漢。多有於京城。則但京漢輩保生。鄕民盡滅云云。若如韓
哥者。當受此辱。不如韓哥之人。有何關係乎。公誤聞誤解也。
　　[나는] 웃으며 대답했다.
　　"공은 무슨 까닭으로 이처럼 화를 내는 것입니까? 내가 한원교에
　　게 말한 것은 '너와 같은 도둑놈이 서울에 많다면 서울놈들만 생
　　명을 보전할 뿐 시골 백성들은 모두 없어질 것이다'라고 한 것이
　　오. 한韓가와 같은 자라면 이런 모욕을 받는 것이 마땅하거니와,
　　한가와 같지 않은 사람이라면 무슨 관계가 있겠습니까? 공이 잘
　　못 듣고 오해한 것입니다."

[30] 96. 丁曰。汝言足以飾非也。答曰。不然。雖善言足以飾非。若指水謂火。則誰可信之乎。檢查不能答辭。令下人李景周捉囚監獄後。謂[自分]曰。汝亦捉囚。

정명섭이 말했다.

"너의 말은 잘못을 꾸며댄 것이다."

나는 대답했다.

"그렇지 않소. 비록 좋은 말로 잘못을 꾸밀 수 있더라도, 만약 물을 가리켜 불이라고 한다면 누가 믿겠습니까?"

검사가 답변하지 못하고, 아랫사람을 시켜 이경주를 감옥에 잡아 가둔 뒤에 [내게] 말했다.

"너 또한 잡아 가두겠다."

97. 我怒以答曰。何故捉囚乎。今日我之來此者。但證人招待者。非被告捉致者也。況雖有千萬條之法律。都無捉囚無罪人之法律。雖有百千間之監獄。都無捉囚無罪人之監獄矣。當此文明時代。公何故。豈敢私行野蠻法律乎。快快向前出門以歸舘。檢查都無如何之說矣。

나는 화를 내며 대답했다.

"무슨 까닭으로 잡아 가두는 것입니까? 오늘 내가 여기에 온 것은 증인으로 불려온 것일 뿐, 피고로 잡혀 온 것이 아닙니다. 하물며 비록 천만 가지 법률이 있더라도 죄 없는 사람을 잡아 가두는 법률은 어디에도 없으며, 비록 백천 칸의 감옥이 있더라도 죄 없는 사람을 잡아 가두는 감옥은 어디에도 없거늘, 이런 문명 시대를 맞이하여 공은 무슨 까닭으로 어찌 감히 사사로이 야만적인 법률을 시행하는 것입니까?"

씩씩하게 앞을 향하여 문을 나와 여관으로 돌아가는데, 검사는 아예 어떠한 말도 하지 못했다.

대한제국의 혼란기

98. 時自本家書信來到。親患危重云。故歸心如矢。卽地束裝。從陸發程。

이때, 본가로부터 서신이 도착했다. 아버지 병환이 위중하다고 하기에 돌아가고 싶은 마음이 시위에 있는 화살과 같았다. 곧장 행장을 꾸리고 육로를 따라 길을 떠났다.

99. 時嚴冬寒天耳。白雪滿天下。寒風吹空來。行過獨立門外。回顧思之。心膽如裂。如是親友。無罪囚獄。不見得脫。冬天寒獄。
[31] 豈能受苦。況乎何日。如彼惡政府。當一拳打破改革後。掃滅亂臣賊子之輩。成立堂堂文明獨立國。快得民權自由乎。

이때는 몹시 추운 겨울이었다. 흰 눈이 온 세상에 가득하고 찬바람이 허공에서 불어왔다. 독립문 밖을 지나면서 돌이켜 생각했다. "마음이 찢어지는 것 같구나. 이처럼 친구가 죄 없이 감옥에 갇혀 벗어나지 못하고, 겨울철 차가운 감옥에서 어찌 고통을 받는단 말인가? 하물며 어느 날에 저와 같은 악한 정부를 마땅히 한주먹에 타파하여 개혁한 뒤에 난신적자의 무리를 쓸어 없애고, 당당한 문명 독립국을 세워 국민의 권리와 자유를 통쾌하게 얻을 수 있겠는가?"

100. 言念及此。血淚湧出。眞難旋踵也。然事勢不得。竹杖麻鞋。
獨行千里以來。行之中路。適逢鄰邑親友李成龍氏。

말과 생각이 여기에 미치자, 피눈물이 솟아 나와 참으로 발길을
돌리기 어려웠다. 하지만 일의 형세가 부득이하여 대지팡이를 짚
고 미투리를 신고 홀로 천릿길을 걸어왔다. 길을 가는 도중에 마
침 인근 고을의 친구 이성룡李成龍 씨를 만났다.

101. 李氏騎馬以來。謂我曰。幸矣。作伴歸鄉。則甚好也。我答
曰。騎步不同。豈能同行。李曰。不然。此馬自京城。定價得稅之
馬。日氣甚寒。不能久騎。與公數時間式。分排騎步。則當路速
消寂矣。幸勿謙讓焉。說破。作伴同行。數日後。至延安邑近地
方面。

이씨가 말을 타고 와 나에게 말했다.

"다행이네. 짝을 이뤄 고향으로 돌아가니 매우 좋네."

나는 대답했다.

"말 타는 것과 걷는 것이 같지 않네. 어떻게 함께 갈 수 있겠는
가?"

이씨가 대답했다.

"그렇지 않네. 이 말은 경성에서 값을 치르고 세를 낸 말이네. 날
씨가 매우 추워서 오래 탈 수 없네. 자네와 몇 시간마다 타고 걷
는 것을 교대로 하면 길을 가는 것도 빠르고 적막함도 삭힐 걸세.
부디 사양하지 말게."

말이 끝나자, 짝을 이뤄 함께 길을 갔다. 며칠 뒤에 연안읍延安邑
부근에 이르렀다.

102. 是年天旱不雨。年形大歉。時[自分]騎馬以去。李氏從後以
來。馬夫【牽馬者】扶馬以行。相與談話之際。馬夫指電線木辱之
曰。現今外國人。設置電報後。空中電氣。沒數收獲。囚置電報
[32] 甬。故空中都無電氣。不能成雨。如是大歉矣。

그 해는 날이 가물고 비가 내리지 않아 큰 흉년이 들었다. 이때,
[나는] 말을 타고 갔고, 이씨는 뒤에 따라오며 마부【말을 끄는 자】
가 고삐를 잡았다. 서로 대화를 나누는데, 마부가 전선목電線木⁴⁰을
가리켜 욕했다. "요새 외국 사람이 전보電報를 설치한 뒤에 공중
의 전기를 죄다 거둬 전보통電報桶에 가둬두었소. 그래서 공중에
전기가 모두 없어져 비가 내리지 않고 큰 흉년이 든 것이오."

103. [自分]笑以諭之曰。豈有如此之理乎。君久居京城之人。如
是無識乎。言未畢。馬夫以馬鞭。打我之頭部。再三猛打辱之曰。
汝何人。謂我無識之人乎。我自思之。莫知其故。況此地。無人
之境。其漢之行動。兇惡如是。[自分]坐於馬上。不下不言。仰天
大笑而已。

[나는] 웃으며 타일렀다.

"어떻게 그런 이치가 가능하겠소? 자네는 오랫동안 경성에 산 사
람인데, 어찌 이처럼 무식한가?"

40 전선목(電線木): 전주(電柱)를 말한다.

말이 채 끝나지도 않았는데, 마부가 채찍으로 내 머리를 때렸다.
두세 번 세게 때리면서 욕하며 말했다.

"너는 누구길래, 나를 무식한 사람이라고 하는가?"

나는 스스로 생각해보건대 그 까닭을 도무지 알지 못했다. 게다
가 이곳은 사람이 살지 않아서 그자의 행동은 이처럼 흉악하였
다. [나는] 말 위에 앉아서 내려오지도 않고 말을 하지도 않은 채
하늘을 우러러 크게 웃을 뿐이었다.

104. 李氏盡力挽執。幸免大害。然我之衣冠。盡被傷矣。小頃。
至延安城中。此處[自分]親友等。見我之形容。驚怪問之。說明
其故。諸人忿怒。馬夫捉囚。法官欲爲懲罰。

이씨가 힘을 다해 붙들어 말리어 다행히 큰 해를 면했다. 나의 의
관은 모두 손상을 입었다. 잠시 뒤 연안 성안에 이르렀다. 이곳
[나의] 친구들이 내 모습에 놀라 괴이하게 여기며 물었다. 그 까
닭을 설명하니, 여러 사람이 분노하여 마부를 붙잡아 법관에게
벌하기를 원했다.

105. 我挽說曰。此漢失精狂人矣。勿爲犯手。卽爲還送焉。衆皆
爲然。無事放送。[自分]還鄕到家。親患漸次得差。數月後。蘇復
焉。其後。李景周被司法官之抑勒法律。處三年懲役矣。一年後。
蒙赦得放。

나는 만류하며 타일렀다.

"이놈은 정신을 잃은 미친 사람이네. 손대지 말고 곧장 돌려보내
세."

여러 사람 모두 그렇게 여기고 별일 없이 놓아 보내주었다. [나는] 고향에 돌아와 집에 도착하니 아버지 병환이 점차 차도가 있어 몇 개월 뒤에 회복하였다. 그 뒤 이경주는 사법관의 억지 법률 때문에 3년 징역을 살다가, 1년 뒤에 사면을 받아 풀려나왔다.

[33] 106. 時韓元校行賂萬金。使宋哥朴哥兩人。誘引李氏於無人之境。韓哥拔劍。刺殺李氏【噫。以財色。濫殺人命。可爲後人之戒哉。】後。逃走。時自法司發捕。捉得宋朴兩人與厥女。依律處刑。韓哥終不得捕捉。痛哉。李氏憨作永世之怨魂也。

이때, 한원교가 만금의 뇌물을 주고 송宋가와 박朴가 두 사람을 시켜 이씨를 사람이 없는 지역으로 유인하게 하였다. 한원교는 검을 빼서 이경주를 찔러 죽이고【아! 재물과 여색 때문에 함부로 사람의 목숨을 죽였으니, 뒷사람의 경계로 삼을 만하다.】도주하였다. 이때, 법사法司[41]에서 포교捕校를 보내어 송가와 박가 두 사람과 그 여자를 체포하여 법률로 처형을 하였지만, 한원교를 끝내 체포하지 못했다. 원통하도다! 이씨는 억울하게도 영세永世의 원혼怨魂이 되었구나.

107. 時各地方官吏。濫用虐政。吮民膏血。官民間視若仇讎。對之如賊。但天主敎人等。抗拒暴令。不受討索。故官吏輩疾憎敎人。無異於外賊。然彼直我曲。勢無奈何。【好事多魔。一魚濁海。】

이때, 각 지방의 관리가 포악한 정치를 남용하여 백성의 고혈膏血

을 빼니, 관리와 백성이 서로 원수처럼 보고 도적을 대하듯이 하였다. 다만 천주교인들은 포악한 명령에 항거하여 토색질⁴²을 당하지 않았다. 그러므로 관리들이 교인들을 증오하는 것이 외적을 대하는 것과 다름이 없었다. 그러나 저들은 옳고 우리는 그르다는 말에 대하여 우리가 어떻게 해볼 수 없는 상황이었다. 【좋은 일에는 방해되는 일이 많고, 한 마리의 물고기가 바다를 흐린다.】

108. 時亂類輩稱托敎人。挾雜之事。間或有之。故官吏等乘此機隙。與政府大官秘密相議。誣陷敎人云。黃海道因敎人之行悖。不能行政司法。自政府特派査覈使。李應翼到于海州府。派送巡檢兵丁於各郡。天主敎會頭領之人。不問曲直。沒數押上。敎會

[34] 中。一大窘亂也。

이때, 난류배가 교인을 사칭하여 남을 속이는 일이 간혹 있었다. 그러므로 관리들이 이 틈을 타서 정부 대관과 비밀리에 상의하여 교인을 무함했다고 한다. 황해도는 교인의 행패로 말미암아 정사를 행하고 법을 주관할 수 없었다. 정부에서 특별히 파견된 사핵사査覈使 이응익李應翼이 해주부에 도착하였다. 각 군郡에 순검 병정兵丁을 파송하여, 천주교회의 우두머리 되는 사람들을 옳고 그름을 따지지 않고 죄다 압송하였다. 교회 안이 크게 어지러웠다.

109. 私父亦欲捉得。巡檢兵丁二三次來到。然終爲抗拒不拿。避身他處。痛憤官吏輩之惡行。長嘆不息。晝夜飮酒。成心火病。

---

⁴² 토색질: 돈이나 물건 따위를 억지로 달라고 하는 짓.

罹於重症。數月後。還歸本宅。治療無效也。

　　내 부친을 또한 체포하려고 순검 병정이 두세 차례 왔지만, 끝내 항거하여 잡아가지 못했다. (부친은) 다른 곳으로 피신하여 관리들의 악행을 원통하고 분하게 여겨 끊임없이 장탄식을 했다. 밤낮으로 술을 마셔 심화병心火病이 나고 중증에 걸렸다. 몇 개월 뒤 본댁으로 돌아가서 치료했으나 효과가 없었다.

110. 時敎中事。因法國宣敎師之保護。漸次平息焉。其後年。自分有所關事。出遊於他處矣。【文化郡也】得聞。則私父來到致于李敞淳家云。【安岳邑咫近也】[自分]卽往于其家。則私父已歸本宅。

　　이때, 교회 내부의 일은 프랑스 선교사의 보호 덕분에 점차 잠잠해졌다. 그로부터 2년 뒤에 나는 관련된 일이 있어 다른 곳으로 나갔다가【문화군이다】들으니, 나의 부친이 이창순李敞淳 집에 이르렀다고 했다.【안악읍에서 매우 가깝다.】나는 즉시 그 집에 갔다. 하지만 부친은 이미 본댁으로 돌아간 뒤였다.

111. 與李友相對。飲酒談話之際。李曰。今番。公之父親。巧逢重辱以歸矣。我大驚問曰。何故。李答曰。公父以身病治療次。來到我家。與我父偕往于安岳邑。尋訪淸國醫師舒哥。對症後。飲酒談話矣。淸醫緣何事故。而足踢公父之胃腹。被傷。故下人等執淸醫。欲爲毆打。則公父挽諭曰。今日我等來此者。以治病次。訪醫而來。若打醫師。則是非勿論。難免他人笑柄矣。幸愼名譽的關系。若何云云。故衆皆忍忿以歸矣。

[35]

친구 이李씨와 서로 술을 마시고 대화할 때, 이씨가 말했다.

"이번에 자네 부친이 공교롭게도 심한 모욕을 당하시고 집으로 돌아가셨네."

나는 깜짝 놀라 물었다.

"무슨 연유인가?"

이씨가 대답했다.

"자네 부친이 신병을 치료하기 위해 우리 집에 왔다가 내 부친과 함께 안악읍에 갔었지. 청나라 의사 서舒가를 방문하여 증세에 따라 조치를 받은 뒤에 술을 마시고 이야기를 하였네. 그런데 청나라 의사가 무슨 이유 때문인지 자네 부친의 가슴과 배를 발로 차서 상처를 입혔지. 그러자 아랫사람들이 청나라 의사를 잡아 구타하려고 하니, 자네 부친이 만류하여 타일렀네. '오늘 우리는 치료하기 위해서 여기 의사를 찾아온 것이네. 만약 의사를 때린다면 잘잘못을 따질 것 없이 다른 사람의 웃음거리를 면하기 어려울 걸세. 부디 명예와 관계되는 일을 삼가는 것이 어떠한가?'라고 하셨다네. 그러자 무리는 모두 분함을 참고 돌아왔네."

112. [自分]曰。我父雖守大人之行動。然爲子之道。豈可忍過乎。當往該處。詳探曲直。然後。呼訴法司。懲其悖習若何。李曰。然。卽地兩人同行。尋往舒哥。問其事實。語不過數話。噫。彼蠻淸。突起拔劍。向我頭部。打將下來。

[나는] 말했다.

"내 부친이 비록 대인大人의 행동을 지켰지만, 자식 된 도리로 어찌 참고 넘어갈 수 있겠는가? 마땅히 그곳에 가서 잘잘못을 자세히 밝힌 뒤에 법사에 호소하여 그 나쁜 버릇을 징벌하는 것이 어떠한가?"

이씨가 말했다.

"그러세."

곧장 두 사람이 동행하여 서가를 찾아가서 그 사실을 물었다. 불과 몇 마디 말을 했을 뿐인데, 아! 저 오랑캐 청나라 놈이 갑자기 일어나 검을 빼서 내 머리를 향해 내리쳤다.

113. [自分]大驚急起。以左手拒彼下手。右手索腰間短銃。向舒哥之胷腹上。形如欲射。舒哥喫怕。不能犯手。如此之際。同行李敞淳。見其危急之勢。亦取自己之短銃。向空中放砲兩次。舒哥知我之放銃。大驚失色。我亦莫知其故大驚。李氏趨來。奪舒哥之劍。着石折半。兩人分持半片劍。打下舒哥之膝足。舒哥倒地。

[나는] 깜짝 놀라 급히 일어났다. 왼손으로 그놈의 내리치는 손을 막고, 오른손으로 허리춤의 단총을 찾아 서가의 가슴과 배를 향해 쏘려는 자세를 하자, 서가가 겁을 먹고 손을 대지 못했다. 이와 같은 즈음에, 동행한 이창순이 위급한 형세를 보고 역시 자기의 단총을 잡아 공중을 향해 두 차례 쏘았다. 서가는 내가 총을 쏜 줄 알고 깜짝 놀라 낯빛이 하얗게 변했고, 나도 그 까닭을 알지 못하고 깜짝 놀랐다. 이씨가 달려와서 서가의 검을 빼앗아 돌에 쳐서 반으로 부러뜨렸다. 두 사람이 반 토막 검을 나눠 가졌고, 서가의 무릎과 발을 때렸다. 서가는 땅에 고꾸라졌다.

114. 時[自分]卽往法官。訴其前後事實。法官曰。外國人之事。
不能判決云。故更到舒哥處。則邑中人會集挽諭。故抛棄舒哥。
與李友各歸本家矣。

이때, [나는] 곧장 법관에 가서 그 전후 사실을 호소하였더니, 법
관이 '외국 사람의 일은 판결할 수 없다'라고 했다. 그러므로 다
시 서가의 거처에 이르니, 고을 사람들이 모여들어 만류하며 타
일렀다. 그래서 서가를 포기하고 친구 이씨와 본가로 돌아갔다.

115. 第五六日後。夜半。何許七八人。突入于李敞淳家。其父親
亂打捉去。李敞淳宿外房。度其火賊來劫。手執短銃追去。則厥
漢等向李氏放銃。李氏亦放銃。不顧死生以突擊。彼等抛棄李氏
父親。逃走以去。

대엿새 뒤, 한밤중에 칠팔 명의 어떤 사람들이 갑자기 이창순 집
에 들어와서 그 부친을 마구 때리고 붙잡아 갔다. 이창순은 바깥
방에 자고 있다가, 화적火賊이 와서 위협하는 줄 알았다. 손에 단
총을 쥐고 쫓아가니, 그놈들은 이씨를 향해 총을 쏘았다. 이씨도
총을 쏘며 죽고 사는 것을 돌보지 않고 돌격하니, 저들은 이씨 부
친을 포기하고 도주했다.

116. 其明日詳探。則舒哥往訴于鎭南浦淸國領事。故淸國巡査
二名。韓國巡檢二名。派送安哥。捉待指令。而彼等不往安哥之
家。如是空侵李家者也。

그 이튿날 자세히 알아보니, 서가가 진남포의 청나라 영사領事에
가서 호소하였고, 청나라 순사巡査 두 명과 한국 순검 두 명을 안安

가에게 보내어 체포하라는 지령을 내렸다는 것이다. 그런데 저들
은 안가의 집으로 가지 않고 이처럼 이유 없이 이씨 집에 침입한
것이었다.

117. 如此書信來到。[自分]卽地發程。往于鎭南浦。探知。則淸
領事以此事。報告于京城公使。照會韓國外部云。故[自分]卽往
[37] 京城。擧其前後事實。請願于外部。幸得公決回題。還付鎭南浦
裁判所。

이러한 서신이 도착하자, [나는] 곧장 길을 떠나 진남포로 갔다.
수소문해 알아보니, 청나라 영사가 이 일을 경성 공사에게 보고
하여 한국 외부外部⁴³에 조회할 것이라고 하였다. 그러므로 [나는]
곧장 경성에 가서 그 전후의 사실을 들어 외부에 청원하였다. 다
행히 공정한 판결로 회제回題⁴⁴를 얻어 진남포 재판소로 되돌려보
냈다.

118. 後與舒哥公判之時。舒哥之前後蠻行現露。故舒非安直。如
是公決出末。後有淸人紹介者。與舒哥相逢。彼此謝過。平和維
持焉。

후일에 서가와 공판할 때, 서가의 전후 만행이 드러났다. 그러므
로 '서가는 그릇되고 안가는 옳다'는 이러한 공정한 판결로 끝이

---

⁴³ 외부(外部): 외국과의 교섭 및 통상 따위의 사무를 맡아보던 관아. 외무아문(外務
衙門)을 고친 이름.
⁴⁴ 회제(回題): 감영에 보낸 수령의 문서에 감사가 판결을 적어서 되돌려보낸 것을
가리킨다.

났다. 후일 어떤 청나라 사람의 소개로 서가와 상봉하였다. 서로
사과하고 평화를 유지했다.

119. 這間。[自分]與洪神父。有一大競走之事。洪神父常有壓制
敎人之弊。故[自分]與諸敎人相議曰。聖敎會中。豈有如是之道
理乎。我等當往京城。請願于閔主敎前。若主敎不聽。則當往禀
于羅馬府敎皇前。期於以杜如此之習。若何。衆皆諾從耳。

이 기간에 [나는] 홍 신부와 크게 다투는 일이 있었다. 홍 신부는
항상 교인을 억누르는 나쁜 버릇이 있었다. [나는] 여러 교인과
상의하며 말했다.

"성스러운 교회 안에서 어찌 이러한 도리가 있습니까? 우리는 마
땅히 경성으로 가서 민 주교님께 청원해야 합니다. 만약 주교님
께서 들어주지 않는다면, 마땅히 로마부羅馬府 교황님께 품신禀申
을 보내 이와 같은 버릇을 기어코 막는 것이 어떻겠습니까?"

무리가 모두 응낙하고 좇을 따름이었다.

120. 時洪神父聞此言。大發忿怒。[自分]無數揮打。故我含忿忍
辱矣。其後。洪神父諭我曰。暫時忿怒。肉情所發矣。相恕悔改。
若何云云。故[自分]亦答謝。修好以復前日之情也。

이때, 홍 신부가 이 말을 듣고 크게 화를 내며 [나를] 무수히 후려
갈기었다. 그래도 나는 분노를 머금고 모욕을 참았다. 그 뒤에 홍
신부는 나를 타이르며 말했다.

"잠깐의 분노는 육체의 욕망이 발현된 것이다. 서로 용서하고 회
개하는 것이 어떠냐?"

그러므로 [나] 역시 감사를 표하고, 사이좋게 지내어 전날의 정을 회복하였다.

을사늑약의 비분

121. 歲去月來。當於一千九百五年。(乙巳) 仁川港灣。日露兩國。

[38] 砲聲轟振。東洋一大問題。突起之初。如此通信來到。洪神父歎曰。韓國將危矣。[自分]問曰。何故。洪曰。露國勝捷。則露主韓國。日本勝捷。則日本欲爲管轄韓國矣。豈不危哉。

세월이 흘러가서 1905년[을사년]이 되었다. 인천항만에서 일본과 러시아 두 나라의 포성이 떠들썩하게 울렸다. 갑자기 동양의 큰 문제가 일어난 초기에 이와 같은 통신이 도착하였다. 홍 신부가 탄식하며 말했다.

"한국이 장차 위태로울 것이다."

[나는] 물었다.

"무슨 까닭입니까?"

홍 신부가 말했다.

"러시아가 이기면 러시아가 한국을 주관하고, 일본이 이기면 일본이 한국을 관할하려 할 것이니, 어찌 위태롭지 않겠는가?"

122. 時[自分]日日考覽新聞雜誌。與各國歷史。推測已往現在未來之事矣。日露戰爭。媾和休息後。伊藤博文渡來韓國。威脅政府。勒定五條約。三千里江山。二千萬人心。撓亂如坐針盤。

이때, [나는] 날마다 신문·잡지와 각국 역사를 상고하여 살펴보고 과거·현재·미래를 추측하였다. 일본과 러시아의 전쟁이 강화를 맺고 휴전한 뒤, 이토 히로부미가 한국에 건너와서 정부를 위협하고 강제로 5조약[45]을 정하니, 삼천리강산과 이천만 인심이 나침반에 앉은 것처럼 어지러웠다.

123. 時私父心神鬱憤。病勢尤重耳。[自分]與父親。秘密相議曰。日露開戰時。日本宣戰書中。東洋平和維持。韓國獨立鞏固云矣。今日本。不守如此之大義。恣行野心之侵略。此都日本大政治家伊藤之政略也。先定勒約。次滅有志黨。後呑壇土。現世滅[39] 國新法矣。若不速圖之。難免大禍。豈肯束手無策。坐以待死乎。今欲擧義。反對於伊藤政策。則强弱不同。徒死無益矣。

이때, 나의 부친은 마음과 정신이 답답하고 분하여 병세가 더욱 위중해졌다. [나는] 부친과 비밀리에 상의하였다.

"일본과 러시아가 전쟁을 시작할 때, 일본 선전서宣戰書[46]에 '동양

---

45 5조약: 을사늑약(乙巳勒約)을 말한다. 1905년 11월 17일 일본이 대한제국을 강압해 맺은 조약으로 공식명칭은 '한일협상조약(韓日協商條約)'이다. 모두 5개의 조항으로 이루어져 '을사오조약(乙巳五條約)'이라고도 칭한다. 외교권 박탈과 통감부 설치 등을 주요 내용으로 하며, 이 조약으로 대한제국은 사실상 일본의 식민지가 되었다. 그 내용을 정리하면 다음과 같다. 제1조: 동경에 있는 외무성을 통해 한국의 외국과의 관계 및 사무를 지휘할 수 있음. 제2조: 한국 정부가 국제적인 일에 일본의 중개를 거쳐야 함. 제3조: 1명의 통감을 두어 외교에 관한 사항을 관리하기 위해 경성에 주재함. 제4조: 일본과 한국 사이에 현존하는 조약 및 약속은 다 효력이 계속됨. 제5조: 일본 정부는 한국 황실의 안녕과 존엄을 유지함.

46 일본 선전서(宣戰書): 1904년 2월 9일 일본이 인천항에 정박 중인 러시아 함대를 격침하고, 2월 10일 러시아에 선전포고를 함으로써 러일전쟁은 시작됐다. 메이지

평화를 유지하고, 한국독립을 공고히 한다'라고 했습니다. 지금 일본이 이와 같은 대의를 지키지 않고, 야심적인 침략을 자행하니, 이것은 모두 일본의 큰 정치가인 이토 히로부미의 정략입니다. '먼저 늑약을 정하고, 다음에는 뜻있는 무리有志黨를 멸하며, 나중에는 강토를 삼킨다'는 것은 지금 우리나라를 없애는 새로운 방법입니다. 만약 서둘러 도모하지 않으면 큰 화를 면하기 어렵습니다. 어찌 속수무책으로 앉아서 죽기를 기다리겠습니까? 지금 의거를 일으켜 이토 히로부미의 정책에 맞서 싸우면 강함과 약함이 서로 같지 않아 헛되이 죽을 뿐 무익합니다.

124. 現聞淸國山東上海等地。韓人多數居留云。我之一般家眷。移接於該處。然後。以圖善後方策。若何。然則。我當先往該處。視察後歸來矣。父親這間。秘密束裝後。率家眷往于鎭南浦。待之我還到之日。當更議行之矣。

지금 들으니, 청나라 산동山東과 상해上海 등지에서 한국인 다수가 머물러 살고 있다고 합니다. 우리의 모든 가족을 그곳으로 이주한 뒤에 선후지책善後之策[47]을 도모하는 것이 어떻겠습니까? 그렇

천황(明治天皇, 1852~1912)은 동양의 평화와 각국의 안전을 위한다는 명분으로 대러시아 선전포고 칙어를 발표했다. "… 짐의 견해는 문명을 평화적인 방법으로 발전시키고, 외국과의 우호 관계를 촉진함으로써 아시아의 안정을 영원히 유지함과 동시에 각국의 권리와 이익을 해치지 않도록 하면서, 오랫동안 일본제국 장래의 안전이 보장되는 상황을 확립하는 데 있다. … 일본제국이 한국의 보전을 중시해온 것은 어제오늘의 이야기가 아니다. 일본과 한국은 여러 세대에 걸쳐 관계를 유지하고 있었을 뿐 아니라 한국의 존망은 일본제국의 안전보장과 직접 관련되어 있기 때문이기도 하다."

47 선후지책(善後之策): 뒷갈망을 잘하려는 계책.

다면 저는 마땅히 먼저 그곳에 가서 살펴보고 돌아올 것입니다. 아버지께서는 그동안 비밀리에 행장을 꾸린 뒤에 가족을 이끌고 진남포로 가서 제가 돌아오는 날을 기다렸다가, 마땅히 다시 의논하여 행해야 할 것입니다."

125. 父子計定已畢。[自分]卽地發程。遊歷山東等地。後到于上海。尋訪閔泳翊。守門下人。閉門不納云曰。大監不見韓人矣。伊日退歸。後日二三次尋訪。亦然前日。不許會見。

부자간의 계획을 정한 뒤에, [나는] 곧장 길을 떠났다. 산동 등지를 두루 돌아다녔다. 이어서 상해에 도착하여 민영익閔泳翊을 찾아갔다. 문을 지키는 아랫사람이 문을 닫고 들여보내지 않으며 말했다.

"대감께서는 한국인을 보지 않으시오."

그날은 물러나 돌아왔고, 후일에 두세 번 찾아갔지만 역시 전날과 마찬가지로 만나보는 것을 허락하지 않았다.

126. 故[自分]大叱曰。公爲韓國人。不見韓人。而何國人見之乎。況公爲韓國世代國祿之臣。當此发業之時。都無愛人下士之心。高枕安臥。頓忘祖國之興亡。世豈有如此之義乎。今日國家之危急。其罪都在於公等大官。不係於民族之過失。故面愧而不見耶。詬辱良久以歸。更不尋訪。

[40]

그러므로 [나는] 크게 꾸짖으며 말했다.

"공公은 한국인이 되어 한국인을 보지 않고, 어느 나라 사람을 본단 말이오? 더구나 공은 한국에서 대대로 국록을 먹던 신하로 이 위태로운 시대를 만나 백성을 사랑하고 선비에게 자기를 낮추는 마음이 조금도 없으며, 베개를 높이 하고 편안히 누워서 조국의 흥망을 까맣게 잊었으니, 세상에 어찌 이러한 의리가 있습니까? 지금 국가가 위급한데 그 죄는 모두 공과 같은 대관에게 있소. 민족의 허물과는 관련이 없는 것이오. 따라서 낯이 부끄러워 만나주지 않는 것이오?"

한참을 꾸짖고 욕한 뒤에 돌아왔다. 다시는 찾아가지 않았다.

127. 其後尋訪徐相根。面會談話曰。現今韓國之勢。危在朝夕。何爲則好耶。計將安出。徐答曰。公韓國之事。向我勿言。我一個商民。幾十萬元財政。見奪於政府大官輩。如是避身到此 。而況乎國家政治。民人等有何關係乎。

그 뒤에 서상근徐相根을 찾아가서 얼굴을 마주하여 이야기했다.

"현재 한국의 형세는 위태로움이 경각頃刻에 달려 있으니, 어떻게 하면 좋겠습니까? 장차 어떤 계책을 내야 할까요?"

서상근이 대답했다.

"공은 한국의 일을 내게 말하지 마시오. 나는 보잘것없는 상인으로 몇십만 원 재정을 정부 대관들에게 빼앗겨 이처럼 여기로 피신하였거늘, 하물며 국가의 정치가 백성들에게 무슨 상관이 있소?"

128. 我笑以答曰。不然。公但知其一。未知其二也。若人民無之。則國家何以有之。況國家非幾個大官之國家。堂堂二千萬民族之國家。而若國民不行國民之義務。豈得民權自由之理乎。現今民族世界。而何故。獨韓國民族甘作魚肉。坐待滅亡可乎。

나는 웃으며 대답했다.

"그렇지 않습니다. 공은 그 하나만 알고 다른 하나는 알지 못하는 군요. 만약 인민이 없다면 국가가 어떻게 있겠습니까? 하물며 국가는 큰 벼슬아치 몇 명의 국가가 아니고 당당한 이천만 민족의 국가이거늘, 만약 국민이 국민의 의무를 행하지 않는다면, 어떻게 국민의 권리와 자유를 누리는 이치가 있겠습니까? 지금은 민족이 중심이 되는 세상인데, 무슨 까닭으로 유독 한국 민족만이 어육魚肉이 되는 것을 달게 여기고 앉아서 멸망을 기다린단 말이오?"

129. 徐答曰。公言雖然。我但以商業糊口而已矣。更勿發政治談

[41] 話。我再三發論。都無應諾。此所謂牛耳誦經一般也。仰天長嘆自思曰。我韓民志皆如是。則國家前道。不言可想也。歸臥客榻。左思右想。慷慨之懷。難禁耳。

서상근이 대답했다.

"공의 말은 비록 그렇다고 할 수 있지만, 나는 다만 상업으로 입에 풀칠할 뿐이니, 다시는 정치 얘기를 하지 마시오."

나는 두세 번 의론을 꺼냈지만 전혀 응낙하지 않았다. 이것이 이른바 '쇠귀에 경 읽기'와 같다는 것이다. 하늘을 우러러 길게 탄식하며 스스로 생각하기를 '우리 한국 국민의 뜻이 모두 이와 같다면 국가의 장래는 말하지 않아도 상상할 수 있다'라고 하였다. 돌아와 객탑客榻[48]에 누워 이리저리 생각해봐도 비분강개한 회포

---

48 객탑(客榻): 손님 접대용 걸상.

懷抱를 금할 길이 없을 뿐이었다.

130. 一日適往天主教堂。祈禱良久以後。出門望見之際。忽一位
神父。過去前路。回首望我。相見相驚曰。汝何故到此耶。握手
相禮。此乃郭神父。【此神父。法國人。多年來留韓國。傳教于黃海道
地方。故與我切親。而方自香港歸韓之路。】可謂眞夢難醒也。

어느 날, 마침 천주교당에 가서 오랫동안 기도한 뒤에 문을 나서
멀리 바라볼 때였다. 홀연히 신부神父 한 분이 앞길을 지나가고 있
다가, 머리를 돌려 나를 바라보았다. 서로 보고 서로 놀라며 말했
다.

"너는 어째서 여기에 이르렀느냐?"

악수하며 서로 예로써 대하였으니, 이분이 바로 곽郭 신부[49]이다.
【곽 신부는 프랑스 사람으로, 여러 해 동안 한국에 와 머무르며 황해도
지방에서 교리를 전하였다. 그러므로 나와 아주 친하였고 마침 홍콩에
서 한국으로 돌아오는 길이었다.】 참으로 꿈같아서 정신을 차리기
어렵다고 할 만하였다.

---

[49] 곽 신부: 르 각(Charles Joseph Ange Le Gac, 1876-1914) 신부를 말한다. 세례명
은 가롤로, 한국명은 곽원량(郭元良)이다. 1893년 파리외방전교회에 입회, 1898
년 9월 사제로 서품됐다. 1899년 1월 조선에 입국하여 황해도 재령(載寧)본당에
부임하여 인근 지역에 공소를 세우고 교리를 가르치는 데 전념하는 한편, 1899년
8월 모성(慕聖)학교를 개설하여 교육사업에도 적극적으로 나섰다. 1906년 경기
도 청계산의 하우현(下牛峴)으로 전임되어 사목했다. 1911년 갓등이('갓을 쓴 등
불' 즉 신부란 의미. 현 왕림성당)로 전임되어 사목하던 중 1914년 5월 26일 장티
푸스로 사망했다.

131. 兩人同歸旅館談話。郭曰。汝何故到此。我答曰。先生現今。韓國之慘狀。不聞乎。郭曰。聞之已久。我曰。現狀如此。勢無奈何。故不得已。家眷搬移于外國。安接後。連絡在外同胞。周列還列國。說明抑冤之狀。得其同感情後。待時到機至。一次擧事。豈不達目的乎。

두 사람이 함께 여관으로 돌아가서 이야기를 나눴다. 곽 신부가 말했다.

"너는 어찌하여 여기에 이르렀는가?"

나는 대답했다.

"선생님은 현재의 한국의 참상을 듣지 않았습니까?"

곽 신부가 말했다.

"들은 지 이미 오래되었네."

나는 말했다.

"현재의 상태가 이처럼 어찌할 수 없는 형편이기에 부득이해서 가족을 외국으로 옮겨 편안히 머물러 살게 한 뒤에, 외국에 있는 동포와 연락하여 여러 나라를 두루 돌아다니며 억울하고 원통한 참상을 설명하고자 합니다. 동감하는 뜻을 얻은 뒤에, 시기가 오는 것을 기다려 일차로 거사하면 어찌 목적을 이루지 못하겠습니까?"

[42] **132.** 郭默然良久答曰。我宗敎家傳敎師也。都無關於政治界。然今聞汝言。則不勝感發之情。欲爲汝說一方法。幸須試聽。若合於理。則卽隨行之。不然。則自意爲之。

곽 신부가 잠자코 있다가 한참 지나서 대답했다.

"나는 종교가宗敎家이자 전교사傳敎師라서 정치계와는 전혀 관련이 없다네. 하지만 지금 자네 말을 들으니, 감동하여 분발하는 정을 이기지 못하겠네. 자네를 위해 한 가지 방법을 일러주겠네. 부디 한번 들어보게. 만약 이치에 부합하면 곧 따라서 행하고, 그렇지 않으면 스스로 생각해서 행하게."

133. 我曰。願聞其計。郭曰。汝言雖如是。然此但知其一。未知其二也。家眷移外。誤計也。二千萬人族。皆如汝。則國內將虛矣。此直致讎之所欲。我法國與德國戰爭時。割與兩道。汝亦所知者。迄今四十年間。其地回復之機。數次有之。然此境有志黨。沒避外邦。故未達目的者矣。此可爲前轍也。

나는 말했다.

"그 계책을 듣기를 원합니다."

곽 신부가 말했다.

"자네의 말이 비록 옳더라도, 이것은 그 하나만을 알 뿐 다른 하나는 알지 못하는 것이네. 가족을 외국으로 옮기는 것은 잘못된 계책이네. 이천만 민족이 모두 자네와 같다면 국내는 장차 텅 빌 것이니, 이것은 원수가 원하는 바를 즉시 이루어주는 일일세. 우리 프랑스가 독일과 전쟁할 때 두 지방을 할양한 것은 자네도 아는 바이네. 지금까지 4년 동안 그 땅을 회복하는 기회는 몇 차례 있었지만, 이 지역의 뜻있는 무리가 모두 외국으로 피하였기에 목적을 이룰 수 없었네. 이것은 전철로 삼을 만하지.

134. 在外同胞言。則比於在內同胞。思想倍加。不謀以同矣。不足慮也。以列強動定言之。則若聞汝之抑冤說明。皆曰。矜憐云。
然必無爲韓動兵聲討者明矣。今各國已知韓國之慘狀。然各自
[43] 紛忙於自國之事。都無顧護他國之暇。而若後日。運到時至。或
有聲討日本不法行爲之機矣。

외국에 있는 동포는 국내 동포에 비해서 생각이 두 배로 커져 굳
이 도모하지 않아도 함께할 수 있으니, 염려할 것이 아니네. 열강
의 동정動定으로 말할 것 같으면, 가령 자네의 억울하고 원통한
설명을 듣고 모두 '불쌍하고 가엾다'라고 말할 것이나, 필시 한국
을 위해 병사를 동원하여 성토하는 나라가 없는 것은 분명하지.
지금 각 나라는 한국의 참상을 이미 알고 있지만, 저마다 자국의
일에 분주하여 타국의 일을 돌아볼 겨를이 전혀 없다네. 만약 훗
날에 시운時運이 이르면 혹 일본의 불법행위를 성토할 기회가 있
을 걸세.

135. 今日汝之說明。別無效力矣。古書云。自助者天助。汝速歸
國。先務汝事焉。一曰。敎育發達。二曰。社會擴張。三曰。民志
團合。四曰。實力養成。此四件確實成立。則二千萬心力。堅如
盤石。雖千萬門大砲攻擊。不能破壞矣。此所謂匹夫之心。不可
奪云。況二千萬夫之心力乎。

오늘 자네의 설명은 별로 효력이 없네. 옛 책에 이르기를 '스스로
돕는 자는 하늘이 돕는다'라고 하였으니, 자네는 빨리 귀국하여
먼저 자네 일에 힘쓰게. 첫째는 교육을 발달시키는 것이네. 둘째
는 사회를 확장하는 것이네. 셋째는 민심을 단합하는 것이네. 넷
째는 실력을 양성하는 것이네. 이 네 가지를 확실하게 이룬다면

이천만의 마음과 힘이 반석처럼 단단해질 것이네. 천만 문의 대포로 공격하더라도 파괴할 수 없을 걸세. 이것이 이른바 '필부의 마음도 빼앗을 수 없다'라는 것이니, 하물며 이천만 장부의 마음과 힘에 대해서는 말할 필요가 있겠는가.

136. 然則。所奪壃土。形式狀而已。勒定條約。紙上空文。歸於虛地矣。如此之日。快成事業。必達目的。此策。萬國通行之例也。如此諭之。自量爲之。聽罷。答曰。先生之言善。願從行之。卽地束裝。塔乘汽船。還到鎭南浦。

그렇다면 강토를 빼앗은 것은 형식적 모양일 뿐이고, 강제로 정한 조약은 종이 위의 실속 없는 글자라서 헛된 데로 돌아갈 것이네. 이와 같은 날에는 시원하게 사업을 이뤄 반드시 목적을 달성할 수 있을 것이네. 이 계책은 만국의 두루 통하는 전례라서 이처럼 권유하는 것이니, 스스로 헤아려 행하게."

듣고 나서 대답했다.

"선생님의 말씀이 훌륭합니다. 말씀을 따라서 행하고자 합니다."

곧장 행장을 꾸려 기선汽船에 탑승하고 진남포로 돌아왔다.

안중근전

---

[1] 安重根傳

학교를 세우다

1. 一千九百五年。十二月。自上海還到于鎭南浦。探聞家信。則
這間家眷。齊發淸溪洞。到於鎭南浦。而但私父中路。病勢尤重。
別世長逝。故家眷更還反。私父靈柩葬于淸溪洞云。聽罷痛哭氣
絶數次。翌日。發程還到淸溪洞。設喪守齋。幾日後禮畢。與家
眷過其冬節。

　1905년 12월, 상해에서 진남포로 돌아왔다. 집안 소식을 탐문해
보니, 그간 가족은 다 같이 청계동을 떠나 진남포에 도착하였는
데, 내 부친이 중도에 병세가 더욱 위중해져 세상을 떠나셨기에
가족은 다시 돌아가 내 부친의 영구靈柩를 청계동에 장사지냈다
고 한다. 듣기를 마치자 통곡하고 수차례 기절하였다. 다음날, 길
을 떠나 청계동에 돌아와 상차喪次⁴⁹를 마련하고 재실齋室을 지켰

다. 며칠 뒤에 상례喪禮를 끝내고, 가족과 함께 겨울을 지냈다.

2. 此時。心盟斷酒曰。當大韓獨立之日。開飮爲限。明年春三月。
率家眷離淸溪洞。移居鎭南浦。建築洋屋一座。安業後。傾家産。
設立學校二處。一曰三興學校。一曰敦義學校也。擔任校務。敎
育靑年英俊矣。

이때, 술을 끊겠다고 마음속으로 맹세했다.

'대한민국이 독립하는 날을 맞이하여 술자리 열기를 기한으로
삼겠다.'

다음 해 춘삼월에 가족을 이끌고 청계동을 떠나 진남포로 이주
하였다. 양옥 한 채를 짓고 생업을 안정시킨 뒤에, 가산을 기울여
학교 두 곳을 설립하였다. 하나는 삼흥학교三興學校이고, 다른 하나
는 돈의학교敦義學校이다. 교무敎務를 맡아 영민하고 준수한 청년들
을 교육하였다.[51]

3. 其翌年春。何許一人來訪。察其氣像。則偉儀軒昂。頗有道人
[2] 之風。通其姓名。則金進士也。客曰。我素與君父親厚。故特來
尋訪。我曰。先生自遠方來。有何高見。

다음 해 봄, 어떤 한 사람이 찾아왔다. 그 기상을 살펴보니 풍채가

<u>50</u> 상차(喪次): 상주(喪主)가 머무르는 방. 여막(廬幕).

<u>51</u> 하나는…교육하였다: 안중근은 평안남도 진남포에서 야학교 삼흥학교를 세우고,
안창호(安昌浩), 이준(李儁) 등 저명한 애국지사들을 초청하여 강연회를 개최하
는 등 인재양성에 힘썼다. 그리고 진남포 천주교회에서 운영하던 돈의학교도 인
수하여 교장으로 취임하고, 교사를 증축하고 교원을 증원했다. 생도를 널리 뽑아
군대식 훈련을 실시한 교련(敎鍊) 과목을 중점적으로 이수하게 했다.

좋고 기상이 당당하여 자못 도인道人의 풍모가 있었다. 그 성명을 알아보니 김진사金進士였다. 손님이 말했다.

"나는 평소에 그대 아버지와 친하고 정분이 두터웠기에 특별히 찾아왔네."

나는 말했다.

"선생께서 먼 지방에서 오셨는데, 무슨 견해가 있으신지요?"

4. 客曰。以君之氣慨。當此國勢危亂之時。何其坐以待死乎。我曰。計將安出。客曰。現今白頭山後。西北墾島與露領海蔘葳等地。韓人百餘萬人口居留。而物産豐富。可謂用武之地。以君之才。往于該處。則後日必成大事業。我曰。當謹守所敎矣。言畢。客相別以去。

손님이 말했다.

"이 나라의 형세가 위태롭고 어지러운 시기를 맞이하여 그대의 기개氣慨[52]로 어찌 앉아서 죽기를 기다린단 말인가?"

나는 말했다.

"계책을 장차 어디로 내야 할까요?"

손님이 말했다.

"현재 백두산 뒤의 서북 간도間島[53]와 러시아 영토인 블라디보스

---

[52] 기개(氣慨): 필사본에는 '기개(氣慨)'로 표기되어 있는데, '氣槪'와 뜻이 서로 통한다.

[53] 간도(間島): 간도라는 지명은 병자호란 뒤에 청나라 측이 이 지역을 봉금지역(封禁地域: 이주 금지의 무인공간지대)으로 정하고 청국인이나 조선인 모두의 입주를 불허하는 공간 지대로 삼은 뒤, 청나라와 조선 사이에 놓인 섬[島]과 같은 땅이라는 데서 유래된 것으로 보인다. 그러나 조선 후기에 우리 농민들이 이 지역

토크 등지에는 한국인 백여만 명이 거주하고 물산이 풍부하여 군사를 쓸만한 땅이라고 할 만하네. 그대의 재주로 그곳에 가면 후일에 반드시 큰 사업을 이룰 수 있을 것이네."

나는 말했다.

"마땅히 가르쳐주신 바를 삼가 지키겠습니다."

말을 마치자, 손님이 작별하고 떠났다.

5. 此時。我欲辦財政之計。往于平壤。開採石炭礦矣。因日人之阻戱。見害數千元好銀耳。時一般韓人。發起國債報償會。雲集公議。時日本別巡查一名。來到探査矣。巡查問曰。會員幾何。財政幾收合乎。

이때, 나는 재정을 마련하기 위한 계책으로 평양에 가서 탄광을 채굴하기 시작하였지만, 일본 사람의 방해로 말미암아 호은好銀은 수천 원이나 손해만 봤을 뿐이었다. 이때, 모든 한국인은 국채보상회國債報償會를 발기하고 구름떼처럼 모여 의논을 했다. 이때, 일본 별순사別巡査 한 명이 와서 조사했다. 순사가 물었다.

"회원은 몇 명인가? 돈은 얼마나 거두었는가?"

을 새로 개간한 땅이라는 뜻에서 '간도(墾島)'라고 적었으며, 또 조선의 정북(正北)과 정동(正東) 사이에 위치한 방향인 간방(艮方)에 있는 땅이라 하여 '간도(艮島)'라고도 적었다. 간도는 서간도와 동간도로 구분된다. 서간도는 압록강과 송화강(松花江)의 상류 지방인 백두산 일대를 가리키며, 동간도는 북간도라고도 하며 혼춘(琿春)·왕청(汪淸)·연길(延吉)·화룡(和龍)의 네 현(縣)으로 나누어져 있는 두만강 북부의 만주 땅을 말하는데, 보통 간도라고 하면 동간도를 말한다. (출처: 한국민족문화대백과사전)

6. 我答曰。會員二千萬人。財政一千三百萬圓。收合然後。報償
矣。日人辱之曰。韓人下等之人。有何做事。我曰。負債者報償。
[3] 而給債者捧債。則有何不美之事。如是嫉妬辱之乎。

나는 대답했다.

"회원은 2천만 명이오. 재정은 1,300만 원을 거둔 뒤에 빚을 갚
을 것이오."

일본 사람이 욕하며 말했다.

"한국 사람은 수준이 낮은데 어찌 사업을 경영할 수 있겠는가?"

나는 말했다.

"빚을 진 사람은 빚을 갚고 돈을 꿔준 사람은 빚을 받으면 어찌
불미스런 일이 생겨 이처럼 질투하며 욕하겠소?"

7. 該日人發怒。打我以來。我曰。如此無理受辱。則大韓二千萬
人族。將未免大多壓制矣。豈肯甘受國恥。乃發忿相打無數。時
傍觀者。盡力挽執。解決以散歸。

그 일본 사람은 화를 내며 나를 때리려고 왔다. 나는 말했다.

"이처럼 이유 없이 모욕을 당하면 대한민국 2천만 민족이 장차
크고 많은 압제를 면치 못할 것이니, 어찌 나라의 수치를 달갑게
받아들일 수 있겠는가?"

이에 [나는] 화를 내며 상대를 무수하게 때렸다. 이때, 곁에서 보
던 사람들이 힘을 다해 붙들어 말리는 바람에 끝이 나서 헤어져
돌아갔다.

8. 時一千九百七年。伊藤博文來到韓國。勒定七條約。廢光武皇

帝。解散兵丁。時二千萬民人。一齊忿發。義旅處處蜂起。三千
里江山。砲聲大振。

이때는 1907년으로, 이토 히로부미가 한국에 와서 7조약[54]을 강
제로 정하였으며, 광무황제를 폐하고 병정을 해산시켰다. 이때,
천만 백성이 일제히 분노를 표출하였으니, 의병이 곳곳에서 봉기
하여 삼천리강산이 포성으로 크게 진동했다.

9. 時我急急束裝後。離別家眷。向北墾島到着。則此處。亦日兵
方今來到住屯。而都無接足處。故數三朔視察各地方後。更離此
處。投露領來過烟秋到于海蔘葳。此港內。韓人四五千人口居
留。而學校有數處。又有靑年會。

이때, 나는 매우 급하게 짐을 꾸린 뒤에 가족과 이별하고 북간도
에 도착하였는데, 이곳 또한 일본 병사들이 조금 전에 와서 주둔
하고 있어 발붙일 곳이 전혀 없었다. 그러므로 두서너 달 각 지방
을 시찰한 뒤에 다시 이곳을 떠나 러시아 영토로 들어갔고, 얀치
헤烟秋[54]를 지나 블라디보스토크에 도착하였다. 이 항구 안에는 한
국인 사오천 명이 머물러 살고 있어 학교가 몇 군데가 있었고, 청

54 7조약: 1907년 일본이 한국을 강점하기 위한 예비 조처로서 체결한 7개 항목의
조약을 말한다. '정미칠조약(丁未七條約)' 또는 '한일신협약(韓日新協約)'이라고
한다. 이 조약을 정리하면 다음과 같다. 제1조: 한국 정부는 시정 개선에 관하여
통감의 지도를 받을 것. 제2조: 한국 정부의 법령 제정 및 중요한 행정상의 처분
은 미리 통감의 승인을 거칠 것. 제3조: 한국의 사법사무는 보통 행정사무와 이
를 구분할 것. 제4조: 한국 고등 관리의 임면은 통감의 동의로써 이를 행할 것. 제
5조: 한국 정부는 통감이 추천하는 일본인을 한국 관리에 고용할 것. 제6조: 한
국 정부는 통감의 동의 없이 외국인을 한국 관리에 임명하지 말 것. 제7조: 1904
년 8월 22일 조인한 한일외국인고문용빙에 관한 협정서 제1항을 폐지할 것.

년회도 있었다.

10. 伊時。我往參靑年會矣。被選臨時查察。時何許一人。無許私
[4]　談。故我依規禁止。則其人發怒。打我耳邊數次。時諸員挽執勸
解。

그때, 나는 청년회에 참가하러 갔다가 임시 사찰査察에 뽑혔다. 이
때, 어떤 한 사람이 허락도 없이 사사로이 이야기를 했다. 그래서
내가 규칙에 따라서 금지시켰더니, 그 사람이 화를 내며 내 귀뺨
을 몇 차례 때렸다. 여러 회원이 붙들어 말리며 화해를 권했다.

11. 我笑謂其人曰。今日所謂社會者。以合衆力爲主。而如是相
鬪。則豈非他人所耻耶。勿論是非。以和爲主。若何。衆皆稱善
廢會。其後。得耳痛症重痛。月餘得差。

나는 웃으면서 그 사람에게 말했다.

"오늘날 이른바 '사회社會'라는 것은 여러 사람의 힘을 모으는 것
을 위주로 하는데, 이처럼 서로 다툰다면 어찌 다른 사람의 웃음
거리가 되지 않겠소? 시비를 논할 것 없이 화합을 위주로 하는 것
이 어떻겠소?"

무리가 모두 좋다고 칭찬하고 모임을 마쳤다. 그 뒤에 귓병을 얻

---

55 얀치혜(烟秋): 지금의 추카노보의 주변에 위치한다. 마을의 이름은 마을 옆을
북쪽에서 남쪽으로 흐르는 강인 연추하(延秋河)를 따서 붙였다. 러시아어로는
처음에 시모노보(Симоново, Simonovo)라고 불렸다가 뒤에 얀치혜(Янчихе,
Yanchihe)라고 표기하였다. 다만 한인들은 중국식 발음으로 부르면서 한자로 '연
추(煙秋)', '연추(延秋)', '연추(烟秋)'라고 썼다.

어 심하게 앓다가, 한 달 남짓에야 차도를 얻었다.

12. 此等地有一人。姓名李範允。此人日露戰爭前。被任北墾島
管理使。與淸兵多數交戰矣。日露開戰時。與露兵合力相助。而
露兵敗歸時。一伴渡來露領。于今。居留此處中也。

이곳에 어떤 사람이 있었는데, 성명은 이범윤李範允이었다. 이 사
람은 일본과 러시아 전쟁 이전에 북간도 관리사管理使[56]에 임명되
어 청나라 군대와 많이 교전했다. 일본과 러시아가 전쟁을 시작
했을 때는 러시아 군대와 힘을 합하여 서로 도왔으며, 러시아 군
대가 패배하여 돌아갈 때는 동료가 되어 러시아 영토로 건너와
지금까지 이 지역에 머물러 살고 있다.

13. 往見其人後。談論曰。閣下日露戰役時。助露討日。此可曰逆
天也。何故。此時。日本擧東洋之大義。以東洋平和維持。大韓
獨立鞏固之意。宣言世界後。聲討露國。此所謂順天。故幸得大
捷也。

그 사람을 찾아가 만나 의논했다.

"각하는 러일전쟁 때에 러시아를 돕고 일본을 쳤습니다. 이것은
'역천逆天'이라고 할 수 있으니, 무슨 까닭이겠습니까? 이때, 일본
은 동양의 대의大義를 들어 '동양평화를 유지하고 대한독립을 공
고히 하다'라는 뜻을 세계에 선언한 뒤에 러시아를 성토하였으
니, 이것이 이른바 '순천順天'이라는 것입니다.[57] 그러므로 다행히

---

56 관리사(管理使): 조선 시대에, 관리영(管理營)의 으뜸 장수로, 개성(開城) 유수
(留守)가 겸임하였으며 품계는 종2품(從二品)이었다.

큰 승리를 얻은 것입니다.

[5] 14. 若今閣下更擧義旅。聲討日本。則是可曰順天也。何故。現今
伊藤博文。自恃其功。妄自尊大。傍若無人。驕甚惡極。欺君罔
上。濫殺蒼生。斷絶鄰國之誼。排却世界之信義。是所謂逆天矣。
豈能久乎。

　　만약 지금 각하가 다시 의병을 일으켜서 일본을 성토한다면 '순
천'이라고 할 수 있으니, 무슨 까닭이겠습니까? 현재 이토 히로부
미는 그 공功을 자신하여 망령되이 스스로를 존대하고, 방약무인
하여 교만이 심하고 죄악이 극에 달했으며, 임금을 속이고 백성
을 함부로 죽여 이웃 나라의 우의를 단절하고 세계의 신의를 배
척하였습니다. 이것은 이른바 '역천'이라는 것이니, 어찌 오래갈
수 있겠습니까?

15. 諺云。日出露消。理也。月盈必昃。亦合理矣。今閣下受皇上
聖恩。而當此家國危急之時。袖手旁觀而可乎。若天與不受。反
受其殃。可不醒哉。願閣下速擧大事。勿違時機焉。

　　속담에 이르기를 '해가 뜨면 이슬이 사라지는 것이 이치이고, 달

---

57 이것이…것입니다: 이 부분은 일본이 만주에서 러시아를 대파한 이유가 다름 아
닌 '순천(順天)' 즉, 하늘의 뜻을 따랐기 때문이라는 것이다. 「동양평화론」에 '순
천(順天)'에 대한 내용이 나온다. "악행이 가득 차고 죄가 넘쳐나면 하느님과 사
람이 함께 분노한다. 그러므로 하늘이 한 번의 기회를 내려주어 동해 가운데의
작은 섬나라인 일본으로 하여금 이런 강대국인 러시아를 만주 대륙에서 한주먹
에 거꾸러뜨리게 하였다. 누군들 이를 헤아릴 수 있었겠는가! 이것이 바로 하늘
의 뜻을 따르면 땅의 이로움을 얻고 사람의 마음에 호응하는 이치이다."

이 차면 반드시 기우는 것이 또한 이치에 맞는다'라고 하였습니다. 지금 각하가 황상의 성은을 받았는데도 이런 국가의 위급한 때를 맞이하여 수수방관하는 것이 옳은 것입니까? 만약 하늘이 주었는데 받지 않으면, 도리어 재앙을 받으니 각성하지 않을 수가 있겠습니까? 각하는 빨리 큰일을 일으켜 시기를 놓치지 말기를 바랍니다."

16. 李曰。言雖合理。然財政軍器。都無辦備。奈何。我曰。祖國興亡。在於朝夕。而但束手坐待。則財政軍器。將從天而落之乎。應天順人。則何難之有。今閣下決心擧事。則某雖不才。當助萬分之一力矣。李範允猶預未決也。

이범윤이 말했다.

"말이 비록 이치에 합당하나, 재정과 병기를 마련하여 준비한 게 하나도 없으니 어찌한단 말이오?"

나는 말했다.

"조국의 흥망이 눈앞에 닥쳤는데 다만 손을 묶고 앉아서 기다린다면 재정과 병기가 장차 하늘로부터 떨어지겠습니까? 천명에 응하고 인심을 따른다면 어찌 어려움이 있겠습니까? 지금 각하가 거사를 결심한다면 저는 비록 재주가 없지만 마땅히 작은 힘이나마 돕겠습니다."

이범윤이 망설이며 결정하지 못했다.

17. 此處有兩個好人。一曰嚴仁燮。一曰金起龍。兩人頗有膽略。
[6] 義俠出衆。我與此兩人。結義兄弟。嚴爲長兄。我其次。金爲第

三。自此三人。義重情厚。謀議擧義之事。

　이곳 블라디보스토크에 두 명의 호인好人이 있었는데, 한 사람은 '엄인섭嚴仁燮'이었고, 다른 한 사람은 '김기룡金起龍'이었다. 두 사람은 자못 담력과 지력이 있고, 의협심이 출중하여 나와 이 두 사람은 의형제를 맺었다. 엄인섭이 맏형이 되었고, 내가 그다음이었고, 김기룡이 셋째가 되었다. 이로부터 세 사람은 의리와 우정이 두터워져 의병을 일으키고자 모의하였다.

18. 周還各處地方。尋訪多數韓人演說曰。譬如一家之中。一人別其父母同生。離居他處十餘年矣。這間。其人家産優足。妻子滿堂。朋友相親。安樂無慮。則必忘本家父母兄弟。自然之勢也。

　여러 지방을 두루 돌아다니면서 많은 한국 사람을 찾아보고 이렇게 연설했다.

　"비유하자면, 어느 가족 중에 한 사람이 그 부모와 동생과 이별하고 다른 곳에서 10여 년을 떨어져 살았습니다. 요즈음 그 사람의 가산이 매우 넉넉하고 부인과 자식이 집안에 가득하며, 친구들과 서로 친하여 안락하고 근심이 없다면, 반드시 본가의 부모형제를 잊는 것은 자연의 형세입니다.

19. 而一日。本家兄弟中。一人來到告急曰。方今。家有大禍焉。近日。他處強盜來到。逐出父母。奪居家屋。殺害兄弟。掠取財産。豈不痛哉。願兄弟速歸救急。切望懇請時。其人答曰。今我居此處。安樂無慮。而本家父母兄弟。有何關係乎。

　그런데 어느 날, 본가의 형제 중에 한 사람이 찾아와서 급히 고하기를 '지금 집에 큰 재앙이 있는데, 요사이 다른 곳에서 강도가 찾아와서 부모를 쫓아내고 집을 빼앗아 살며, 형제를 살해하고 재산을 빼앗아 가졌으니, 어찌 통탄할 일이 아니겠는가? 형제는 빨리 돌아가 위급함을 구원하기를 바란다'라고 간절히 바라고 요청할 때, 그 사람이 대답하였다. '지금 나는 이곳에서 살며 안락하고 근심이 없는데, 본가의 부모형제와 무슨 관계가 있는가?'

20. 如是云云。則是可曰人類乎禽獸乎。況傍觀者云曰。此人不知本家父兄。豈能知友乎。必爲排斥絶誼矣。排親絶友之人。何面目。立於世乎。

이와 같이 운운한다면 이 사람을 사람이라 할 수 있습니까? 짐승이라 할 수 있습니까? 게다가 곁에서 보는 사람이 이르기를 '이 사람은 본가의 부형도 모르니, 어찌 친구를 알겠는가?'라고 하여 반드시 배척하여 우의를 끊어버릴 것입니다. 친족을 배척하고 친구를 끊어버린 사람이 무슨 면목으로 세상에 설 수 있겠습니까?

[7] 21. 同胞同胞。請詳聞我言。現今我韓慘狀。君等果知否。日本與露國開戰時。宣戰書曰。東洋平和維持。韓國獨立鞏固云矣。至於今日。不守如此之重義。

동포여, 동포여! 내 말을 자세히 듣기를 바랍니다. 현재 우리 한국의 참상을 여러분들은 과연 알고 있습니까? 일본은 러시아와 전쟁을 시작할 때 전쟁을 선포한 글에 '동양의 평화 유지와 한국의 독립을 공고히 하겠다'라고 했지만, 오늘에 이르러 이와 같은 막중한 의리를 지키지 않고 있습니다.

22. 反以侵掠韓國。五條約七條約勒定後。政權掌握。皇帝廢立。軍隊解散。鐵道礦産。森林川澤。無所不奪。官衙各廳。民間廣宅。稱以兵站。沒數奪居。膏沃田畓。古舊墳墓。稱托軍用地。挿標拔堀。禍及白骨。爲其國民者。爲其子孫者。誰有忍忿耐辱者乎。故二千萬民族。一致憤發。三千里江山。義兵處處蜂起。

도리어 한국을 침략하여 5조약과 7조약을 강제로 정했습니다. 그 뒤에 정권을 장악하고, 황제를 폐위하고, 군대를 해산했습니다. 철도와 광산과 산림과 천택川澤을 빼앗지 않는 것이 없었습니다. 관아의 각 건물과 민간의 큰 집을 병참이라는 핑계로 죄다 빼앗아 차지하고, 기름진 전답과 옛 무덤을 군용지라는 핑계로 푯말을 꽂고 파헤쳐 재앙이 백골에 이르렀습니다. 국민을 위하는 자와 자손을 위하는 자라면, 그 누가 분노를 참고 모욕을 견딜 수 있겠습니까? 그러므로 2천만 민족이 일제히 분발하여 삼천리강산에서 의병이 곳곳에서 봉기하였습니다.

23. 噫。彼强賊反稱曰。暴徒。發兵討伐。殺戮極慘。兩年之間。被害韓人。至於數十萬餘。掠奪疆土。殘害生靈者。暴徒乎。自守自邦。防禦外賊者。暴徒乎。此所謂賊反荷杖之格也。

아! 저 강도들이 도리어 '폭도'라고 일컫고 군사를 내어 토벌하고 매우 처참하게 살육하니, 2년 간 해를 입은 한국인이 수십만여 명에 이르렀습니다. 강토를 빼앗고 생명을 해치는 자가 폭도입니까? 자기 나라를 스스로 지켜 외적을 방어하는 자가 폭도입니까? 이것이 이른바 '적반하장' 격이라는 것입니다.

24. 對韓政略如是。殘暴之始本論之。則都是所謂日本大政治
[8] 家。老賊伊藤博文之暴行也。稱托韓民二千萬。願受日本保護。
現今太平無事。平和日進之樣。上欺天皇。外罔列強。掩其耳目。
擅自弄奸。無所不爲。豈不痛忿哉。

한국에 대한 정략이 이와 같은데, 잔폭한 근본을 논한다면 모두
가 이른바 일본의 대정치가이자 늙은 도적 이토 히로부미의 포악
한 행태 때문입니다. 한국의 국민 2천만이 일본의 보호를 받기를
원하여 지금은 무사태평하고 평화롭게 날마다 발전하는 양상이
라고 핑계를 대어 위로는 천황을 속이고 밖으로는 열강을 속였으
며, 그 눈과 귀를 가려 제멋대로 농간을 부리며 행하지 않는 바가
없었으니, 어찌 통탄하지 않겠습니까?

25. 我韓民族。若不誅此賊。則韓國必滅乃已。東洋將亡矣。諸君
諸君。熟思之。諸君祖國忘之否。先代之白骨忘之否。親族戚黨
忘之否。若不忘之。則當此危急存亡之秋。憤發猛醒哉。

우리 한국 민족이 이 도적을 죽이지 않는다면 한국은 반드시 멸
하고 말 것이고, 동양도 장차 망할 것입니다. 여러분, 여러분! 심
사숙고하십시오. 여러분은 조국을 잊었습니까? 선대의 백골을 잊
었습니까? 친족과 척당戚黨[58]을 잊었습니까? 만약 잊지 않았다면
이런 존망이 달린 위급한 때를 맞이하여 분발하고 크게 각성하십
시오.

---

58 척당(戚黨): 성(姓)이 다르지만 혈연관계가 있는 사람.

26. 無根之木。從何以生。無國之民。居何以安。若諸君以居外邦。無關於祖國。頓不顧助。則俄人知之。必曰。韓人等不知其祖國。不愛其同族。豈能助外國。可愛異種乎。如此無益之人種。置之無用。言論沸騰。不遠間。必逐出俄國地境。明若觀火矣。

뿌리가 없는 나무는 어디서 자랄 것이며, 나라가 없는 민족은 어디서 편안하게 살겠습니까? 만약 여러분이 외국에 살면서 조국과 무관하게 도무지 돌보지 않는다면, 러시아 사람들은 그것을 알고 반드시 '한국 사람들은 그 조국을 모르고 그 동족을 사랑하지 않으니, 어찌 외국을 돕고 다른 종족을 사랑할 수가 있겠습니까? 이와 같이 무익한 인종은 쓸 데가 없다'라고 할 것입니다. 이처럼 언론이 비등하면 오래지 않아 반드시 러시아 영토에서 쫓겨날 것이 불 보듯 뻔할 것입니다.

[9] **27.** 當如此之時。祖國疆土。已失於外賊。外國人一致排斥不受。則負老携幼。去將安之乎。諸君。波蘭人之虐殺。黑龍江上。清國人之慘狀。不聞否。

이와 같은 시기에 조국의 강토를 이미 외적에게 잃고 외국 사람들이 일제히 우리를 배척하고 받아들이지 않는다면, 늙은이를 업고 어린아이를 이끌고 장차 어디로 가겠습니까? 여러분은 폴란드 사람들이 학살을 당하고[59] 흑룡강에서 청나라 사람들이 참상을

---

59 폴란드…당하고: 폴란드 왕국 말년의 독립전쟁(1841~1843)을 다룬 『파란말년전사(波蘭末年戰史)』는 의식이 깨어있던 당시 조선인들에게 폭발적인 인기를 끌었다. 자주독립을 쟁취하지 못하고 제국주의 국가의 식민지로 전락한 베트남(『월남망국사』), 이집트(『애급근세사』), 폴란드는 조선의 반면교사였다. 안중근 의사

당한 것을[60] 듣지 못했습니까?

28. 若亡國人種。與强國人同等。則何憂亡國。何好强國。勿論何國。亡國人種。如是慘殺虐對。不可避也。然則。今日我韓人種。當此危急之時。何爲則好耶。

만약 나라를 잃은 인종이 강대국의 사람들과 동등하다면 어찌 나라 망하는 것을 걱정하며 어찌 강한 나라를 좋아하겠습니까? 어느 나라를 막론하고 나라를 잃은 인종은 이처럼 참혹하게 죽고 가혹하게 대하는 것을 피할 수 없습니다. 그렇다면 지금 우리 한국 인종은 이러한 위급한 때를 맞이하여 어떻게 하면 좋겠습니까?

29. 左思右想。都不如一次擧義。討賊之外。更無他法也。何則。現今韓國內地。十三道江山。義兵無處不起。若義兵見敗之日。噫。彼奸賊輩。無論善不善。稱托暴徒。人人被殺。家家衝火矣。如此之後。爲韓國民族者。何面目行於世乎。

이리저리 생각해보아도 도무지 한번 의병을 일으키는 것만 못하니, 적을 토벌하는 일밖에는 또 다른 방법이 없습니다. 무슨 까닭

도 당시 출간된 이런 책들을 읽고 독립에 대한 의지를 다졌을 것이라고 짐작한다.
60 흑룡강에서…것을: 1651년 러시아인들은 풍부한 자원을 보유하고 있는 연해주 흑룡강 일대에 진출하여 성을 쌓고 경제활동을 전개하면서 청나라와 충돌하게 되었다. 러시아인들은 그 활동 범위를 점차 넓혀 송화강(松花江) 방면으로 내려왔다. 청은 남하하는 러시아 세력을 격퇴하려 하였으나 무기 수준 등에서 낙후되어 단독으로 러시아군을 격퇴할 수 없었다. 청나라의 출병 요청에 따라 조선군(총수병)은 송화강과 흑룡강 유역으로 두 차례 출정했다. 1654년 1차 원정은 『효종실록』에 남아있고, 1658년 2차 원정은 『북정록』에 담겨 있다. 이것이 나선정벌(羅禪征伐)이다.

이겠습니까? 현재 한국 영토 안 13개 도道 강산에 의병이 일어나지 않는 곳이 없습니다. 그런데 만약 의병이 패배를 당하는 날에는, 아! 저 간악한 도적 무리가 착하거나 착하지 않음을 따지지 않고 폭도라고 이름을 붙여 사람마다 죽임을 당하고 집마다 불을 지를 것입니다. 이와 같은 뒤에 한국 민족이 된 사람은 무슨 면목으로 행세하겠습니까?

30. 然則。今日勿論在內在外之韓人。男女老少。擔銃荷劍。一齊擧義。不顧勝敗利鈍。快戰一場。以免天下後世之恥笑。可也。

그렇다면 오늘 국내에 있는 한국인이건 국외에 있는 한국인이건 따질 것 없이 남녀노소가 총을 짊어지고 칼을 메어 일제히 의병을 일으키고, 이기고 지는 것과 유리하고 불리함을 돌아보지 않고 한바탕 마음껏 싸워서 천하 후세의 비웃음을 면하는 것이 옳을 것입니다.

[10] 31. 若如是惡戰。則世界列強公論不無。可有獨立之望。況日本不過五年之間。必與俄淸美三國開戰矣。此韓國一大期會也。當此時。韓人若無預備。則日本雖敗。韓國更入他賊手中矣。

만약 이처럼 힘을 들여 싸운다면, 세계열강의 공론이 없지 않아서 독립의 희망이 있을 것입니다. 게다가 일본은 불과 5년 사이에 러시아·청나라·미국 세 나라와 전쟁을 벌일 것이니, 이것은 한국의 아주 좋은 기회입니다. 이때를 맞이하여 한국인이 만약 미리 준비하지 않으면 일본이 비록 패하더라도 한국은 또 다른 적의 손아귀에 들어갈 것입니다.

32. 不可不一自今日義兵。繼續不絕。大期勿失。以自強力。自復國權。可謂健全獨立矣。此所謂不能爲者。萬事之亡本。能爲者。萬事興本也。故自助者天助云。

마땅히 오늘부터 한번 일어난 의병은 계속하여 끊이지 않고 큰 기회를 잃지 말아야 합니다. 자신의 강력한 힘으로 스스로 국권을 회복해야만 굳건한 독립이라고 할 수 있습니다. 이는 '할 수 없다고 하는 것은 만사가 망하는 근본이고, 할 수 있다고 하는 것은 만사가 흥하는 근본이라'고 하는 것입니다. 그래서 '스스로 돕는 자는 하늘이 돕는다'라는 것입니다.

33. 請諸君。坐以待死可乎。憤發振力可乎。於此於彼間。決心警醒。熟思勇進。伏望。

여러분에게 물어보건대, 앉아서 죽음을 기다리는 것이 옳겠습니까? 분발하여 힘을 떨치는 것이 옳겠습니까? 이렇게 하든 저렇게 하든 결심하고 깨우치며 깊이 생각하고 용감하게 전진하기를 삼가 바랍니다."

34. 如是說明。周還各地方。聞見者。多數服從。或自願出戰。或出機械。或出義金。助之。自此。足爲舉義之基礎也。

이와 같이 설명하며 각 지방을 두루 돌아다녔는데, 듣고 보는 사람들이 많이 복종하였다. 어떤 사람은 자원하여 출전하였고, 어떤 사람은 기계機械를 내었고, 어떤 사람은 의연금을 내어 도왔다. 이로부터 의병을 일으킬 충분한 밑바탕이 되었다.

독립군 의병장으로 왜척에 대항

35. 時金斗星李範允等。皆一致擧義。此人等。前日已爲總督與
[11] 大將被任者也。我以參謀中將之任被選矣。義兵與軍器等。秘密
輸送。會集于豆滿江近邊後。謀議大事。

이때, 김두성과 이범윤 등이 일제히 의병을 일으켰다. 이 사람들
은 예전에 이미 총독과 대장에 임명된 사람들이다. 나는 참모중
장의 직책으로 선출되어 의병과 병기 등을 몰래 수송하였고, 두
만강 근처에 모인 뒤에 대사를 모의하였다.

36. 伊時。我發論曰。現今我等。不過數三百人。則賊强我弱。不
可輕賊。況兵法云。雖百忙中。必有萬全之策。然後。大事可圖。

그때 나는 주장하였다.

"현재 우리는 이삼백 명에 불과합니다. 적은 강하고 우리는 약하
니, 적을 가볍게 여겨서는 안 됩니다. 게다가 병법에 이르기를 '아
무리 다급한 상황이라 해도, 반드시 만전의 계책을 세운 뒤에라
야 큰일을 도모할 수 있다'라고 하였습니다.

37. 今我等。一次擧義。不能成功明矣。然則。若一次不成。則二
次三次。至于十次。百折不屈。今年不成。更圖明年。明年又再
明年。至于十年百年可也。

지금 우리가 한 번 의병을 일으켜서 성공할 수 없다는 것이 명확
합니다. 그렇다면 한 번에 성공하지 못하면, 두 번 세 번 시도하여
열 번에 이르고, 백 번 꺾여도 굽히지 않아야 합니다. 올해 성공하

지 못하면 다시 내년에 도모하고, 내년 또 내후년, 십 년 백 년이
걸려도 좋을 것입니다.

38. 若我代不成目的。則及于子代孫子代。必復大韓國獨立權。
然後。乃已矣。然則。不得不先進後進。急進緩進。預備後備。具
備然後。必達目的矣。

만약 우리 세대에 목적을 이루지 못한다면 아들 세대와 손자 세
대에 이르러 반드시 대한의 독립권을 회복한 뒤에라야 그칠 것
입니다. 그렇다면 결국 먼저 나아가고 뒤에 나아가며, 빨리 나아
가고 천천히 나아가며, 미리 대비하고 뒤를 대비할 것을 모두 갖
춘 뒤에야 반드시 목적을 이룰 수 있을 것입니다.

39. 然則。今日先進出師者。病弱老年等。可合也。其次靑年等。
組織社會。民志團合。幼年敎育。預備後備一邊。各項實業勤務。
實力養成。然後。大事容易矣。僉意若何。

그렇다면 오늘 먼저 나서서 출병할 사람은 병약한 사람들이나 늙
은 사람들이 합당할 것입니다. 그다음 청년들은 사회를 조직하고
국민의 뜻을 단합하며, 어린이를 교육하여 미리 대비하고 뒷일을
대비하는 한편, 갖가지 실업實業에 힘써 실력實力을 양성한 뒤에야
큰일을 쉽게 이룰 것입니다. 여러분의 뜻은 어떻습니까?"

[12] **40.** 聞見者。多有不美之論。何故。此處風氣頑固。第一有權力者
財政家。第二強拳者。第三官職最高者。第四年老者也。此四種
之權中。我都無一條掌握之權。豈能實施耶。自此於心不快。雖

有退歸之心。然旣爲走坡之勢。莫可奈何。

　청중들 대부분은 이 주장을 좋게 여기지 않았다. 무슨 까닭인가? 이곳의 풍속이 완고하였으니, 첫째는 권력이 있는 자와 재산가, 둘째는 주먹이 센 자, 셋째는 관직이 매우 높은 자, 넷째는 나이가 많은 자들 때문이다. 이 네 종류의 권력 가운데에 나는 어느 것 한 가지라도 손에 쥔 권력이 없었으니, 어찌 실행할 수 있었겠는가? 이로부터 마음이 불쾌하여 비록 물러나 돌아가고 싶은 마음이 있었지만 이미 주파지세走坡之勢[61]가 되었기에 어찌할 수 없었다.

41. 時領軍諸將校。分隊出師。渡于豆滿江。時一千九百八年。六月日。晝伏夜行。到于咸鏡北道。與日兵數次衝突。彼此間。或有死傷。或有捕虜者矣。

　이때, 군대를 거느리는 여러 장교가 부대를 나누어 출병하여 두만강을 건넜다. 때는 1908년 6월 어느 날이었다. 낮에는 숨었다가 밤에는 행군하여 함경북도에 도착하여, 일본 병사와 몇 차례 충돌하였다. 피차간에 죽거나 다친 자도 있었고 사로잡힌 자도 있었다.

42. 時日本軍人與商民捕虜者。請來問曰。君等皆日本國臣民也。何故。不承天皇之聖旨耶。日露開伏之時。宣戰書。東洋平

---

61 주파지세(走坡之勢): '비탈길을 달려 내려가는 형세'라는 뜻으로, 이해득실을 잘 생각하지 않고 되어 가는 형세대로 일을 처리함을 말한다.

和維持。大韓獨立鞏固云。而今日如是競走侵掠。可謂平和獨立
乎。此非逆賊強盜而何耶。

이때, 사로잡은 일본 군인과 상인을 데려오게 하여 물었다.

"그대들은 모두 일본국의 신민臣民인데 무슨 까닭으로 천황의 성
스러운 뜻을 받들지 않는가? 일본과 러시아가 전쟁을 시작할 때
선전서에 '동양의 평화를 유지하고, 대한의 독립을 공고히 하겠
다'라고 하였는데, 오늘날 이처럼 다투어 침략하니 평화와 독립이
라고 할 수 있겠는가? 이것이 역적과 강도가 아니고 무엇이랴?"

43. 其人等落淚以對曰。此非我等之本然之心。出於不得已者明
[13] 矣。人生斯世。好生厭死。人皆常情。而況我等萬里戰場。慘作
無主之冤魂。幾不痛憤哉。

그 사람들은 눈물을 흘리며 대답했다.

"이것은 우리 본연의 마음이 아니고, 부득이함에서 나온 것이 분
명합니다. 사람이 이 세상에 살면서 살기를 좋아하고 죽기를 싫
어하는 것은 사람 모두의 보통 마음이거늘,[62] 하물며 우리가 만
리나 떨어진 전쟁터에서 처참하게 주인 없는 한 맺힌 혼백이 되
는 것이 어찌 원통하고 분하지 않겠습니까?

---

62 사람이…마음이거늘: 이 구절은 「동양평화론」 서문에도 비슷한 구절이 나오는
데, 다음과 같다. "청년을 훈련시켜 전쟁터로 몰아넣어 수많은 귀중한 생령(生靈)
을 희생물처럼 버리니, 핏물이 내를 이루고 살점이 땅을 덮는 일이 하루도 끊이
지 않는다. 살기를 좋아하고 죽기를 싫어하는 것은 모든 사람의 보통 마음이거늘,
맑고 깨끗한 세상에 이 무슨 광경이란 말인가!" 이 구절을 통해 알 수 있는 것은,
안중근의 의거가 한국의 독립만을 위해서 한 일이 아니라 동양평화와 세계평화
를 위해 한 일임을 알 수 있다.

44. 今日所遭。非他故也。此都是伊藤博文之過也。不受皇上之聖旨。擅自弄權。日韓兩國間。無數貴重生靈殺戮。彼輩安臥享福。我等雖有憤慨之心。勢無奈何。故至於此境者。然是非春秋。豈可無之。

오늘 어려움을 당한 것은 다른 이유가 아니라, 이것은 모두 이토 히로부미의 잘못입니다. 황상의 성스러운 뜻을 받지 않고 멋대로 권세를 농간하여 일본과 한국 두 나라 사이의 수많은 귀중한 생명을 살육하였습니다. 저들이 편안히 자고 복을 누리는 것에 우리가 비록 분개하는 마음이 있더라고 어찌할 수 없는 형편입니다. 그러므로 이 지경에 이른 것입니다. 그러나 옳고 그름을 판단하는 춘추대의春秋大義가 어찌 없겠습니까?

45. 況農商民渡韓者。尤甚困難。如是國弊民疲。頓不顧念。東洋平和不啻。日本國勢之安寧。豈敢望也。故我等雖死。痛恨不已矣。言畢。痛哭不絕。

게다가 한국에 건너온 농민과 상민은 더욱 곤란해졌습니다. 이처럼 나라가 피폐하고 백성이 고달파서 동양의 평화를 되돌아보아 전혀 생각할 겨를이 없을 뿐만 아니라, 일본의 나라 형편이 안녕하기를 어찌 감히 바랄 수 있겠습니까? 그러므로 우리는 설령 죽더라도 원통하고 개탄하는 마음은 그치지 않을 것입니다."

말을 마치고는 통곡이 끊이지 않았다.

46. 我謂曰。我聞君等之所言。則可謂忠義之士也。君等今當放還矣。歸去。如此亂臣賊子掃滅。若又有如此奸黨。無端起戰。

同族鄰邦間。侵害言論題出者。逐名掃除。則不過十名以前。東
[14] 洋平和可圖矣。公等能行之否。

나는 그들에게 말했다.

"내가 그대들이 말한 것을 들어보면 충의忠義의 선비라고 할 수
있다. 그대들을 지금 마땅히 풀어주어 돌아가게 할 것이니, 돌아
가거든 난신적자를 쓸어 없애버려라. 만약 또 이와 같은 간사한
무리가 이유 없이 전쟁을 일으키고 동족과 이웃 나라 간에 침해
하는 말과 주장을 제시하는 자가 있거든 이름을 찾아 쫓아가 쓸
어버리면, 열 명을 채우기 전에 동양평화를 도모할 수 있을 것이
다. 그대들은 이를 실행할 수 있겠는가?"

47. 其人等踊躍應諾。故卽時放送。其人等曰。我等軍器銃砲等
物。不帶以歸。難免軍律矣。何爲好耶。我曰。然。卽地銃砲等
物。還授謂之曰。公等速速歸去。後被虜之說。切勿出口。愼圖
大事焉。其人等千謝萬謝以去矣。

그들이 뛸 듯이 기뻐하며 응낙하였기에 즉시 풀어주었다. 그들이
말했다.

"병장기와 총포 등의 물건을 가지고 돌아가지 않으면, 우리는 군
법의 처벌을 면하기 어려울 것입니다. 어떻게 하면 좋습니까?"
나는 말했다.
"그렇겠다."
즉시 총포 등의 물건들을 되돌려주면서 말했다.
"그대들은 빨리빨리 돌아가라. 이후에 사로잡혔다는 말을 입 밖
에 절대 내지 말고, 아무쪼록 큰일을 도모하라."

그들은 거듭 감사하며 돌아갔다.

48. 其後。將校等不穩。謂我曰。何故捕虜賊放還乎。我答曰。現今萬國公法。捕虜賊兵。殺戮之法都無。囚於何處。而後日賠還。況彼等之所言。眞情所發之義談矣。不放何爲乎。

그 뒤에 장교들이 못마땅하게 여기고, 나에게 말했다.

"무슨 까닭으로 사로잡은 적들을 풀어주어 돌려보냈습니까?"

나는 대답했다.

"현재 만국공법萬國公法은 '사로잡은 적병을 살육하라'라는 법이 전혀 없소. 어느 곳에 가두었다가 훗날에 보상을 받고 돌려보내는 것이오. 게다가 저들이 말한 것은 진정에서 우러나온 의로운 이야기이니, 풀어주지 않고 어떻게 한단 말이오?"

49. 諸人曰。彼賊等。我等義兵捕虜者。無餘慘惡殺戮。況我等殺賊之目的。來到此處。風饌露宿者也。而如是盡力生擒者。沒數放送。則我等爲何之目的乎。

여러 사람이 말했다.

"저 도적들은 사로잡힌 우리 의병들을 남김없이 참혹하고 흉악하게 살육합니다. 게다가 우리는 도적을 죽일 목적으로 이곳에 와서 풍찬노숙風饌露宿[63]하였습니다. 이처럼 힘을 다해 사로잡은 자들을 죄다 풀어준다면 우리의 목적은 무엇이란 말입니까?"

---

[63] 풍찬노숙(風餐露宿): '바람과 이슬을 맞으면 한데에서 먹고 잔다'는 뜻이다. 필사본에서는 '餐'을 '饌'으로 표기하였다.

50. 我答曰。不然不然。賊兵之如是暴行。神人共怒者。而今我

[15] 等。亦行野蠻之行動。所願耶。況日本四千餘萬人口。盡滅後。

國權挽回爲計耶。

나는 대답했다.

"전혀 그렇지 않소. 적병의 이와 같은 포악한 행위는 신과 사람이
함께 노여워하는 것이거늘, 지금 우리도 야만적인 행동을 실행하
길 바라는 것인가? 게다가 일본 4천만 남짓의 인구를 다 죽인 뒤
에 국권을 회복하겠다는 계산인가?

51. 知彼知己。百戰百勝矣。今我弱彼強。不可惡戰不啻。以忠
行義擧。聲討伊藤之暴略。廣布世界。得其列強之同感情。然後。
可以雪恨復權矣。

'저를 알고 나를 알면 백 번 싸워서 백 번 이긴다'라고 하였소. 지
금 우리는 약하고 저들은 강하여 고전할 수밖에 없을 뿐만 아니
라, 충성스러운 행동과 의로운 거사로 이토 히로부미의 포악한
책략을 성토하고 세계에 널리 알려 열강이 동감하는 뜻을 얻은
뒤에야 원통함을 갚고 국권을 회복할 수 있을 것이오.

52. 此所謂弱能除強。以仁敵惡之法也。公等幸勿多言。如是曲
切諭之。然衆論沸騰不服。將官中。分隊遠去者。有之矣。

이것이 이른바 '약한 것으로 강한 것을 제거하고, 인仁으로 악惡에
대적한다'는 것이니, 여러분은 부디 여러 말 마시오."

이처럼 곡진하게 타일렀지만 여러 사람의 의견이 비등하여 복종
하지 않았다. 장관將官[64] 중에는 부대를 나누어 멀리 떠난 자도 있

었다.

53. 其後。被日兵襲擊。衝突四五時間。日已暮矣。霖雨暴注。咫
尺不辨。將卒彼此分散。死生之多少。亦爲難判也。勢莫奈何。
與數十人宿於林間。

　그 뒤에 일본 군대의 습격을 받아 네다섯 시간 동안 충돌하였다.
날은 이미 저물고 장맛비가 갑자기 쏟아져서 지척을 분간할 수
없었다. 장수와 병졸들은 여기저기로 흩어져버려 죽은 자와 산
자가 얼마인지를 또한 판별하기 어려웠다. 어찌할 수 없는 형편
이라 수십여 명과 숲속에서 잤다.

54. 其翌日。六七十名相逢。問其虛實。則各各分隊。離散以去云
耳。時衆人兩日不食。皆有飢寒之色。各有圖生之心。當此地境。
腸斷膽裂。然事勢不得。

　그다음 날, 육칠십 명이 서로 만나 그 허실虛實을 물으니, 각각 부
대를 나누어 흩어져 갔다고 했다. 이때, 여러 사람이 이틀 동안 먹
지 못하여 모두 굶주리고 추운 기색이 있어 각자 목숨을 도모하
려는 마음이 있었다. 이러한 지경을 만나니 창자가 끊어지고 간
담이 찢어졌지만 일의 형편이 어쩔 수 없었다.

[16]　**55.** 慰諭衆心後。投去村落。求食麥飯。小免飢寒。然衆心不服。

---

64 장관(將官): 각 군영(軍營)의 장신(將臣)을 제외한 지휘관으로 중군(中軍)·별장
(別將)·천총(千摠)·파총(把摠)·초관(哨官) 등을 말함.

不從紀律。當此之時。如此烏合亂衆。雖孫吳諸葛復生。無可奈何也。

무리의 마음을 위로하고 타이른 뒤에, 마을로 들어가서 보리밥을 구하여 먹고 굶주림과 추위를 조금 면하였다. 하지만 무리는 마음으로 복종하지 않고 기율도 따르지 않았다. 이러한 시기에는 까마귀가 모인 듯한 이 같은 무질서한 무리로는 비록 손자孫子와 오자吳子와 제갈량이 다시 살아오더라도 어찌할 수 없을 것이다.

모진 세상을 만나다

56. 更探散衆之際。適逢伏兵。一被狙擊。餘衆分散。難可復合。我獨坐於山上。自謂自笑曰。愚哉我兮。如彼之輩。何事可圖乎。誰怨誰咎。更憤發勇進。四處搜探。幸逢二三個人。

다시 흩어진 무리를 찾을 무렵, 복병을 만나 한 차례 저격을 당하였다. 남은 무리마저 갈라지고 흩어져 또다시 모이기는 어려웠다. 나는 홀로 산 위에 앉아 쓴웃음을 지으며 자신에게 말했다.

'어리석구나, 나여! 저와 같은 무리로 무슨 일을 도모할 수 있겠는가? 누구를 원망하고 누구를 탓하랴?'

다시 분발하여 용감하게 나아갔다. 사방을 수색하여 다행히 두세 사람을 만났다.

57. 相與議曰。何爲則好耶。四人議見各不同。或曰亡命圖生云。或曰自刎以死云。或曰自現趣捕於日兵者。有之也。我左思右想良久。忽思一首詩。吟謂同志曰。男兒有志出洋外。事不入謀難處身。望須同胞誓流血。莫作世間無義神。

　서로 함께 의논하며 말했다.

"어찌하면 좋겠소?"

네 사람의 의견이 각각 달랐다. 어떤 이는 '망명하여 목숨을 도모하자', 어떤 이는 '스스로 목을 베어 죽자', 어떤 이는 '일본 병사에게 달려가 자수하여 사로잡히자'라는 등의 말을 하였다. 이리저리 한참 생각하다가, 문득 시 한 수가 생각났다. 동지들에게 읊어주었다.

사나이가 뜻이 있어 바다 밖으로 나갔는데,

일을 도모하지도 못하니 처신하기 어려워라.

바라건대 동포여 모름지기 피 흘리길 맹세하고,

세상에 의리 없는 귀신 되지 마시오.

58. 吟畢。更謂曰。公等皆隨意行之。我當下山。與日兵一場快戰。以盡大韓國二千萬人中。一分子之義務。然後。死以無恨矣。於是。携帶機械。望賊陣以去。

　시를 읊은 뒤에, 다시 말했다.

"여러분은 모두 마음대로 하시오. 나는 마땅히 산에서 내려가 일본 병사와 한바탕 마음껏 싸워 대한국 2천만 사람 중의 한 사람 의무를 다한 뒤에 죽으면 한이 없겠소."

이에 무기를 휴대하고 적진을 향해 떠났다.

59. 其中一人。挺身出來。挽執痛哭曰。公之意見大誤也。公但
思一個人之義務。不顧許多生靈。及後日之大多事業乎。今日事
勢。都死無益。如重萬金之一身。豈肯棄如草芥耶。今日當更渡
歸江東。【江東露領地名也】以待後日之好期會。更圖大事。十分
合理矣。何不深諒乎。

그중 한 사람이 몸을 떨치며 밖으로 나와 붙들어 말리고 통곡하
며 말했다.

"공의 의견은 크게 잘못되었소. 공은 단지 한 개인의 의무만을 생
각할 뿐, 많은 생령과 후일의 큰 사업을 돌아보지 않는 것이오?
오늘날 일의 형세는 모두 죽더라도 보탬이 없는데, 만금 같은 귀
중한 한 몸을 어찌 초개처럼 버릴 수가 있겠소? 지금 마땅히 다
시 강동江東【강동은 러시아 영토의 지명이다.】으로 건너가서 후일의
좋은 기회를 기다렸다가 다시 큰일을 도모하는 것이 훨씬 이치에
맞을 것이니, 어찌 깊이 헤아리지 않는단 말이오?"

60. 我更回思謂之曰。公言甚善。昔楚霸王項羽。自刎於烏江者。
有二條。一何面目。更見江東父老乎。一江東雖小。亦足以王句
語。發憤自死于烏江。當此之時。項羽一死。天下更無項羽。可
不惜哉。今日安應七一死。世界更無安應七必矣。夫爲英雄者。
能屈能伸。目的成就。當從公言。

나는 다시 돌이켜 생각하고 그에게 말했다.

"공의 말씀은 매우 훌륭하오. 옛날 초패왕 항우가 오강烏江에서
스스로 목을 베어 죽은 것은 두 가지 이유에서였소. 하나는 '무슨
면목으로 다시 강동의 어르신들을 볼 수 있겠는가?'이고, 다른 하

나는 '강동이 비록 작더라도 또한 충분히 왕 노릇을 할 수 있다'
라는 말에 분노하여 오강에서 스스로 죽은 것이오. 당시에 항우
가 한번 죽자 천하에 다시 항우와 같은 사람이 없었소. 어찌 애석
하지 않을 수 있겠소? 오늘 안응칠이 한번 죽으면 세계에 안응칠
이 다시는 없을 것이 분명하오. 무릇 영웅이란 자는 굽힐 수도 있
고 펼 수도 있어야 목적을 성취할 수 있으니, 마땅히 공의 말씀을
따르겠소."

61. 於是。四人同行。尋路之際。更逢三四個人。相謂曰。我等
[18] 七八人。白晝不能衝過賊陣矣。不如夜行也。其夜。霖雨尙不息
暴注。咫尺難辨。故彼此失路離散。但三個人。作伴同行。

이에 네 사람이 동행하여 길을 찾을 즈음에 다시 서너 사람을 만
나 상의하며 말했다.

"우리 일고여덟 명이 대낮에는 뚫고 지나갈 수 없으니, 저녁에 가
는 것이 낫겠소."

그날 밤에 장맛비가 여전히 그치지 않고 많이 쏟아져 지척을 분
별할 수가 없었다. 그러므로 피차간에 길을 잃고 뿔뿔이 흩어져
세 사람만이 짝을 지어 동행하였다.

62. 三人都不知山川道路不啻。雲霧滿天覆地。東西不辨。莫可
奈何。況山高谷深。人家都無。如是徧踏四五日間。都不一回喫
飯。腹無食米。足不穿鞋。故不勝飢寒苦楚。採草根以食之。裂
氈褥以裹足。

세 사람은 산천과 도로를 조금도 알지 못했을 뿐만 아니라, 운무

가 하늘에 가득하고 땅을 덮고 있어 동쪽과 서쪽을 분별할 수 없어 도무지 어찌할 수가 없었다. 게다가 산이 높고 골짜기가 깊어 인가가 전혀 없었다. 이처럼 4, 5일간 두루 돌아다녔지만 한 끼도 전혀 먹지 못했다. 배는 쌀을 먹지 못하고 발은 신발을 신을 수 없었기에 굶주림과 추위의 고통을 이기지 못하여 풀뿌리를 캐어 먹고 털 담요를 찢어 발을 싸매었다.

63. 相慰相護以行。遠聞鷄犬之聲。我謂二人曰。我當前往村家。乞飯問路以來矣。隱於林間。以待歸我。遂尋人家以去。此家。日兵派出所也。日兵擧火出門以來。我忽見覺之。急急避身。還到山間。更與二人相議逃走。

서로 위로하고 보호하며 가는데 멀리서 닭과 개의 울음소리가 들려왔다. 나는 두 사람에게 말했다.

"내가 즉시 촌가로 가서 밥을 구하고 길을 묻고 올 것이니, 숲속에 숨어 내가 돌아오기를 기다리시오."

마침내 사람이 사는 집을 찾아갔는데, 이 집은 일본 병사의 파출소였다. 일본 병사가 불을 들고 문밖으로 나오고 있었기에, 나는 얼른 이를 보고 알아차리고 서둘러 몸을 피했다. 산속으로 돌아와서 다시 두 사람과 상의하여 도주했다.

64. 時氣力乏盡。精神眩昏。倒於地上。更勵神後。仰天祝之曰。死則速死。生則速生焉。祝畢。尋川飮水一腹後。臥於樹下以宿。

이때, 기력이 죄다 없어져 정신이 어찔하고 혼미하여 땅 위에 쓰러졌다. 다시 정신을 차린 뒤에 하늘을 우러러 빌며 말했다.

"죽이려거든 빨리 죽게 하고, 살리려거든 빨리 살게 하소서."

기도가 끝나고 냇물을 찾아 배부르게 물을 마신 뒤, 나무 아래에 누워 잤다.

[19]　65. 其翌日。二人甚爲苦。歎不息。我諭之曰。幸勿過慮。人命在天矣。何足憂也。人有非常困難。然後。必成非常事業。陷之死地。然後生矣。雖如是落心。何益之有。以待天命已而矣。言雖大談。然左思右量。都無奈何之方法也。

그 이튿날, 두 사람은 몹시 괴로워하며 탄식을 그치지 않았다. 나는 그들을 타이르며 말했다.

"부디 지나친 염려를 하지 마소. 사람의 목숨은 하늘에 달려 있으니, 어찌 근심할 수 있겠는가? 사람이 범상치 않은 곤란함을 겪은 뒤에야 반드시 범상치 않은 사업을 이룰 것이고, 죽을 곳에 빠진 뒤에야 살 수 있소. 이처럼 낙심한다한들 무슨 보탬이 있겠소? 천명을 기다릴 뿐이오."

말은 비록 장담을 하였지만, 이리저리 생각을 해봐도 도무지 어찌할 방법이 없었다.

66. 自思謂之曰。昔日。美國獨立之主。華盛頓七八年風塵之間。許多困難苦楚。豈能忍耐乎。眞萬古無二之英傑也。我若後日成事。必當委往美國。特爲華盛頓。追想崇拜。紀念同情矣。

마음속으로 자신에게 말했다.

'지난날 미국 독립의 주역인 워싱턴은 7, 8년의 풍진風塵[65] 기간에 수많은 곤란과 고초를 어찌 참고 견뎌낼 수 있었던가? 진실로 만고에 둘도 없는 영웅호걸이다. 내가 만약 훗날에 일을 이룬다면 반드시 미국으로 달려가서 특별히 워싱턴을 위해 추억하고 숭배하며 마음이 같았음을 기념하리라.'⁶⁶

67. 此日。三人不顧死生。白晝尋訪人家。幸逢山間僻村人家。呼其主人乞飯。其主人。一碗粟飯。給以謂之曰。請君等勿滯。速去速去。昨日。此下洞。日兵來到。無故良民五名捕縛。稱托義兵饋飯。卽時砲殺以去。此處。時時來到搜索。勿咎速歸焉。

이날, 세 사람은 생사를 돌아보지 않고 대낮에 인가를 찾아갔다. 다행히 산간 벽촌의 인가를 발견하고, 그 주인을 불러 밥을 구걸했다. 그 주인은 한 사발의 조밥을 주면서 우리에게 말했다.

"부디 그대들은 지체하지 말고 빨리 떠나시오, 빨리 떠나. 어제 이 아랫마을에 일본 병사들이 와서 무고한 양민 다섯 명을 포박하고, 의병에게 밥을 제공했다는 것을 빌미로 즉시 총살하고 떠났소. 이곳은 때때로 와서 수색하니, 나무라지 말고 빨리 돌아가시오."

---

65 7, 8년의 풍진(風塵): 항우와 유방은 진말(秦末)에 패권 다툼으로 8년 동안 싸웠다. 그래서 후세 선비들은 시를 지을 때 흔히 이를 글제로 내걸고서 '풍진 8년(風塵八年)' 등의 문자를 써가며 그들이 8년 동안 풍진을 일으켰던 광경을 묘사했다.

66 워싱턴을…기념하리라: 『화성돈전(華盛頓傳)』은 조지 워싱턴(George Washington, 1732~1799)의 전기로 대한황성(大韓皇城) 회동서관(滙東書館), 1908년 4월에 발행했다. 역술자는 이해조(李海朝, 1869~1927)이다. 안중근 의사는 거사 전에 이 책을 읽고 독립에 대한 의지를 다졌으리라고 짐작된다. 1910년 일본이 한국을 병합하고 『화성돈전』 등의 전기는 개인의 소장을 금하고 불살라 태웠는데, 『화성돈전』이 금서에 포함된 것은 안중근의 자서전에 워싱턴에 대한 내용이 언급되어 영향을 준 것으로 추정된다.

68. 於是。更不打話。擁飯上山。三人均一分食。如此別味。人間
更難求得之味也。疑是天上仙店料理矣。此時。絶食已過六日間
耳。

이에 다시 이야기를 나누지 않고 밥을 가지고 산으로 올라가 세
사람이 똑같이 나누어 먹었다. 이와 같은 별미는 인간 세상에 다
시는 구하기 어려운 맛이었으니, 아마도 하늘 위 신선이 차린 식
당의 요리인 듯하였다. 이때, 음식을 먹지 않은 지 이미 엿새나 지
났다.

69. 更越山渡川。不知方向以去。恒晝伏夜行。霖雨不息。苦楚益
甚也。數日後。一夜。又逢一座家屋。叩門呼主。則主人出來。謂
我曰。汝必是露國入籍者也。當押送于日本兵站矣。亂棒打下。
呼其同類。欲爲捕縛。故勢無奈何。避身逃躱以去。

다시 산을 넘고 내를 건너서 알지 못하는 방향으로 갔다. 항상 낮
에는 숨고 밤에 걸었고, 장맛비가 그치지 않아 고초가 더욱 심했
다. 며칠 뒤, 어느 날 밤에 또 한 채의 가옥을 만났다. 문을 두드려
주인을 부르니, 주인이 나와서 나에게 말했다.

"너는 필시 러시아에 호적을 올린 자이니, 마땅히 일본 병참兵站
에 압송해야겠다."

몽둥이를 마구 내려치며 그의 동류同類를 불러 포박하고자 하였
다. 그러므로 형세 상 어찌할 수가 없어 피신하여 도망을 갔다.

70. 適過一隘口之際。此處日兵把守矣。黑暗之中。相撞于咫尺。
故日兵向我放銃三四發。然我幸免不中。急與二人。避入山中。

更不敢行於大路。但往來于山谷。四五日。復如前不能得食。飢寒尤甚於前日也。

마침 험하고 좁은 한 길목을 지날 때였는데, 이곳은 일본 병사가 경계하여 지키고 있었다. 몹시 어두운 가운데 지척에서 서로 부딪쳤기에 일본 병사들이 나를 향해 총 서너 발을 쏘았다. 하지만 나는 다행히 피하여 총알을 맞지 않았다. 급히 두 사람과 함께 산속으로 피해 들어가서 다시는 큰길로 감히 다니지 않고, 다만 산과 골짜기를 왕래했을 뿐이었다. 4, 5일 동안 다시 이전과 같이 밥을 얻을 수 없어 굶주림과 추위가 지난번보다 더욱 심하였다.

71. 於是。勸勉二人曰。兩兄信聽我言。世人若不奉事天地大君
[21] 大父天主。則不如禽獸矣。況今日我輩。難免死境。速信天主耶穌之道理。以救靈魂之永生。若何。古書云。朝聞道。夕死可矣。請兄等速悔改前日之過。奉事天主。以救永生。若何。

이에 두 사람에게 권면하며 말했다.

"두 형은 내 말을 믿고 들으시오. 세상 사람이 만약 천지의 큰 임금이고 큰 아버지인 천주를 받들어 섬기지 않으면 짐승과 같을 것이오. 게다가 지금 우리는 죽을 지경을 벗어나기 어려우니, 빨리 천주 그리스도의 도리를 믿어 영혼의 영생을 구하는 것이 어떻겠소? 옛 책[67]에 이르기를 '아침에 도를 들으면 저녁에 죽어도 좋다'라고 하였소. 부디 형들은 빨리 전일의 잘못을 회개하고 천주를 받들어 섬겨 영생을 구하는 것이 어떻겠소?"

---

67 옛 책: 『논어』를 가리킨다. '朝聞道 夕死可矣'는 『논어』 「이인(里仁)」에 나오는 말이다.

72. 於是。天主造成萬物之道理。至公至義賞罰善惡之道理。耶穌基督降生。救贖之道理。一一勸勉。二人聽罷。願信奉天主敎。故卽依會規。授代洗。【此代理洗禮權】行禮畢。

이에 천주가 만물을 창조한 도리, 지극히 공평하고 지극히 의롭게 선한 자는 상주고 악한 자는 벌하는 도리, 예수 그리스도가 이 땅에 태어나 대신 속죄하여 구원한 도리를 하나하나 권면하였다. 두 사람은 듣기를 마치자, 천주교를 신봉하기를 원하였다. 그러므로 즉시 교회의 규칙에 의거하여 대세代洗[68]를 주고【이것은 대리 세례의 권한이다.】예식을 행하는 것을 마쳤다.

73. 更探人家。幸逢山僻處一座茅屋。叩門呼主。小頃。一老人出來。接入房中。禮畢。請求飮食。言罷。卽喚童子。盛備饌需以來。【山中無別味。葉草兼於果。】不顧廉恥。一場飽喫後。回神思之。大凡十二日之間。但二次喫飯。而救命到此也。

다시 인가를 찾다가, 다행히 산의 깊숙한 곳에 있는 초가집 한 채를 만났다. 문을 두드려 주인은 불렀더니, 잠시 뒤에 한 노인이 나와 방안으로 받아들였다. 예를 마치고 음식을 구했다. 말이 끝나자, 곧 동자를 불러 음식을 성대하게 차려 내왔다.【산중엔 별미는 없고, 나물에 과일을 겸하였다.】염치를 돌보지 않고 한바탕 배부르게 먹은 뒤에 정신을 돌려 생각해보니, 대략 12일 동안에 단 두 끼 밥을 먹고 목숨을 부지하여 이곳에 이른 것이었다.

---

68 대세(代洗): 정식(正式) 부세자(附洗者)를 대신하여 예식을 생략하고 세례(洗禮)를 주는 일.

74. 乃大多感謝於主翁。前後所遭苦楚。一一說話。老人曰。當此
[22] 國家危急之秋。如是困難。國民之義務。況謂興盡悲來。苦盡甘
來。幸勿多慮。現今日兵處處搜索。眞難行路。當從我所指。從
某至某。無慮便利。豆滿江不遠。速行渡歸。以圖後日之好期會。

이에 주인 노인에게 크게 감사하고, 전후에 겪은 고초를 빠짐없
이 말했다. 노인이 말했다.

"이처럼 국가의 위급한 때를 만나 이와 같은 고난은 국민의 의무
요. 게다가 '흥이 다하면 슬픔이 오고, 고생 끝에 낙이 온다'라고
하니, 부디 너무 걱정하지 마소. 현재 일본 병사들이 곳곳에서 수
색을 하니 길을 가는 것이 참으로 어려울 것이오. 마땅히 내가 가
리킨 대로 따르면 어디서부터 어디까지는 아무 염려 없이 편리할
것이고, 두만강도 멀지 않을 것이니, 빨리 건너 돌아가서 후일의
좋은 기회를 도모하시오."

75. 我問其姓名。老人曰。不必深問也。但笑以不答矣。於是。謝
別老人。依其所指。幾日後。三人一致。無事渡江。時纔放心。到
於一村家。安息數日之際。始脫衣服以見之。已盡朽腐。難掩赤
身。蝨族極盛。不計其數也。

내가 노인의 성명을 묻자, 노인이 말했다.

"구태여 깊이 물을 필요는 없소."

웃을 뿐 대답하지 않았다. 이에 노인과 작별하고, 노인이 일러준
대로 따랐더니, 며칠 뒤에 세 사람 모두 무사하게 강을 건넜다. 이
때서야 겨우 마음을 놓았다. 한 촌가에 이르러 며칠을 편하게 쉬
는 때에 비로소 옷을 벗어 보니 이미 썩어서 벌거벗은 몸을 가릴

수가 없었고, 이[蝨] 떼가 들끓어서 그 수를 헤아릴 수 없었다.

76. 出師前後計日。則凡一個月半。別無舍營。恒露營以宿。霖雨不息暴注。這間。百般苦楚。一筆難記也。

출병 전후의 날짜를 헤아려보니, 모두 1개월 반이었다. 사영舍營이 별도로 없어 항상 야영으로 묵었고, 장맛비가 그치지 않고 쏟아부었으니, 그동안의 온갖 고초를 붓 한 자루로 다 적기 어렵다.

대한독립을 결의

77. 到於露領烟秋方面。親友相見不識。皮骨相接。無復舊時容之故。千思萬量。若非天命。都無生還之道矣。留此十餘日治療後。到于海蔘葳。此處韓人同胞。設備歡迎會請我。

러시아 영토인 얀치혜 방면에 이르렀다. 친한 벗들이 서로 보면서도 몰라보았으니, 살가죽과 뼈가 달라붙을 정도로 말라 옛 모습이 전혀 없었기 때문이다. 천 번을 생각하고 만 번을 헤아려도 하늘의 명이 아니었다면 도무지 생환할 도리가 없었을 것이다. 이곳에 10여 일 동안 머물면서 치료를 받은 뒤에, 블라디보스토크에 이르렀다. 이곳의 한인 동포가 환영회를 마련하고 나를 초청하였다.

[23] 78. 我固辭曰。敗軍之將。何面目。肯受諸公之歡迎乎。諸人曰。一勝一敗。兵家常事。何愧之有。況如是危險之地。無事生還。

豈不歡迎耶云矣。

나는 한사코 거절하며 말했다.

"싸움에 진 군대의 장군이 무슨 면목으로 여러분의 환영을 받을 수 있겠습니까?"

여러 사람이 말했다.

"한 번 이기고 한 번 지는 것은 병가兵家에서 항상 있는 일이니, 무슨 부끄러움이 있으리오? 게다가 이렇게 위험한 지역에서 무사히 생환하였으니, 어찌 환영하지 않을 수 있겠소?"

79. 伊時。更離此處。向河發浦方面。搭乘汽船。視察黑龍江上流數千餘里。或尋訪韓人有志家後。更還致于水淸等地。或勸勉敎育。或組織社會。周行各方面矣。

그때, 다시 이곳을 떠나 하바로프스크河發浦[69] 방면으로 향했는데, 증기선에 탑승하여 흑룡강 상류 수천여 리를 시찰하였다. 어떤 때에는 한인 유지의 집을 방문한 뒤에 다시 수이찬水淸[70] 등지로 돌아왔으며, 어떤 때에는 교육을 권면하기도 했으며, 어떤 때에는 모임을 조직하기도 하면서 각 방면으로 두루 다녔다.

80. 一日到于山谷無人之境。忽然何許兇怪輩六七名突出。捕縛我。一人謂之曰。義兵大將捉得矣。此時。同行人數名。逃走以

---

69 하바로프스크(河發浦): 러시아 연방 동쪽 끝에 있는 지역으로, 아무르 강이 우수리 강과 만나는 지점에서 약간 하류 쪽에 있다.

70 수이찬(水淸): 블라디보스토크의 동쪽 지역으로, 초기 한인 유민들이 개척한 땅이다.

去。彼等謂我曰。汝何故。自政府嚴禁之義兵。敢行耶。

　하루는 사람이 없는 산골짜기에 이르렀는데, 홀연히 어떤 흉악하고 요사스러운 무리 예닐곱 명이 튀어나와서 나를 포박했다. 어떤 사람이 말했다.

"의병 대장을 붙잡았다."

　이때, 동행한 두 명은 도망가버렸다. 저들이 나에게 말했다.

"너는 무엇 때문에 정부에서 엄금한 의병을 감히 일으켰는가?"

81. 我答曰。現今所謂我韓政府。形式如有。然內容則伊藤之一個人之政府矣。爲韓民者。服從政府命令。其實服從伊藤者也。彼輩曰。不再多言。卽打殺。

　나는 대답했다.

"현재 이른바 우리 대한 정부는 형식상으로는 있는 듯하지만, 내용상으로는 이토 히로부미 한 개인의 정부이다. 대한의 백성으로서 정부의 명령에 복종하는 것은 사실상 이토 히로부미에게 복종하는 것이다."

　저들이 말했다.

"더 이상 여러 말 말고 즉시 때려죽이자."

[24] 82. 言畢。以手巾結縛我項。倒於白雪之中。無數亂打。我高聲叱曰。汝等若殺我於此地。或如無事。然向者。我同行二人逃去矣。此二人必往告于我同志。汝等後日盡滅無餘矣。諒以行之焉。

　말을 마치자 수건으로 내 목을 결박하여 흰 눈 속에 넘어뜨리고 수없이 마구 때렸다. 나는 크게 소리치며 꾸짖었다.

"너희들이 만약 이곳에서 나를 죽인다면 혹 무사할 수도 있을 것이다. 하지만 아까 나와 동행한 두 사람이 도망갔으니, 이 두 사람은 반드시 우리 동지에게 가서 알릴 것이다. 너희를 훗날에 남김없이 다 죽일 것이니, 잘 살펴서 행동하라."

83. 彼等聽罷。相附耳細語。此必然不能殺我之議也。小頃。拿我入於山間草屋之中。或有毆打者。或有挽執者也。我乃以好和之說。無數勸解。彼等默然不答矣。

저들은 (내 말을) 듣고 나서 서로 귓속말로 소곤거렸는데, 이는 필시 나를 죽일 수 없음을 의논하는 것이었다. 이윽고 나를 붙잡아 산속의 초가집 안으로 들어갔는데, 나를 구타하는 자가 있는가 하면, 붙들어 말리는 자가 있었다. 나는 이에 좋은 말로 수없이 타일러 화해하려 했지만, 저들은 잠자코 대답하지 않았다.

84. 相謂曰。汝金哥發起之事矣。汝金哥任意行之。我等更不相關矣。彼金哥一人。押我下山以去。我一邊曉諭。一邊抗拒。金哥理勢都無奈何。無辭以退去也。

그들이 서로 의논하며 말했다.

"김가金哥 네가 앞장서 꾸민 일이니, 김가 네가 마음대로 하라. 우리는 더 이상 상관하지 않겠다."

저 김가 한 사람이 나를 잡아 산에서 내려갔다. 나는 한편으로 깨닫도록 타이르고 한편으로 항거하였다. 김가도 이치와 형세상 도무지 어찌할 수 없었는지 아무 말 없이 물러갔다.

85. 此等皆一進會之餘黨。而自本國避亂到此。居生之輩矣。適聞過我之說。如是行動之事本耳。時我得脫免死。尋訪親友之家。治療傷所。過其冬節。

이들은 모두 일진회의 잔당으로, 본국에서 피난하여 여기에 와서 살아가는 무리였다. 마침 내가 지나간다는 말을 듣고, 이와 같이 행동한 사건일 뿐이었다. 이때, 나는 죽음에서 벗어나서 친구의 집을 방문하여 상처 입은 곳을 치료하고 그 겨울을 보냈다.

[25] **86.** 其翌年正月。【時卽己酉。一千九百九年。】還到于烟秋方面。與同志十二人。相議曰。我等前後。都無成事。則難免他人之恥笑不啻。若無特別團體。無論某事。難成目的矣。今日我等斷脂同盟。以表記跡。然後。一心團體。爲國獻身。期於到達目的。若何。衆皆諾從。

그 이듬해 정월,【이때는 곧 기유년 1909년이었다.】얀치혜 방면으로 돌아와서 동지 12명과 상의하며 말했다.

"우리는 전후에 일을 이룬 것이 전혀 없었으니, 다른 사람의 비웃음을 면하기 어려울 뿐만 아니라, 만약 특별한 단체가 없다면 어떤 일을 막론하고 목적을 이루기 어려울 것입니다. 오늘 우리가 손가락을 끊어 맹세를 같이하여 자취를 표시하여 기록한 뒤에, 한마음으로 똘똘 뭉쳐 나라를 위해 몸을 바치고 목적을 이루기를 기약하는 것이 어떻겠습니까?"

무리가 모두 승낙하고 말을 따랐다.

87. 於是。十二人各各。斷其左手藥脂後。以其血。太極旗前面。

大書四字云曰。大韓獨立。書畢。大韓獨立萬歲。一齊三唱後。
誓天盟地以散。其後。往來各處。勸勉敎育。團合民志。購覽新
聞爲務。

이에 열두 사람이 각각 왼손의 약지를 끊은 뒤에 그 피로써 태극
기의 앞면에 크게 네 글자를 쓰기를 '대한독립'이라고 하였다. 쓰
기를 마치고, '대한독립만세'를 일제히 세 번 부른 뒤에 하늘과
땅에 맹세하고 흩어졌다. 그 뒤에, 각처를 왕래하며 교육을 권면
하고 국민의 뜻을 단합하였으며, 신문을 구독하는 것을 임무로
삼았다.

88. 伊時。忽接鄭大鎬書信。卽往見後。本家消息詳聞。家屬率來
之事。付托以歸。且春夏間。與同志幾人。渡韓內地。欲察許多
動靜矣。運動費辦備無路。未達目的。虛送歲月。已到初秋九月。
[26] 時卽一千九百九年九月也。

그때, 뜻밖에 정대호鄭大鎬의 서신을 받았다. 즉시 가서 본 뒤에,
본가의 소식을 자세히 들었다. 가족을 데리고 오는 일을 부탁하
고 돌아왔다. 또 봄과 여름 사이에 동지 몇 사람과 국내로 건너와
수많은 동정을 살피고자 하였지만, 운동비를 마련할 길이 없어
목적을 이루지 못하고 세월을 헛되이 보내고 있었다. 이미 초가
을 9월에 이르렀으니, 때는 곧 1909년 9월이다.

89. 時適留於烟秋方面矣。一日。忽然無故而心神憤鬱。不勝躁
悶。自難鎭定。乃謂親友數人曰。我今欲往海蔘葳。其人曰。何
故如是無期卒往乎。

이때, 마침 얀치혜 방면에 머물렀다. 하루는 갑자기 아무런 까닭 없이 마음과 정신이 답답하고 분하여 초조함을 이기지 못하였다. 스스로 진정시키기 어려워 친구 몇 사람에게 말했다.

"나는 지금 블라디보스토크에 가려고 하네."

친구들이 말했다.

"무슨 까닭으로 이처럼 아무 기약 없이 갑자기 가려는가?"

90. 我答曰。我亦莫知其故也。自然腦心煩惱。都無留此之意。故欲去。其人問曰。今去何還。我無心中。忽發言答曰。不欲更還。其人甚怪以思之。我亦不覺所答之辭意也。

나는 대답했다.

"나도 그 까닭을 모르겠네. 저절로 정신과 마음이 괴로워 도무지 여기에 머무를 뜻이 없네. 그래서 떠나려고 하네."

친구들이 말했다.

"지금 가면 언제 돌아오는가?"

나는 무심결에 문득 대답했다.

"다시는 돌아오지 않으려 하네."

친구들이 매우 괴이하게 생각하였고, 나도 그렇게 대답한 말의 뜻을 알지 못했다.

91. 於是。相別發程。到于穆口港。適逢汽船【此港汽船。一週間。或一二次式往來于海港。】搭乘。到于海蔘葳。聞之。則伊藤博文將來到于此處云云。巷說浪藉矣。

이에 서로 작별하고 길을 떠나 우수리스크穆口[71] 항구에 도착하였다. 마침 증기선【이 항구에 증기선은 일주일에 간혹 한두 차례 정도 해안에 있는 항구를 왕래한다.】을 만나 탑승하고 블라디보스토크에 이르러 들으니, 이토 히로부미가 장차 이곳에 도착한다는 항간의 소문이 떠돌았다.

92. 於是。詳探裏許。購覽各樣新聞。則日間。哈爾賓到着之期。眞實無疑也。自思暗喜曰。多年所願目的。今乃到達矣。老賊休於我手。然到此之說未詳。必往哈爾賓。然後。成事無疑矣。

이에 자세하게 내막을 알고자 각종 신문을 사서 보니, 며칠 내에 하얼빈에 도착한다는 일정이 진실로 의심할 바가 없었다. 마음속으로 기뻐하며 자신에게 말했다.

'여러 해 동안 바라던 목적이 오늘에야 이룰 수 있겠구나. 늙은 도적이 나의 손에 죽을 것이지만 이곳에 도착한다는 말이 자세하지 않으니, 반드시 하얼빈에 간 뒤에야 의심할 여지 없이 일을 이룰 것이다.'

[27] 93. 卽欲起程。然運動費沒策。故左思右想。適尋訪此處居留 韓國黃海道義兵將李錫山以去。時李氏適往他處次。束裝發程。出門以去。急喚回來。入於密室。請求一百元貸給云云。李氏終不肯從。

71 우수리스크(Ussuriysk): 러시아 극동 프리모르스키 지구에 있는 도시로, 블라디보스토크에서 북쪽으로 약 80킬로미터 떨어져 있다. 시베리아 횡단철도와 중국 흑룡강 성(黑龍江省) 하얼빈(哈爾濱)행 철도의 연결지에서 시베리아 횡단철도를 끼고 있다.

곧장 길을 떠나려 했지만, 운동비를 마련할 계책이 없었다. 그러므로 이리저리 생각해보다가, 마침 이곳에 머무르고 있던 한국 황해도 의병장 이석산李錫山을 찾아갔다. 이때, 이씨는 다른 곳에 가고자 행장을 꾸려 길을 떠나려고 문을 나서고 있었다. 급히 불러 돌아오게 하고, 밀실에 들어가서 100원을 빌려달라고 요청했다. 이씨는 끝내 부탁을 들어주지 않았다.

이토 히로부미를 처단

94. 事勢到此。勢無奈何。卽威脅勒奪一百元後還來。事如半成矣。於是。請同志人禹德淳。密約擧事之策後。各携帶拳銃。卽地發程。

일의 형세가 여기까지 이르고 보니, 어쩔 수 없는 형편이었다. 곧 위협하여 100원을 강제로 빼앗은 뒤에 돌아오니, 일이 절반쯤은 이루어진 것 같았다. 이에 동지 우덕순을 불러 일을 일으킬 계책을 밀약한 뒤에, 각각 권총을 휴대하고 곧장 길을 떠났다.

95. 搭乘汽車。以行思之。則兩人都不知露國言語。故憂慮不小矣。中路到于綏芬河地方。尋訪柳東夏云曰。現今我家眷迎接次。往于哈爾賓。而我不知露話。故甚悶。君偕往其處通辯。周旋凡事。若何。

기차를 타고 가면서 생각해보니, 두 사람은 전혀 러시아어를 알지 못하였다. 그러므로 걱정이 적지 않았다. 도중에 스이펜호綏芬

河 지방에 이르러 유동하柳東夏[72]를 찾아가서 말했다.

"지금 내가 가족을 맞이하러 하얼빈에 가는데, 나는 러시아어를 알지 못하기에 매우 답답하네. 그대가 함께 그곳에 가서 통역해주고 여러 일을 주선해주는 것이 어떠한가?"

96. 柳曰。我亦方欲貿藥次。去哈爾賓。爲計之際。則偕往甚好。卽地起程同行。其翌日。到于哈爾賓。金聖伯家留宿後。更得見新聞。詳探伊藤之來期。

유동하가 말했다.

"저도 바야흐로 약을 사기 위해 하얼빈에 가는 것을 계획하고 있는 즈음이니, 함께 가는 것이 정말 좋겠습니다."

즉시 길을 떠나 동행하였다. 그 이튿날, 하얼빈에 도착하여 김성백金聖伯의 집에 머무른 뒤에 다시 신문을 얻어보고 이토 히로부미가 오는 때를 자세하게 정탐했다.

[28] 97. 其翌日。更欲南向長春等地。欲爲擧事。柳東夏本以年少之人故。卽欲還其本家。更欲得通辯一人。適逢曹道先。以家屬迎接次。同行南向云。則曹氏卽許諾也。

그 이튿날, 다시 남쪽으로 장춘長春 등지에 가서 거사하고자 했지

---

72 유동하(柳東夏, 1892~1918): 한국의 독립운동가로, 함경남도 원산 길명(吉明) 출신이다. 본문에는 성(姓)이 '유(柳)'로 표기되었는데, 본래는 '유(劉)'이다. 안중근 의거 심문조서에 유강로(柳江露)로 기록되어 있지만, 후일 '유동하(劉東夏)'가 본명임이 밝혀졌다. 유강로라는 이름은 유동하가 하얼빈에서 러시아 병사에게 체포되었을 때, 순간적으로 지어낸 이름이라고 진술한 바 있다. 재판과정에서 안중근 등 동지들은 유관오(劉寬五)라고 지칭하기도 했다.

만, 유동하가 본래 나이가 어린 사람인지라 즉시 그 본가로 돌아
가려 하였다. 다시 통역하는 한 사람을 얻기를 원하였다. 마침 조
도선曹道先을 만나 '가족을 맞이하려는데 동행하여 남쪽으로 갑시
다'라고 하였더니, 조씨가 곧 허락하였다.

98. 其夜。又留宿於金聖伯家。時運動費有不足之慮。故托柳東
夏。金聖伯許五十元暫貸。則不遠間。卽還報云。柳氏尋訪金氏。
以出外也。

그날 밤에 또 김성백의 집에 묵었다. 이때, 운동비가 모자랄까 걱
정이 되었다. 그래서 유동하에게 부탁하기를 '김성백이 50원을
잠시 빌려주기를 허락하면 가까운 시일 내에 곧 갚겠다'라고 말
하게 하였다. 유씨가 김씨를 방문하러 밖으로 나갔다.

99. 時獨坐於客燈寒榻上。暫思將行之事。不勝慷慨之心。偶吟
一歌曰。丈夫處世兮。其志大矣。時造英雄兮。英雄造時。雄視天
下兮。何日成業。東風漸寒兮。壯士義熱。憤慨一去兮。必成目
的。鼠竊伊藤兮。豈肯比命。豈度至此兮。事勢固然。同胞同胞
兮。速成大業。萬歲萬歲兮。大韓獨立。萬歲萬萬歲。大韓同胞。

이때, 객창 등불 아래 차가운 걸상 위에 앉아 잠시 장차 행해야
할 일을 생각해보았다. 비분강개한 마음을 이기지 못하여 우연히
노래 한 곡을 읊었다.

장부가 세상에 처함에, 그 뜻이 크도다.
때가 영웅을 만들고, 영웅이 때를 만드노라.

천하를 웅대하게 바라보니, 어느 날에 대업을 이룰까?

동풍은 점점 차가운데, 장사의 의기는 뜨겁노라.

분개하여 한번 떠나니, 반드시 목적을 이루리라.

좀도둑 이토야, 어찌 이 소명에 견줄 수 있을까?

어찌 여기에 이를 줄을 헤아렸으랴?

일의 형세가 본래 그러하도다.

동포 동포여, 빨리 대업을 이룰지어다.

만세 만세여, 대한독립이로다.

만세 만만세여, 대한동포로다.

[29]　100.　吟罷。更書一度書信。欲付海蔘葳大東共報新聞社。此意。則一我等所行目的。公布於新聞上之計。一柳東夏若金聖伯處五十元金貸來。則還報之計沒策。故將大東共報社支發云云。爲其憑籍。而暫時譎計也。

옮기를 마치고 다시 한 장의 편지를 썼으니, 블라디보스토크의 대동공보신문사大東共報新聞社[73]에 부치려는 것이었다. 이렇게 편지를 부치는 뜻으로 말하면, 하나는 우리가 행한 목적을 신문 지면 위에 널리 알리는 계획이다. 또 하나는 유동하가 만약 김성백에게 50원을 빌려온다면 갚을 계획에 대한 대책이 없으므로, 장차 대동공보사가 지불할 것이라고 운운하였으니, 핑계를 대기 위해 잠시 잔꾀를 쓴 것이다.

---

[73] 대동공보신문사(大東共報新聞社): 러시아 블라디보스토크에서 교포단체인 한국국민회(韓國國民會)의 기관지로 1908년에 창간한 신문. 교민단체신문. 일제의 외교적 농간으로 그 해 9월 10일 러시아 총독의 명령에 따라 정간되었다.

101. 書畢。柳氏還來。貸金之算不中云。故不得以宿過夜。其翌日早朝。與禹曹柳三人。偕往于停車場。乃使曹氏南淸列車相交換停車場。何處有之。詳問驛官。則蔡家溝等地云云。故卽與禹曹兩人相別柳氏後。搭乘列車。南行發程。到于同方面下車。定館留宿。

편지 쓰는 것을 마치자, 유씨가 돌아와서 돈을 빌리는 계획이 성사되지 않았다고 하였다. 그러므로 자지 못하고 밤을 지새웠다. 그 이튿날 이른 아침에 우덕순·조도선·유동하와 함께 정거장에 갔다. 그래서 조씨로 하여금 남청南淸 열차가 서로 바뀌는 정거장이 어디에 있는가를 역관에게 자세하게 묻게 하니, 채가구蔡家溝[74] 등지라고 하였다. 그러므로 곧 우덕순·조도선 두 사람과 더불어 유씨와 서로 작별한 뒤에, 열차를 타고 남쪽으로 출발하였다. 전해 들은 바와 같은 방면에 이르러 하차하여 여관을 정하고 묵었다.

102. 問停車場事務人曰。此處汽車。每日幾次式來往乎。答曰。每日三次式來往矣。今日夜。特別車自哈爾賓發送于長春。日本大臣伊藤迎接。而再明日朝六點。到此矣云云。如此分明之通信。前後初聞之確報也。

[30]

---

[74] 채가구(蔡家溝): 중국 길림성(吉林省) 부여시(扶餘市) 동북부의 요충지로, 길림성과 흑룡강성의 3개 도시가 교차하는 곳이다. 채가구는 북쪽으로 하얼빈시와 75킬로미터 떨어져 있고, 채가구역은 하얼빈역 바로 전에 있다. 우덕순과 조도선은 채가구역에서, 안중근은 최종 목적지인 하얼빈역에서 거사를 치르기로 만반의 준비를 했다. 그러나 조도선과 우덕순은 채가구역 구내 다방에서 기회를 엿봤으나 러시아 경비병이 열차가 지나가는 시각에 다방 문을 잠가버려 실행하지 못했다.

정거장의 사무원에게 물었다.

"이곳의 기차는 매일 몇 번 정도 왕래합니까"

사무원이 대답했다.

"매일 세 차례 정도 왕래합니다. 오늘 밤에는 특별 기차를 하얼빈에서 장춘으로 보내는데, 일본의 대신 이토 히로부미를 맞이하여 모레 아침 6시에 이곳에 도착한다고 합니다."

이와 같은 분명한 통신은 전후에 처음 듣는 확실한 소식이었다.

103. 於是。更自深算曰。再明日上午六點頃。姑未天明之時。則伊藤必不下停車場矣。雖下車視察。黑暗中眞假難辨。況我不知伊藤之面目。豈能擧事。更欲前往長春等地。則路費不足。何爲則好耶。左思右想。心甚悶鬱矣。

이에 다시 깊이 헤아리며 자신에게 말했다.

'모레 아침 6시경은 우선 날이 밝을 때가 아니니, 이토 히로부미는 반드시 정거장에 내리지 않을 것이다. 비록 하차하여 시찰하더라도 짙은 어둠 속에서는 참과 거짓을 분별하기 어렵다. 게다가 나는 이토 히로부미의 얼굴을 모르니 어찌 일을 일으킬 수 있겠는가? 다시 이전의 장춘 등지로 가려고 해도 여비가 부족하니, 어떡하면 좋을까?'

이리저리 생각해봐도 마음이 더욱 답답하고 울적하였다.

104. 時適打電於柳東夏曰。我等但到此下車矣。若該處有緊事。則打電爲望也云矣。黃昏後。答電來到。而其辭意都不分明。故更加疑訝不小。故其夜十分深諒。更算良策後。其翌日。與禹氏

相議曰。我等合留此處。沒策矣。一曰財政不足。二曰柳氏答電
甚疑。三曰伊藤明朝未明過此。則事必難行矣。若失明日之期
會。則更難圖事也。

이때, 마침 유동하에게 다음과 같이 전보를 쳤다.

"우리는 이곳에 도착하여 하차했다. 만약 그곳에 긴급한 일이 있
으면 전보를 치기 바란다."

날이 저문 뒤에 답전答電이 도착하였는데, 그 말의 뜻이 도무지 분
명하지 않았기에 더욱더 의아심이 커졌다. 그러므로 그날 밤에
꽤 깊이 살펴보고 다시 좋은 계책을 따진 뒤에, 그 이튿날 우씨와
상의하며 말했다.

"우리가 이곳에 모여 머물면 대책이 없소. 첫째는 재정이 부족한
것이고, 둘째는 유씨가 답전한 것이 매우 의심스러운 것이며, 셋
째는 이토 히로부미가 내일 아침이 밝기도 전에 이곳을 지나면
일은 반드시 행하기 어려울 것이오. 만약 내일의 기회를 놓친다
면 다시 일을 도모하기는 어렵소.

[31] 105. 然則。今日君留於此處。以待明日之期會。見機動作。我今
日還去哈爾賓。明日兩處舉事。十分便利也。若君不成事。則我
必成事。若我不成事。則君必成事矣。若兩處都不如意。更辦備
運動費後。更相議舉事。此可爲萬全之策矣。

그렇다면 오늘 그대는 이곳에 머무르며 내일의 기회를 기다렸다
가 낌새를 보아 행동하시오. 나는 오늘 하얼빈으로 돌아가겠소.
그러면 내일 두 곳의 거사가 매우 유리할 것이오. 만약 그대가 일
을 이루지 못하면, 내가 반드시 일을 이루겠소. 만약 내가 일을 이

루지 못하면, 그대가 반드시 일을 이루시오. 만약 두 곳이 모두 뜻
대로 되지 않으면 다시 운동비를 준비한 뒤에 다시 상의하여 거
사합시다. 이것이 만전의 계책이라 할 수 있소."

106. 於是相別。我搭乘列車。還到于哈爾賓。更逢柳東夏。問答
電辭意。則柳氏答辭。亦不明。故我發怒嘖之。柳氏無辭以出門
去矣。

이에 서로 작별하고, 나는 열차를 타고 하얼빈으로 돌아와서 다
시 유동하를 만났다. 답전의 말뜻을 물으니, 유씨의 대답 또한 분
명하지 않았다. 그러므로 내가 화를 내며 질책하자, 유씨는 아무
말 없이 문밖으로 나가버렸다.

107. 其夜。留宿金聖伯家。其明朝早起。盡脫新鮮衣服後。換着
溫厚洋服一件後。携帶短銃。卽向停車場以去。時午前七點頃
也。到於當地。則時露國將官與軍人。多數來到。準備迎接伊藤
節次也。

그날 밤, 김성백의 집에서 묵었다. 그다음 날 아침 일찍 일어나서
깨끗한 새 옷을 다 벗은 뒤에 온후한 양복 한 벌을 바꿔 입은 뒤
에 단총을 휴대하고 곧장 정거장을 향해 갔다. 때는 오전 7시경이
었다. 일이 일어난 그곳에 도착하니, 이때 러시아 장관과 군인이
많이 와서 이토 히로부미를 맞이할 절차를 준비하고 있었다.

108. 我坐於賣茶店裡。吃茶二三盃後。待之矣。到九點頃。伊藤
[32] 搭乘特別汽車來到。時人山人海也。我坐於茶店裡。窺其動靜。

自思曰。何時狙擊則好耶。

　나는 차茶를 파는 가게 안에 앉아서 차를 두세 잔 마신 뒤에 기다렸다. 9시경에 이르자, 이토 히로부미가 탑승한 특별 기차가 도착했다. 이때, 인산인해를 이루었다. 나는 다방 안에 앉아서 그 동정을 엿보며 마음속으로 자신에게 말했다.

'어느 때에 저격하면 좋을까?'

109. 十分思量。未決之際。小頃。伊藤下車以來。各軍隊敬禮。軍樂之聲。飛空灌耳以來。當時。忿氣突起。三千丈業火。腦裏衝出也。何故世態如是不公耶。嗚呼。強奪隣邦。殘害人命者。如此欣躍。小無忌憚。無故仁弱之人種。反如是陷困耶。

　충분히 생각하고 헤아렸지만 결정을 아직 내리지 못할 즈음이었다. 이윽고 이토 히로부미가 차에서 내려오자, 각 군대가 경례를 하고 군악의 소리가 공중을 날아 귀에 흘러들어왔다. 당시에 분한 기운이 갑자기 일어나 삼천 길의 업화業火[75]가 뇌리에 불쑥 튀어나왔다.

'무슨 까닭으로 세태가 이처럼 공평하지 못한가? 아! 강제로 이웃 나라를 빼앗고 잔인하게 사람의 목숨을 해친 자는 이처럼 기뻐 날뛰며 조금도 거리낌이 없는데, 죄 없는 어질고 약한 인종은 도리어 이처럼 곤란한 지경에 빠져야 하는가?'

---

[75] 업화(業火): 이 세상에 이욕(利慾)으로 일어나는 모든 분란과 번민을 일체 업화라고 말한다.

110. 更不打話。卽大踏步踊進。至于軍隊列立之後。見之。則露
國一般官人。護衛還來之際。其前面。一個黃面白鬚之小翁。如
是沒廉。敢行于天地之間耶。想必是伊藤老賊也。卽拔短銃。向
其右側。快射四發後思之。則十分疑訝。起腦者。我本不知伊藤
之面貌者也。若一次誤中。則大事狼貝矣。

더 이상 말하지 않고 곧장 큰 걸음으로 뛰어나갔다. 군대가 늘어
선 후미에 이르러서 보니, 러시아 일반 관리가 호위하며 오는 순
간이었다. 그 앞쪽에 누런 얼굴에 백발의 한낱 작은 늙은이가 이
처럼 몰염치하게 감히 천지 사이에 활보한단 말인가? 헤아려보건
대, 틀림없이 늙은 도적 이토 히로부미일 것이다. 즉시 단총을 빼
내어 그 우측을 향하여 빠르게 네 발을 쏜 뒤에 생각해보니, 너무
나 의아한 점이 머릿속에서 일어났다. 내가 본래 이토 히로부미
의 얼굴 모양을 모르는데, 만약 첫 번에 잘못 맞춘다면 큰일이 낭
패를 볼 것이다.

111. 遂復向後面。日人團體中。偉儀最重。前面先行者。更爲目
[33] 表。連射三發後更思。則若誤傷無罪之人。則事必不美。故停止
思量之際。露國憲兵來到捕捉。時卽一千九百九年。陰九月十三
日。上午九點半頃也。

마침내 다시 뒤쪽을 향하여 일본 사람 단체 중에 위의偉儀가 가
장 중하고 앞쪽에 먼저 가는 자를 다시 목표로 삼아 연이어 세 발
을 쏜 뒤에 다시 생각했다. 만약 잘못하여 죄 없는 사람을 다치게
하면 일은 반드시 아름답지 않을 것이다. 그러므로 멈추고 깊이
생각할 즈음에 러시아 헌병이 다가와 [나를] 체포했다. 때는 곧

1909년 음력 9월 13일, 오전 9시 30분경이었다.

112. 時向天。大呼大韓萬歲三次後。拿入於停車場憲兵分派所。全身檢查後。小頃。露國檢察官。與韓人通譯來到。問其姓名。及何國何處居住。從何處以來。因何故。加害於伊藤之故。問之故。大概說明者。通辯韓人韓語。不能詳解故也。

이때, 하늘을 향하여 '대한 만세'[76]를 크게 세 차례 불렀다. 그 뒤에 정거장의 헌병 분파소分派所에 잡혀 들어갔다. 전신을 검사한 다음 이윽고 러시아 검찰관이 한인 통역관과 함께 왔다. 성명과 어느 나라의 어느 곳에 거주하는지, 어디서 왔는지, 무슨 까닭으로 이토 히로부미를 가해했는지를 물었다. 묻는 이유에 대해 대강 설명한 것은 통역하는 한인의 한국어를 (러시아 검찰관이) 자세하게 알아듣지 못할 것이기 때문이다.

113. 伊時。寫眞撮影者。數三次有之矣。午后八九點頃。露國憲兵將官。與我搭乘馬車。不知方向以去。到于日本領事館。交付後去矣。其後。此處官吏。二次審問。第四五日後。溝淵檢察官來到。更爲審問。前後歷史細細供述。而又問伊藤加害之事。

그때, 사진 촬영이 두세 차례 있었다. 오후 여덟아홉 시경에, 러시아 헌병 장교가 나와 마차를 타고 알지 못하는 방향으로 가서, 일본 영사관에 도착하여 나를 넘겨준 뒤에 돌아갔다. 그 뒤에 이곳

---

[76] 대한 만세: 본문에서는 안중근이 이토 히로부미를 저격하고 '대한 만세'를 불렀다고 기술하고 있는데, 실제로는 러시아어로 '대한 만세'의 뜻인 "까레야 우라(Корея ура)"라고 외쳤다고 한다.

관리가 두 차례 심문하고, 사오일 뒤에 미조부치溝淵 검찰관이 와서 다시 심문했다. 전후의 역사를 아주 자세하게 진술했는데, 또 이토 히로부미를 가해한 일을 물었다.

[34] 114. 故答曰。一韓國閔皇后弑殺之罪。二韓國皇帝廢位之罪。三勒定五條約與七條約之罪。四虐殺無故之韓人之罪。五政權勒奪之罪。六鐵道礦山與山林川澤勒奪之罪。七第一銀券紙貨勒用之罪。八軍隊解散之罪。九敎育防害之罪。十韓人外國遊學禁止之罪。十一敎課書押收燒火之罪。十二韓人欲受日本保護云云。而誣罔世界之罪。十三現行日韓間。競爭不息。殺戮不絶。韓國以太平無事之樣。上欺天皇之罪。十四東洋平和破壞之罪。十五日本天皇階下父皇太皇帝弑殺之罪云云。則檢察官聽罷。愕然謂曰。今聞所述。則可謂東洋義士也。自已義士。必無被死刑之法矣。勿爲憂慮焉。

그러므로 (나는) 대답했다.

"첫째, 한국 민황후를 시해한 죄이다. 둘째, 한국 황제를 폐위한 죄이다. 셋째, 5조약과 7조약을 강제로 정한 죄이다. 넷째, 무고한 한인을 학살한 죄이다. 다섯째, 정권을 강제로 빼앗은 죄이다. 여섯째, 철도·광산과 산림·천택을 강제로 빼앗은 죄이다. 일곱째, 제일은행권 지폐를 강제로 사용한 죄이다. 여덟째, 군대를 해산한 죄이다. 아홉째, 교육을 방해한 죄이다. 열째, 한인의 외국 유학을 금지한 죄이다. 열한째, 교과서를 압수하여 불태운 죄이다. 열두째, 한인이 일본의 보호를 받고자 원한다고 운운하면서 세계를 기만한 죄이다. 열셋째, 현행 일본과 한국 간에 경쟁이 그치지 않고 살육이 끊이지 않는데 한국을 태평무사한 상태라고 위로는 천황을 속인 죄이다. 열넷째, 동양평화를 파괴한 죄이다. 열다섯째, 일본 천황폐하의 아버지인 태황제[77]를 시해한 죄이다."

검찰관이 듣기를 마치자, 깜짝 놀라면서 말했다.

"지금 진술한 것을 들으니, 동양의 의사義士라고 할 만합니다. 이미 그대는 의사이니, 절대로 사형을 당하는 법은 없을 것이오. 걱정하지 마시오."

[35] 115. 我答曰。我之死生勿論。以此意。速速上奏于日本天皇階下。速改伊藤之不善政略。以扶東洋危急之大勢。切望矣。言罷。更囚地窟獄矣。更四五日後。謂曰。今日自此去旅順口云矣。

나는 대답했다.

"내가 죽고 사는 것을 논하지 말고 이런 뜻을 빨리빨리 일본 천황폐하에게 아뢰어 속히 이토 히로부미의 좋지 않은 정략을 고쳐서 동양의 위급한 대세를 바로잡기를 간절히 바랍니다."

말이 끝나자, 다시 지하굴 감옥에 가두었다. 다시 사오일 뒤에 이르기를 "오늘 여기에서 여순구로 갈 것이다"라고 했다.

116. 時見之。則禹德淳曹道先柳東夏鄭大鎬金成玉。與又面貌

---

77 태황제: 일본의 제122대 메이지 천황(明治天皇)의 아버지인 고메이 천황(孝明天皇)을 말한다. 그는 121대 일본 천황으로, 1846년 3월 10일부터 1867년 1월 30일까지 재위했다. 이토 히로부미의 열다섯 번째 죄목은 일본의 메이지 유신파가 유신에 비협조적인 고메이 천황을 살해하고 어린 메이지 천황을 이용해 유신을 펼치려 했다는 의혹을 말한다.

不知人二三人。偕爲結縛。而到于停車場。搭乘汽車發程。此日。
到于長春憲兵所過夜。翌日。更搭乘汽車行。到一處停車場。忽
日本巡查一名。上來矣。突地揮拳打我面部。

이때 보니, 우덕순·조도선·유동하·정대호·김성옥과 또 얼굴을
모르는 두세 사람이 함께 결박되어 정거장에 도착하여 기차에 탑
승하여 길을 떠났다. 이날, 장춘 헌병소에 도착하여 밤을 지냈다.
이튿날 다시 기차를 타고 가다가 어떤 정거장에 이르렀다. 갑자
기 일본 순사 한 명이 올라오더니, 갑자기 주먹을 휘두르며 내 얼
굴을 때렸다.

117. 故我發怒辱之。則時憲兵正校在側矣。引其巡查。下送汽車
後。謂我曰。日韓間。相有如此不美之人矣。幸勿怒焉。其翌日。
到于旅順口監獄署捉囚。時日九月二十一日頃也。

그래서 내가 화를 내며 욕을 하니, 이때 헌병 정교正校가 옆에 있다
가 그 순사를 끌고 가서 기차에서 내려보낸 뒤에 나에게 말했다.
"일본과 한국 사이에 서로 이같이 불미스러운 사람이 있으니, 부
디 화내지 마라."
그 이튿날 여순구 감옥서監獄署[78]에 이르러 갇히니, 때는 9월 21일
경이었다.

118. 自此在監以後。與一般官吏。日日漸次相近中。典獄警守係

---

[78] 감옥서(監獄署) : 고종(高宗) 31년에 전옥서(典獄署)를 고친 이름. 융희(隆熙) 원
년(元年)에 감옥(監獄)으로 고쳤음.

長。與其次一般官吏特別厚對。我不勝感動中。或心中自思疑訝
[36] 曰。此眞耶夢耶。同一日本之人。何如是大不相同耶。韓國來往
日人。何其強惡太甚。旅順口來住日人。何故如是仁厚耶。韓國
與旅順口。日人之種類。不同然耶。水土風氣。不同以然耶。韓
國日人。主權者伊藤極惡。故效其心以然耶。旅順口日人。主權
都督仁慈。故和其德以然耶。左思右想。理由未覺也。

감옥에 갇힌 뒤 일반 관리와 서로 나날이 점차 가까워지는 중에 전옥典獄과 경수계장警守係長과 그다음 일반 관리들이 특별히 (나를) 후대했다. 나는 감동을 이기지 못하였다. 간혹 마음속에서 의아하게 생각하며 자신에게 말했다.

'이것이 생시인가, 꿈인가? 같은 일본 사람인데도 어찌 이처럼 크게 다른가? 한국에 온 일본 사람은 어찌 그리도 억세고 포악함이 매우 심한가? 여순구에 온 일본 사람은 어찌하여 이처럼 인자하고 후덕한가? 한국과 여순구의 일본 사람의 종류가 같지 않아서 그러한 것인가? 물과 땅과 기후가 같지 않아서 그러한 것인가? 한국에 사는 일본 사람은 권력을 쥐고 있는 이토 히로부미가 포악하기 때문에 그 마음을 본받아서 그러한 것인가? 여순구에 사는 일본 사람은 권력을 쥐고 있는 도독都督이 인자하기 때문에 그 덕에 감화되어 그러한 것인가?'

이리저리 생각해봐도 그 이유를 알지 못했다.

119. 其後溝淵檢察官。與韓語通譯官園木氏。來到于監獄署內。
十餘次審問。而這間酬酌。一筆難記。【詳細談話載於檢察官文簿。
故不必更記也。】檢察官常對我特厚。審問後。恒給埃及金口紙捲

烟。相對談話吸烟。評論公直。同憾情現於容色矣。

　　그 뒤에 미조부치 검찰관과 한국어 통역관 소노키 스에키園木末喜
가 감옥서 안에 와서 10여 차례 심문하고 그간에 말을 주고받았
는데, 한 붓으로 쓰기는 어렵다.【상세한 담화가 검찰관 문서와 장부
에 실려있다. 그러므로 다시 기록할 필요가 없다.】검찰관이 항상 나
를 특히 두텁게 대우하였다. 심문 뒤에는 늘 이집트산 금색 구지
ㅁ紙로 말은 궐련을 주면서 서로 대화하고 담배를 피웠다. 평론은
공평하고 정직하여 함께 안타까워하는 마음이 얼굴에 묻어났다.

120. 一日。英國辯護士一人。露國辯護士一人。來訪面會謂我

[37]　曰。我等兩人。海蔘葳居留。韓人諸氏委托委任以來。欲爲辯護。
而自此法院已有許可。將公判之日。更爲來到云以去。

　　하루는 영국 변호사 한 사람과 러시아 변호사 한 사람이 찾아와
서 면회하며 나에게 말했다.

　　"우리 두 사람은 블라디보스토크에 머물러 살고 있습니다. 한국
인 여러분이 위탁·위임한 이후로 변호하고자 하였는데 이쪽 법
원으로부터 이미 허가가 났으니, 장차 공판하는 날에 다시 오겠
습니다."

　　이렇게 말하고 떠났다.

121. 時我自思心中。大驚小怪謂曰。日本文明程度。至於如此之
境耶。我前日之念不及處也。今日觀其英露辯護士能容許可之
事。是可謂世界第一等國之行動也。我果誤解。如是過激手段妄
動否。十分疑訝矣。

이때, 나는 마음속으로 몹시 놀라면서도 좀 의아하게 여기며 자신에게 말했다.

'일본의 문명 정도가 이와 같은 지경에 이르렀는가? 전날의 내 생각이 미치지 못한 부분이다. 오늘 영국과 러시아 변호사를 받아들여 허가한 일을 보니, 이는 세계 제일의 일등 국가의 행동이라고 할 만하다. 내가 과연 오해하여 이처럼 과격한 수단으로 망령되이 행동한 것이 아닌지 꽤 의아하구나.'

122. 時韓國內部警視日本人仙境氏來到。韓語極善通。而日日相逢談話。雖日韓兩國人。相對酬酢之。其實政略機關。大相不同。然人情論之。則漸次親近。無異於如舊之誼也。

이때, 한국 내부경시內部警視[79]인 일본 사람 센쿄仙境가 왔는데 한국어가 아주 잘 통하여 날마다 서로 만나서 이야기했다. 비록 일본과 한국의 두 나라 사람이 서로 마주하여 말을 주고받았더라도 사실상 정략적 생각의 틀은 크게 서로 달랐다. 하지만 인정으로 말하자면 점차 친근하여 오래 사귄 듯한 친구와 다름이 없었다.

123. 一日。我問於仙境氏曰。日前。英露兩國辯護士。到此之時。自此法院官吏。公平之眞心許可耶。答曰。果眞心矣。我曰。若

[38] 果然。則東洋之特色有之矣。若不然。則對於我事反害。無益甚多矣。相笑以散。

어느 날, 나는 센쿄에게 물었다.

"며칠 전 영국과 러시아의 두 나라 변호사들이 이곳에 이르렀을 때, 정말로 이쪽 법원의 관리가 공평한 마음으로 허가한 것입니까?"

(센쿄가) 대답했다.

"정말로 진심입니다."

나는 말했다.

"만일 정말로 그렇다면 동양의 특색이 있는 것입니다. 만일 그렇지 않다면 내 일에 대해서는 도리어 해롭고 무익함이 아주 많을 것입니다."

서로 웃으며 헤어졌다.

124. 伊時。典獄栗原氏。與警守係長中村氏。常顧護特對。每一週日間。沐浴一次式。每日午前午後二次式。自監房出於事務室。各國上等紙捲烟。與西洋菓子。及茶水。厚給飽喫。

그때, 전옥 구리하라栗原와 경수계장 나카무라中村가 항상 특별히 대우하여 돌보아주었다. 일주일마다 한 차례 목욕을 할 수 있게 하였고, 매일 오전과 오후 두 차례 감방에서 사무실로 나오게 하여 각국의 좋은 품질의 종이로 말은 궐련과 서양과자와 찻물을 넉넉히 주어 마음껏 피우고 먹고 마실 수 있게 했다.

125. 又朝午夕三時飯。上等白米飯饌之。內服品好者。一件換着。綿衾四件特給。柑子與林檎黃梨等果實。日日數三次給之。牛乳每日一瓶式給之。此園木氏之特恩也。溝淵檢察官。鷄與烟草等物買給。如此許多特對。感荷不已。難可盡述也。

또 아침·점심·저녁 세 끼니의 밥을 품질 좋은 흰쌀밥을 먹게 하고, 내복은 품질 좋은 옷으로 한 벌을 갈아 입혔고, 솜이불 네 채를 특별히 주었다. 귤과 능금과 노란 배 등의 과일을 날마다 두세 차례 주었고, 우유를 날마다 한 병씩 주었으니, 이것은 소노키 스에키의 특별한 호의였다. 미조부치 검찰관은 닭고기와 연초 등 물건을 구매하여 주었다. 이처럼 많이 특별 대우를 하여 감사한 마음이 끝이 없었지만 다 기록하기는 어렵다.

126. 至於十一月頃。我同生親弟。定根恭根二人。自韓國鎭南浦。來到此處。相逢面會。相別三年後。初見之面也。不覺眞夢

[39] 之界矣。自此恒四五日間。或十餘日間。鱗次相逢談話。而韓國辯護士請來事。與天主教神父請來。受聖事之事。相托。

11월경에 이르러 내 친동생인 정근定根과 공근恭根 두 사람이 한국의 진남포로부터 이곳에 왔다. 상봉하고 면회했는데, 서로 헤어지고 3년이 지난 뒤 처음 보는 얼굴이기에 진실과 꿈의 경계를 분간할 수 없었다. 이로부터 내내 4, 5일간 혹은 10여 일간 차례로 서로 만나 이야기를 주고받았는데, 한국 변호사를 요청해 오는 일과 천주교 신부를 요청해 와서 성사聖事를 받는 일들을 부탁했다.

127. 其後一日。檢察官又來到。審問之際。其言語與形容。與前日大不相同。或有壓制。或有抑說。或有凌侮之態。故我自思曰。檢察官之思想。如是忽變。此非本情也。客風大侵矣。此所謂道心惟微。人心惟危之句。眞不虛傳之文字也。

그 뒤에 어느 날, 검찰관이 또 와서 심문할 때 그 언어와 모습이 전일과는 아주 딴판이었다. 혹 억압적인 행동이나 억지소리를 하기도 하고, 혹은 능멸하는 태도가 있었다. 그래서 나는 마음속으로 자신에게 말했다.

'검찰관의 사상이 이처럼 갑자기 변하였다. 이는 본디의 참된 심정이 아니고, 객풍客風(입김)이 크게 침입한 것이다. 이것이 '도심은 오직 은미하고 인심은 오직 위태롭다'[80]라는 구절에 해당하는 것이니, 참으로 헛되이 전하는 문자가 아니다.'

128. 我憤然答曰。日本雖有百萬精兵。又有千萬門大砲俱備。然安應七之一命。但一殺之權外。更無他權矣。人生斯世。一死都無事。何慮之有。我更不答辭矣。任意行之焉。

나는 벌컥 성을 내며 대답했다.

"일본이 비록 백만의 정병을 가졌고 또 천만 문의 대포를 갖추었지만, 안응칠 하나의 목숨을 단 한 번 죽이는 권력 외에는 또 다른 권력은 없다. 사람이 이 세상에 태어나 한번 죽는 것은 아무 일도 아니니, 무슨 걱정이 있겠는가? 나는 더 이상 대답하지 않을 것이니, 마음대로 하라."

129. 自此時。我之來頭事。將爲大非。而公判必變爲曲判之勢明確。自算以信之。而況言權禁止許多。目的意見。末能進述。又

---

80 도심은…위태롭다: 『서경(書經)』「대우모(大禹謨)」에 나오는 구절의 일부이다. "인심은 오직 위태하고 도심은 은미하니, 오직 정밀하고 일관되게 하여 그 중도를 진실로 잡아야 한다[人心惟危 道心惟微 惟精惟一 允執厥中]".

[40] 諸般事機。掩跡飾詐之態現著。是何故也。

이때부터 나의 앞일은 장차 크게 잘못되어 공판은 반드시 왜곡된 판결의 형세로 변하게 될 것이 명확하다고 스스로 헤아려서 확신하였다. 더구나 말할 권리가 허다하게 금지되어 목적한 의견을 진술할 수 없었고, 또 여러 가지 일의 형편은 흔적을 숨기고 거짓을 꾸미는 태도를 두드러지게 보여주었다. 이는 무엇 때문인가?

130. 推理思之。則非他故也。此必變曲爲直。變直爲曲之理也。夫法性如鏡。毫髮不容。而今我之事。是非曲直。已爲明白矣。何掩之有。何詐之有。譬如此世人情。勿論賢愚。善美之事。爭欲現誇於外。惡累之事。必然暗隱以忌他矣。推此則可知也。

이치를 따져 생각해보면 다른 이유가 아니다. 이는 반드시 굽은 것이 변하여 곧은 것이 되게 하고 곧은 것이 변하여 굽은 것이 되게 하는 이치이다. 무릇 법의 성격은 거울과 같아서 털끝만큼의 은밀함도 용납하지 않는다. 지금 내 일은 시비곡직是非曲直이 이미 명백해졌으니, 어찌 숨기는 것이 있겠으며 어찌 속임이 있으랴? 비유컨대 이 세상 인정과 같아서 현명한 사람과 어리석은 사람을 막론하고 착하고 아름다운 일은 다투어 외부에 드러내어 자랑하고자 하고, 악하고 더러운 일은 반드시 몰래 숨기어 다른 사람에게 알리기를 꺼린다. 이것을 미루어보면 알 수 있다.

131. 此時。我不勝大憤。頭腦甚痛。數日後。漸差焉。其後。月餘無事拖過。此亦一怪點也。一日。檢察官謂我曰。公判日已定六七日後。而英露韓辯護士。一體不許。但此處官選辯護士。使用云云。

이때, 나는 몹시 분개함을 이기지 못하여 머리가 매우 아팠는데, 며칠 뒤에 점차 나아졌다. 그 뒤에 한 달여 동안 아무런 일 없이 세월을 보냈으니, 이 또한 하나의 기이한 점이다. 어느 날 검찰관이 나에게 말했다.

"공판일은 6, 7일 뒤로 벌써 정해졌는데, 영국·러시아·한국 변호사는 모두 허가하지 않는다. 다만 이곳의 관선 변호사는 쓸 수 있다."

132. 故我自思曰。我之前日。上中二等之策所望。眞浪信過慕也。不出於我之下等所料也。其後。公判初日。到于法院公判席。時鄭大鎬金成玉等。五人已盡無事放還。但禹曹柳三人。與我同[41] 爲被告出席。而傍聽人數三百員。

그러므로 나는 마음속으로 자신에게 말했다.

'나는 전날 상등과 중등 두 가지의 계책을 소망했었다. 참으로 허망한 믿음과 지나친 바람이었다. 내가 헤아렸던 하등의 계책에서 벗어나지 못할 것이다.'

그 뒤 공판 첫날 법원 공판석에 이르니, 이때 정대호와 김성옥 등 다섯 사람은 무사하게 풀려나 집으로 이미 돌아갔다. 다만 우덕순·조도선·유동하 세 사람은 나와 같이 피고가 되어 출석하였고, 방청하는 사람은 이삼백 명이었다.

133. 時韓國人辯護士安秉瓚氏。與前日已受許可以去。英國人辯護士。亦爲來參。然都不許辯護之權。故但傍聽而已矣。

이때, 한국인 변호사 안병찬 씨와 전일에 이미 허락을 받고 갔던 영국인 변호사가 또한 와서 참석했다. 그러나 모두 변호할 권리가 허락되지 않았기에 다만 방청할 따름이었다.

134. 時裁判官出席。依檢察官所審文簿。大概更爲審問。然我欲進述詳細意見。則裁判官常要避杜口。故未能說明矣。我已知其意。故一日。乘其期會。幾個目的。說明之際。裁判官大驚起座。卽禁止傍聽後。退入于他房以去也。

이때, 재판관이 출석하여 검찰관이 심문한 문서와 장부에 의하여 대강을 다시 심문했다. 그러나 내가 상세하게 진술하려고 하면 재판관이 항상 회피하여 내 입을 막았다. 그래서 설명할 수 없었다. 나는 이미 그 뜻을 알았기에 어느 날 기회를 틈타 몇 가지 목적을 설명하자, 재판관이 크게 놀라 자리에서 일어나더니, 즉시 방청을 금지한 뒤에 다른 방으로 물러나 들어가버렸다.

135. 時我自思曰。我言中。有刀劍以然耶。銃砲有之以然耶。譬如淸風一吹。塵累盡散。一般也。此非他故。我說明伊藤之罪名時到於日本孝明天皇弑殺之句語。如是破席矣。

이때, 나는 마음속으로 자신에게 말했다.

'내 말 속에 칼이 있어서 그런 것인가? 총포가 있어서 그런 것인가? 비유하자면 맑은 바람이 한 번 불면 속세의 티끌이 모두 흩어지는 것과 같으니, 이것은 다른 이유 때문이 아니다. 내가 이토 히로부미의 죄명을 설명할 때, 일본 고메이孝明 천황을 살해한 구절에 이르자 이처럼 자리를 뜬 것이다.'

136. 小頃。裁判官更爲出席後。謂我曰。更勿發如此之言。此時。

我默然良久。自思自謂曰。眞鍋判事不知法律以如是耶。天皇之命不重以如是耶。伊藤公所立之官以如是耶。何故如是耶。大醉於秋風以然耶。我今日之所遭之事。眞耶夢耶。我堂堂大韓國之國民。而何故今日。被囚於日本監獄中。

잠시 뒤에, 재판관이 다시 출석한 뒤에 나에게 말했다.

"다시는 이와 같은 말을 하지 마라."

이때, 나는 한참을 아무 말을 하지 않았다. 마음속으로 자신에게 말했다.

'마나베眞鍋 판사가 법률을 몰라서 이러는가? 천황의 목숨이 중하지 않아서 이러는가? 이토 히로부미가 세운 관리라서 이러는가? 무엇 때문에 이러는가? 추풍에 크게 취해서 그런가? 내가 오늘 당한 일은 생시인가 꿈인가? 나는 당당한 대한국의 국민인데 무슨 이유로 오늘 일본의 감옥 속에 갇혔는가?

137. 況受當日本法律。是何故耶。我何日歸化於日本國耶。判事日本人。檢查日本人。辯護士日本人。通譯官日本人。傍聽人日本人。此所謂啞者演說會。聾者傍聽。一般也。眞個是夢中世界矣。若夢。則速醒快覺。速醒快覺焉。如此之境。說明無所用。公談亦無益矣。

게다가 일본의 법률로 단죄를 받으니, 이것은 무슨 이유인가? 내가 언제 일본에 귀화한 것인가? 판사도 일본인이고, 검사도 일본인이며, 변호사도 일본인이고, 통역관도 일본인이며, 방청인도 일본인이다. 이것은 이른바 벙어리 연설회에서 귀머거리가 방청하는 것과 같으니, 참으로 꿈속 세계이구나. 만약 꿈이라면 빨리 깨어나서 정신을 차려라, 빨리 깨어나서 정신을 차려라. 이와 같은 지경이라면 설명도 소용없고 공평한 말도 무익할 것이다.'

138. 我乃笑以答曰。裁判官任意行之。我更別無他言也。其翌日。檢察官說明被告之罪狀。而終日不絶。至於脣亡舌弊。氣盡以罷。

나는 이에 웃으면서 대답했다.

"재판관 마음대로 하시오. 나는 더 이상 특별히 할 말이 달리 없소이다."

그다음 날, 검찰관이 피고의 죄상을 설명하는데, 종일토록 그치지 않았다. 입술이 없어지고 혀가 해지며 기력이 다하는 지경에 이르러서야 끝이 났다.

[43] **139.** 終末所請者。不過是處我於死刑而已矣。請死刑之理由。則如此之人。若生存於此世。則許多韓人慕範其行。日本人畏怖。不能持保之理由也。

재판의 끝에 청구한 것은 나를 사형에 처하는 것에 불과할 따름이었다. 사형을 요청하는 이유로 말하면, '이와 같은 사람이 만약 이 세상에 살아 있으면 수많은 한국인이 그의 행동을 모범으로 삼게 되어서 일본인들이 두려워하고 겁나서 생명을 온전히 지킬 수 없기 때문이다'라고 하였다.

140. 時我自思甚爲冷笑。自謂曰。自今及古。天下各國。俠客義士。無日不絶。此皆效我以然耶。俗談曰。勿論某人。不必願親十個裁判官也。但願全無一個罪狀云。此果諜言也。

이때, 나는 스스로 생각하며 깊은 쓴웃음을 짓고 자신에게 말했다.

'지금으로부터 옛날에 이르기까지 천하 각국의 협객과 의사가 끊이지 않는 날이 없었으니, 이는 모두 나를 본받아서 그러는 것인가? 속담에 이르기를 '어느 사람을 막론하고 친한 재판관 열 명을 꼭 원하는 것이 아니라, 한 가지의 죄상도 전혀 없기를 바랄 뿐이다'라고 하였으니, 이것은 정말로 옳은 말이다.

141. 若日本人無罪。則何必畏㤼韓人耶。許多日本人中。何必伊藤一人被害耶。今日。又畏㤼韓人之日本人。此非與伊藤同目的以然耶。況我以私嫌。加害於伊藤云。我本不知伊藤。有何私嫌。而若曰我與伊藤有私嫌以如是。則檢察官與我有何私嫌以如是耶。

만약 일본인이 죄가 없다면 어찌하여 꼭 한국인을 두려워하고 겁낼 것인가? 수많은 일본인 가운데 어찌하여 꼭 이토 히로부미 한 사람만이 피해를 입었는가? 지금 또 한국인을 두려워하고 겁내는 일본인, 이는 이토 히로부미와 목적이 같기 때문에 그런 것이 아닌가? 하물며 내가 개인적인 혐오 때문에 이토 히로부미에게 해를 끼쳤다고 말하는데, 나는 본래 이토 히로부미를 모르거늘 무슨 개인적인 혐오가 있을 것인가? 만약 내가 이토 히로부미와 개인적인 혐오가 있어서 이러했다면, 검찰관은 나와 무슨 개인적인 혐오가 있어서 이러한 것인가?

142. 若如檢察官所言。則不得不世無公法公事。都出於私情私
[44] 嫌云。可也。然則。必對溝淵檢察官之以私嫌。請死刑之罪。又
有他檢察官審查溝淵氏之罪。然後。亦爲請刑。可合於公理也。
然則。世事豈有出末之日耶。

검찰관이 말한 바와 같다면 세상에는 결국 공정한 법과 공정한
일은 없고, 모두 개인적인 감정과 개인적인 혐오에서 나왔다고
말해야 옳을 것이다. 그렇다면 반드시 미조부치 검찰관이 개인적
인 혐오 때문에 사형의 죄를 요청한 것에 대하여 또 다른 검찰관
이 미조부치의 죄를 심사한 뒤에 또 형벌을 요청하는 것이 공리
公理에 합당할 것이다. 그렇다면 세상일에 어찌 끝이 나는 일이 있
겠는가?

143. 伊藤公。日本天地。第一等高大之人物。故日本四千餘萬人
民。甚畏敬服者。則我罪亦極大。必有非常極重極大之刑罰。請
求之樣。思量矣。何故。但以死刑請求耶。日本人無才。死刑之
外。上之上。極爲重大之刑法。未能辨備以然耶。酌量減輕以然
耶。我雖千思萬量。難辨理由曲直。可訝可訝也。

이토 히로부미는 일본 천지에 첫째가는 크고 높은 인물로, 일본 4
천여만 인민이 매우 공경하고 두려워하며 복종한다. 그러니 나의
죄는 또한 지극히 커서 반드시 보통이 아닌 지극히 중하고 지극
히 큰 형벌을 청구하는 모양으로 생각할 수 있다. 무슨 이유로 사
형만을 청구하는가? 일본인은 재주가 없어 사형 이외에 가장 높
고 가장 무거운 형법을 준비해놓지 못해서 그런 것인가? 고려하
여 형량을 감경해서 그런 것인가?'

나는 비록 천만 번 생각하여 헤아려도 그 이유와 옳고 그름을 분
간하기 어려우니, 의아스럽고 또 의아스럽구나.

144. 其翌日。水野鋤田。兩氏辯護士辯論曰。被告之犯罪。現明
無疑。然此出於誤解之故。則其罪不重矣。況韓國人民。日本司
法官管轄之權。頓無云云。

그다음 날, 미즈노水野와 스키다鋤田 두 명의 변호사가 변론하여
말했다.

"피고의 범죄는 분명하여 의혹이 없습니다. 그러나 이것이 오해
에서 나왔기 때문에 그 죄는 무겁지 않습니다. 하물며 한국인민
은 일본 사법관이 관할하는 권한이 전혀 없습니다."

[45] 145. 而我更爲辨明曰。伊藤公之罪狀。天地神人皆知。而我何誤
解耶。況我非個人謀殺犯罪人也。我則大韓國義兵參謀中將之
義務帶任。而到于哈爾賓。開仗襲擊後。被虜到此矣。旅順口地
方裁判所。都無關係。則當以萬國公法與國際公法。判決可也。

나는 다시 변명하여 말했다.

"이토 히로부미의 죄상은 하늘과 땅과 신과 사람이 모두 아는데
내가 어찌 잘못 알겠는가? 더구나 나는 개인적으로 살인을 꾀한
범죄인이 아니다. 나는 대한국의 의병 참모중장의 직분으로 임무
를 띠고 하얼빈에 도착하였고, 전쟁을 시작하여 습격한 뒤에 포로
로 잡혀 이곳에 온 것이다. 여순구 지방의 재판소와는 전혀 관계
가 없다. 마땅히 만국공법과 국제공법으로 판결하는 것이 옳다."

146. 於是。時間已盡。而裁判官曰。再明日。來聞宣告焉。時我自思曰。再明日。則日本國四千七百萬之人格。算斤之日也。當觀輕重高下矣。

이에 시간이 다한 뒤에 재판관이 말했다.

"모레 와서 선고를 들어라."

이때, 나는 마음속으로 자신에게 말했다.

'모레는 일본국 4천 7백만의 인격의 무게를 다는 날이다. 마땅히 가벼움과 무거움, 높음과 낮음을 볼 것이다.'

147. 此日。到于法院。則眞鍋裁判官宣告曰。安重根處於死刑。禹德淳三年懲役。遭道先柳東夏各一年半處役云云。而與檢察官如出一口。而控訴日字。限五日內。更定云後。不更不打話。紛紛終判以散。時一千九百十年。庚戌正月。初三日也。

이날 법원에 이르니, 마나베眞鍋 재판관이 선고했다.

"안중근은 사형에 처하고, 우덕순은 3년 징역, 조도선과 유동하는 각각 1년 반 징역에 처한다."

검찰관과 한목소리를 내는 것 같았다. 공소控訴[81] 일자는 닷새 내에 한하여 다시 정하자고 한 뒤에, 다시 대화하지 않고 공판을 어수선하게 마치고 흩어졌다. 이때가 1910년 경술년 정월 초사흘 날이었다.

---

[81] 공소(控訴): 항소(抗訴)의 구법상(舊法上)의 용어. 군법회의법(軍法會議法)에서는 아직 이 말을 쓰고 있음.

148. 還囚監獄中。乃自思自謂曰。不出於我之所料也。自古及今。
[46] 許多忠義志士。以死爲限。忠諫設略。無不必中於後日之事矣。

> 다시 감옥 안에 갇히자, 이에 마음속으로 자신에게 말했다.
>
> '내가 헤아린 바에서 벗어나지 않았다. 예로부터 지금까지 수많은 충의지사는 죽기를 각오하고 충성스럽게 간언하고 방략을 도모하여 후일의 일을 반드시 맞추었다.

149. 今我特憂東洋大勢。竭盡赤誠。獻身設策。而終歸烏有。痛嘆奈何。然日本國四千萬人族。大呼安重根之日。應不遠矣。東洋平和局。如是缺裂。百年風雲。何時可息乎。現今日本當局者。小有知識。則必不行如此政略也。

> 지금 나는 특히 동양의 대세를 걱정하여 참된 정성을 다하고 몸을 바쳐 계책을 세웠지만 끝내 허사로 귀결되었으니, 통탄한들 어찌하겠는가? 하지만 일본국 4천만 겨레가 안중근을 크게 부를 날이 응당 멀지 않으리라. 동양평화의 국면이 이처럼 이지러지고 찢겨 백 년 풍운이 어느 때에 그칠 것인가? 현재 일본 당국자가 조금이라도 지식이 있다면 반드시 이와 같은 정략은 행하지 않을 것이다.

150. 況若有廉恥公直之心。豈能行如此之行動耶。去一千八百九十五年【乙未】。駐韓日本公使三浦。驅兵犯闕。韓國明聖皇后閔氏弑殺。而日本政府。三浦別無處刑以放釋。其內容。則必有使命者。故如是者明矣。

> 하물며 염치와 공평하고 정직한 마음이 있다면 어찌 이런 행동을

할 수 있겠는가? 지난 1895년【을미년】주한 일본공사 미우라ㅌㅌ
浦가 병사를 몰고 대궐을 침범하여 한국의 명성황후 민씨를 시해
하였는데, 일본 정부에서는 미우라를 별달리 형벌에 처하지 않고
석방하였다. 그 내용으로 말하면 반드시 받은 명령이 있기에 이
렇게 한 것이 분명하다.

151. 然至於今日。我事論之。則雖曰個人間殺人罪云之。三浦之
罪與我之罪。誰輕誰重乎。可謂腦碎膽裂處也。我有何罪。我犯
[47] 何過耶。千思萬量之際。忽然大覺後。搏掌大笑曰。我果大罪人
也。我非他罪。我爲仁弱韓國人民之罪也。乃解疑安心焉。

그러나 오늘에 이르러서 나의 일을 논한다면, 비록 개인 간의 살
인죄라고 하더라도 미우라의 죄와 나의 죄 중에 누가 가볍고 누
가 무거운가? 머릿골이 부서지고 간담이 찢어지는 부분이라고 할
수 있다. 나는 어떤 죄가 있으며, 나는 어떤 잘못을 범하였는가?'
천 번을 생각하고 만 번을 헤아릴 즈음에 문득 크게 깨달은 뒤에
손뼉을 치고 크게 웃으며 말했다.

"나는 과연 큰 죄인이다. 나는 다른 죄가 아니라, 내가 어질고 약
한 한국 인민이 된 죄이다."

이에 의혹이 풀리고 마음이 편안해졌다.

152. 其後。典獄栗原氏特別紹介高等法院長平石氏。面會談話
之際。我對死刑判決不服之理由。大槪說明後。東洋大勢之關
係。與平和政略意見進述。則高等法院長聽罷。慨然答曰。我與
君同情。雖厚。然政府主權之機關。難改奈何。當君之所述之意

見。稟達于政府矣。

그 뒤에, 전옥 구리하라栗原가 특별히 소개한 고등법원장 히라이시平石를 면회하고 이야기할 즈음에, 나는 사형 판결에 대해 불복하는 이유를 대강 설명한 뒤에 동양대세의 관계와 평화정략의 의견을 진술하였다. 고등법원장은 듣기를 마치자, 개탄하며 대답했다.

"나는 그대와 뜻을 같이함이 비록 두텁지만, 정부 주권의 기관을 고치기 어려우니 어찌하겠소? 마땅히 그대가 진술한 의견을 정부에 아뢰겠소."

153. 我聽罷。暗暗稱善曰。如此公談正論。如雷灌耳。一生難得再聞之說也。如此公義之前。雖木石。可爲感服矣。我更請曰。若爲許可。則東洋平和論一卷。欲爲著述。執行日字。限月餘寬宥若何。

나는 듣기를 마치자, 남모르게 칭찬하며 말했다.

"이처럼 공평한 말과 바른 의론은 우레가 귀에 울리는 듯하니, 일생에 다시 듣기 어려운 말입니다. 이런 공의公義 앞에서는 비록 나무와 돌이라도 감동하여 복종할 것입니다."

나는 다시 요청하며 말했다.

"만약 허가해준다면 '동양평화론' 한 권을 저술하고 싶으니, 집행 일자를 한 달 남짓 기한으로 늦추어주는 것이 어떻겠습니까?"

[48] **154.** 高等法院長答曰。不必月餘寬限。雖數個月之餘。特別許可矣。勿慮焉。於是。感謝不已。而還自此控訴權拋棄請願。若更

爲控訴。則都無利益。明若觀火不啻。高等法院長之所言。果是
眞談。則不必更念矣。

고등법원장이 대답했다.

"한 달 남짓으로만 기한을 늦출 필요는 없소. 비록 두서너 달 넘
게라도 특별 허가할 것이니, 걱정하지 마시오."

이에 감사해 마지않았고, 돌아와서 이로부터 공소권 포기를 청원
하였다. 만일 다시 공소한다면 전혀 이익이 없음이 명약관화할
뿐만 아니라, 고등법원장이 한 말이 정말로 진담이라면 다시 생
각할 필요가 없다.

155. 於是。東洋平和論著述爲始。而時法院與本署一般官吏。我
手寫之書籍。欲爲紀蹟次。絹疋紙張數百枚。買送請求。故事勢
不得不。思自己之筆法不能。不顧他人之戲笑。每日數時間式寫
書焉。

이에 '동양평화론'의 저술을 시작하였는데, 이때 법원과 본서本署
의 일반 관리들이 내가 직접 쓰는 글을 기념하는 흔적으로 삼으
려고 비단과 종이 수백 매를 사서 보내와 요청하였다. 그러므로
일의 형세상 어쩔 수 없이 자신의 필법이 능하지 못한 것을 생각
하면서도 다른 사람의 비웃음을 돌아보지 않고 매일 두서너 시간
씩 글씨를 썼다.

156. 一自在監以後。特有所親之友二人。一部長靑木氏。與看守
田中氏也。靑木氏。性情仁厚公平。田中氏。能通韓國言語。而
我之一動一定之事。兩氏不無顧護。我與兩氏。情若兄弟矣。

한 번 감옥에 있는 뒤로부터 특별히 가까워진 친구 두 사람이 있
었다. 부장 아오키靑木와 간수 다나카田中였다. 아오키는 성정이 인
후하고 공평하였으며, 다나카는 한국어에 능통하여 내가 때로는
움직이고 때로는 정지하는 일을 두 사람이 돌보지 않음이 없었으
니, 나와 두 사람은 우의가 형제와 같았다.

157. 時天主敎會傳敎師洪神父。欲敎授我之永生永樂之聖事次。

[49] 自韓國來到此處。與我相逢面會。如夢如醉。難覺喜樂也。氏本
佛蘭西國人。巴里京。東洋傳敎會神品學校卒業後。守童貞。許
願受神品聖事。升爲神父。氏才藝出衆。多聞博學。而英法德與
羅瑪古語。無不達通也。

이때, 천주교회 전교사傳敎師 홍 신부는 나에게 영생하고 영락하
는 성사聖事를 가르쳐주기 위해 한국에서 이곳에 도착하였다.[82] 나
와 상봉하여 면회하니, 꿈꾸는 듯하고 취한 듯하여 기쁨과 즐거
움에서 깨어나기 어려웠다. 그는 본래 프랑스인으로 수도 파리의
동양전교회 신품학교를 졸업한 후에, 동정을 지키고 신품성사神品
聖事[83]를 소원하여 신부로 승격되었다. 그는 재능과 기예가 출중하

---

82 홍 신부는…도착하였다: 여순 형무소에 갇혀 있던 안중근이 조선 교회에 사제를
보내달라고 요청했을 때 조선대목구장 뮈텔 주교(민 주교)는 이를 거절하였다.
당시 프랑스 선교사들은 조선 신자들의 민족운동과 독립운동을 지지하지 않았
다. 그러나 홍 신부(빌렘 신부)는 안중근을 찾아갔다. 뮈텔 주교의 허락 없이 안
중근을 만난 빌렘 신부는 60일간 성무집행 정지 처분을 받게 됐다. 이후 빌렘 신
부는 이에 강하게 항의하며 뮈텔 주교와 갈등을 겪었고 1914년 한국을 떠났다.

83 신품성사(神品聖事): 로마 가톨릭의 칠성사(七聖事)의 중의 하나이다. 그리스도
의 대리자로서 해당 교구의 주교가 부제에게 사제로서의 신권(神權)을 부여하여
사목을 맡기는 의식을 말한다. 한국천주교주교회의 천주교용어위원회는 주교와

고 많이 듣고 널리 배워 영어·프랑스어·독일어와 라틴어에 통달하지 않음이 없었다.

158. 一千八百九十年頃。來到韓國。京城與仁川港。幾年間居留矣。其後。一千八百九十五六年頃。更下來于海西黃海道等地。傳敎之時。我入敎領洗。其後同也。

1890년경 한국에 와서 경성과 인천항에 몇 년간 머물러 살았다. 1895~96년경 다시 해서海西 지방인 황해도 등지로 내려와서 전교할 때, 내가 입교하여 영세를 받았다. 그 뒤의 일은 전술한 바와 같다.

159. 今日此地。更爲相逢。孰能思量乎。氏年歲五十三矣。時洪神父對我訓誠聖敎道理後。翌日。授告解聖事。又翌朝。來到監獄署中。擧行彌撒聖祭大禮。時我服事聖祭。領聖體聖事。受天主之格外特恩。感謝何極。時監獄署一般官吏來參焉。

오늘 이곳에서 다시 상봉하리라고 누가 생각할 수 있었으랴? 그의 연세는 53세였다. 이때 홍 신부는 나에게 성교聖敎의 도리를 훈계한 뒤에, 이튿날 고해성사를 주었다. 또 이튿날 아침에 감옥서 안으로 와서 미사와 성제대례聖祭大禮를 거행했다. 이때, 나는 미사를 돕고 성체성사聖體聖事를 받아 모시어 각별하고 특별한 은혜를 받았으니, 감사함이 어찌 다함이 있었으랴. 이때, 감옥서의 일반 관리가 와서 예식에 참여했다.

신부, 부제의 세 등급을 동시에 포괄하지 못한다고 하여 신품성사를 성품성사(聖品聖事)로 바꿔 부르도록 했다.

160. 其翌日午後二點頃。又來到謂我曰。今日復歸于韓國。故作
別次來到云。相對談話數時間後。握手相別之際。謂我曰。仁慈
天主不棄汝。而必收之矣。勿慮安心在。遂舉手。向我降福以後。
相別以去。時一千九百十年。庚戌。二月初一日。下午四點頃也。
以上。安重根之三十二年間之歷史大概耳。

그 이튿날 오후 2시경에 또 와서 나에게 말했다.

"오늘 한국으로 되돌아가기에 작별차 왔다."

서로 마주 보며 두서너 시간 이야기한 뒤에, 손을 잡고 작별할 때
나에게 말했다.

"인자한 천주께서 너를 버리지 않고 반드시 거두어주실 것이니,
걱정하지 말고 안심하고 있어라."

마침내 손을 들어 나를 향해 강복降福한 뒤에 작별하고 떠났다. 이
때가 1910년 경술년, 2월 1일, 오후 4시경이었다.

이상이 안중근의 32년간 역사의 대강이다.

161. 一千九百十年。庚戌。陰二月初五日。陽三月十五日。旅順
獄中。大韓國人安重根畢書。

1910년 경술년, 음력 2월 5일, 양력 3월 15일, 여순 옥중에서 대
한국인 안중근이 쓰기를 마치다.

부록

'안응칠 역사' 어떻게 읽을 것인가

안재원 | 서울대학교, 서양고전학

　독도디지털도서관은 미완의 저술이나마 『동양평화론』(2019)을 통해 대한민국의 독립, 동양의 평화, 나아가 세계 평화를 바라는 안중근의 원대한 사상과 그것을 이루기 위한 방법론을 제시하였다. 이제 여기 이런 안중근의 특징과 면모가 어떠했는지를 구체적으로 살펴볼 수 있는 『안응칠 역사』(2020)를 제시한다. 사형 선고를 받은 뒤, 옥중에서 불과 석 달 만에 써 내려간 이 자서전에는 '안중근'이라는 한 인간의 삶과 영혼이 가장 진실하게 담겨 있다.

　절체절명의 위기에 처한 나라를 생각하는 인간 안중근의 담대한 생각과 실천은, 당시 조선의 지식인과 지도층 인사들이 보여주었던 모습과는 크게 달랐다. 서양 문명을 좀 더 일찍 받아들여 '근대화'를 이룬 일본과 중국의 지식인·사상가들이 보여주었던 모습과도 크게 대별되었다. 『안응칠 역사』는 우리에게 '이런 안중근'의 모습을 선명히 제시한다. 물론 그것은 이 책을 어떻게 읽느냐에 달려 있다. 이해를 돕기 위해서, 그동안 「안응칠 역사」를 어떻게 읽어왔는지를 소개하였다. 이는, 달리 말하자면 '안중근 스토리'가 어떤 식으로 소비되었는지를 들여다보는 것인데, 안중근의 모습을 제대로 포착하기 위해 어떻게 읽어야 하는지에 대한 나름의 독법도 제시하고자 했다. 다양한 독법이 가능하겠지만, 무엇보다 드러나지 않은 안중근의 진면목을 이 시대에 새롭게 조명하는 독법에까지 이를 수 있을 때 안중근에 대한 다각적이고 입체적인 이해가 가능하기 때문이다.

1. 안중근 어떻게 읽어왔나

「안응칠 역사」의 문헌 전승과 관련하여 앞에서 5종의 책들을 소개했다. 그 가운데 일본인들이 남긴 필사본이긴 하지만, 안중근이 조선 한문으로 쓴 원문을 실은 것은 이은상의 편집본과 열화당 편집본이다. 하지만 모두 현대 한국어 번역문 뒤에 붙였다. 나머지 안중근의사기념사업관, 범우사, 서울셀렉션은 모두 한문 없이 번역문만 출판했다. 책의 해제에 해당하는 발간사를 보면, 「안응칠 역사」를 어떻게 읽었는지 엿볼 수 있는데, 이를 출판 연도순으로 정리하여 요지만 소개해본다. 1979년에 이은상이 쓴 발간사의 한 부분이다.

그 결과에 있어서는 안의사가 진실한 자기 심정을 표백해 놓은 글이라, 저절로 고상한 문학서가 되었고, 또 한말의 풍운 속에서 활약한 자기 사실을 숨김없이 적어 놓은 글이라, 바로 그대로 중요한 사료가 되어진 것임을 봅니다.[1]

「안응칠 역사」를 보는 시선이 진솔하고 소박하다. 사료로 접근하는 관점은 타당하고 설득력이 있고, 문학서로 보는 시각도 수긍이 간다. 내용을 구성하는 작은 일화들, 예컨대 술집에 놀러 가서 기생을 두들겨 패는 장면이나 두만강 일대에서 독립 전쟁을 치르고 도망 다니며 겪어야 했던 고초와 고생은 여느 전문적인 이야기꾼의 서사보다 감동적이고 실감을 자아내기 때문이다. 이토 히로부미를 저격하기 직전, 다방에서 거사를 준비하고 시작하는 과정에서 보이는 심리 묘사는 소설가의 그것보다 낫다. 그 점을 잘 보여주는 한 대목이다.

이때, 마침 얀치혜 방면에 머물렀다. 하루는 갑자기 아무런 까닭 없이 마음과 정신이 답답하고 분하여 초조함을 이기지 못하였다. 스스로 진정시키기 어려워 친구 몇 사람에게 말했다. "나는 지금 블라디보스토크에 가려고 하네." 친구들이 말했다. "무슨 까닭으로 이처럼 아무 기약 없이 갑자기 가려는가?" 나는 대답했다. "나도 그 까닭을 모르겠네. 저절로 정신과 마음이 괴로워 도무지 여기에 머무를 뜻이 없네. 그래서 떠나려고 하네." 친구들이 말했다. "지금 가면 언제 돌아오는가?" 나는 무심결에 대답했다. "다시는 돌아오지 않으려 하네." 친구들이 매우 괴이하게 생각하였고, 나도 그렇게 대답한 말의 뜻을 알지 못했다.[2] • 하편 89-90

---

1 이은상, 「발간사」, 『안중근 의사 자서전』, 안중근의사숭모회, 1979, xiv쪽.
2 89. 時適留於烟秋方面矣。一日。忽然無故而心神憤鬱。不勝躁悶。自難鎭定。乃謂親友數人曰。我今欲往海蔘葳。其人曰。何故如是無期卒往乎。90. 我答曰。我亦莫知其故也。自然腦心煩惱。都無留此之意。故欲去。其人問曰。今去何還。我無心中。忽發言答曰。不欲更還。其人甚怪以思之。我亦不覺所答之辭意也。

솔직하고 담백한 묘사이다. 거사에 착수하는 사람의 마음치고는 너무나 소박하다. "나도 그렇게 대담한 뜻을 모르겠다"는 말은 놀랍다. 언필칭 '영웅'의 모습에 익숙한 우리에게는 낯설다. 우리가 알고 있는 안중근의 모습이 아니다. 고민에 가득 찬 어느 청년의 담담한 고백이 그대로 묻어나 있다. 이은상의 말대로, "가장 순수한 생각에서 자기 고백으로 남겨 놓은 것"[3]이다. 그토록 안중근을 부르짖었건만, 이은상의 지적대로, 안중근의 인간적인 면모를 연구한 문학 논문 한 편이 없다는 점이 아쉽다. 여기에는 안중근을 읽었던 독법 혹은 안중근을 활용하고 싶었던 시대사적인 요청도 한몫 거들었을 것이다. 1993년 『안중근 의사 자서전』을 복제 증간하면서 부친 김유혁(안중근의사기념사업관 관장)의 말이다.

사회적인 분위기가 그렇게 점진적으로 바뀌어 가게끔 된 데에는 여러 가지 이유가 있을 것입니다만 그중에서도 다음 몇 가지 사실을 특기하지 않을 수 없을 것입니다. 첫째는 개방화의 물결로 말미암아 그토록 높기만 했던 이데올로기적인 장벽이 무너지고 북방정책을 그 어느 때보다도 폭넓게 펴가는 과정에서 우리는 안의사의 숭고한 애국정신의 조명이 그 어느 때보다도 아쉬웠던 것입니다. 둘째는 근간에 이르러 경제적으로, 도덕적으로, 그리고 국민의식 면에서 복합적인 위기의식을 느끼게 되자, 위국헌신爲國獻身의 일념으로서 승화한 안의사의 고결한 그 뜻이 우리를 다시금 일깨웠던 것입니다. 셋째는 안중근의사숭모회에서 그리고 안의사 기념관에서 한국청년회의소 회

---

3 이은상, 앞의 책, xiv쪽.

원을 비롯한 전국의 젊은이들을 망라하여 숭모활동을 펴고, 아울러 중고등학교 학생들에게 행사 참여의 기회를 줌으로써 안의사 숭모의 마음은 그만큼 확산 심화되어가기 시작하였습니다.[4]

인용은 1990년대에 안중근이 어떻게 읽혔는지를 잘 보여준다. 즉, 그는 애국계몽의 모범이었다. 또 정치적으로도 활용되었다. 이와 관련하여, 김유혁의 말에서 민주화의 흐름에 대한 염려와 걱정을 읽어 낼 수 있는데, 이는 "국민의식 면에서 복합적인 위기의식"이라는 언표에서 잘 드러나 있다. 안중근을 정치적으로 보수적인 관점에서 읽으려 했던 오롯한 흔적이다.

2000년대 이후의 '안중근'은 소설과 동화 같은 창작물의 주인공으로 자주 등장한다. 예컨대, 조정래가 쓴『안중근』(문학동네, 2007) 등의 작품을 들 수 있다. 김삼웅의『안중근 평전』(시대의창, 2009)도 포함된다. 이 시기에 등장하는 '안중근'은 극화된 영웅의 모습이 특징이다. 이렇게 안중근은 자연스럽게 국가의 영웅으로 거듭나게 된다. 하지만 1990년대 애국주의의 관점에서 그려낸 '안중근'과는 확연히 다르다. 국가주의의 관점이 아닌, 한 인간의 영웅적인 특징을 부각했다는 점이 2000년대 안중근 읽기의 특징이라고 할 수 있다. 이 기간에 '안중근의사기념사업회'는 안중근을 기리는 학술 서적을 발간하고 학술 대회를 꾸준히 개최했다.

2010년대 '안중근 읽기' 또는 안중근 사용법은 두 가지 특징을 지닌다. 하나는 '안중근평화연구원'의 노력으로 안중근의 저술과 그

---

4 이은상, 앞의 책, vii-viii쪽.

의 재판 자료들이 수집되어 『안중근 자료집』으로 정리되었다는 점이 중요하다. 이로써 이른바 '안중근학'의 발판이 마련되었다고 볼 수 있기 때문이다. 자료집은 2017년 제29집까지 출판되었다. 이는 매우 소중한 조사와 수집의 결과로, 향후 안중근 연구에 값진 자료로 활용될 것이다. 하지만 비판정본 『동양평화론』(독도도서관친구들, 2019)의 사례에서 볼 수 있듯이, 일부 자료들은 엄밀한 문헌 고증과 검증을 거치지 않아서 교정과 보완 작업이 시급하다.

또 다른 특징은, 한일 양국 사이에 외교 문제가 불거질 때마다 주요 인물로 등장한다는 것이다. 사실, 이 시기에 안중근이 다시 부각되는 것은 필연적일 수밖에 없다. 정확히 100여 년 전에 안중근이 우려했던 동양의 정세가, 특히 2000년대에 재연되고 있기 때문이다. 따라서 100여 년 전 동양의 평화를 기획하고 구체적인 실천 방안까지 제안했던 그가 역사의 무대에 소환되지 않는 것이 오히려 이상한 일일 것이다. 지금의 동북아 국제 정세는 100여 년 전의 상황과 거의 다를 바 없을 정도로 유사하게 돌아가고 있다. 특히 시진핑 집권 이후 중국은 군사적인 '포스'와 경제적인 '파워'를 대외에 노골적으로 과시하면서 미국의 강력한 경쟁 상대자로 떠오른다. 이에 따라 동양에서 아시아를 대표하는 선도 국가임을 자처하던 일본은 그 지위와 자리를 중국에 내주게 된다. 이런 국제 역학 관계의 변화는 당연히 일본의 정치 세력에게는 심각한 위기로 인식되었다. 사실, 아베 신조安倍晋三는 이러한 인식과 공감대를 이용함으로써 집권할 수 있었다. 이를 계기로 한국과 일본의 외교는 협력 관계에서 갈등 관계로 변하게 된다. 동양 정세의 기본 바탕이 이렇게 짜이게 되면, 스가 요시히데菅義偉도 아베 정권의 정책을 이어받을 가능성이 크다. 이런 국제 정세는 한일 양국의 갈등 관계를 더욱 악화시킬 것이다. 그런 만큼 동양평화의 제안자이자 기획자인 안중근의 존재는 더욱 중요해질 수밖에 없다. 최근에 관련 출판이 활발한데, 장덕환이 엮은 『평화주의자 안중근 의사』(해맞이미디어, 2019)와 비판정본 『동양평화론』(독도도서관친구들, 2019)이 대표적이다.

이런 국제 정세의 흐름에 따라 '안중근'의 인기는 높다. 나쁘게 말하면, '안중근 상업주의'라 부를 수도 있겠으나, 이런 시장의 분위기에 아랑곳없이, 좁고 어두운 연구실에서 묵묵히 안중근을 읽는, 더 정확히는 안중근을 제대로 살리려는 연구자들이 많다. 이들의 결과물은 참고문헌에 정리해두었다. 그 양이 방대하므로 연구의 동향만 간략히 정리하면 크게 네 가지이다. 먼저, 독립투사이자 애국지사로서의 모습을 다룬 연구가 주종을 이룬다. 이를테면, 이태진 등의 『이토 히로부미, 안중근을 쏘다』(한솔씨엔엠, 2012)가 있다. 다음으로, 천주교 신자로서의 모습을 고찰한 것도 상당수를 이룬다. 예컨대, 대구가톨릭대학교 연구팀이 엮은 『도마 안중근』(선인문화사, 2017)을 들 수 있다. 이어서, 동양평화 운동가이자 평화 사상가로서의 모습을 조명하는 저술과 논문도 무시할 수 없다. 이는 미국과 중국이 패권을 다투고 아베가 집권하면서, 한반도가 100년 전과 흡사한 상황으로 변해가고 있는 국제 정세를 반영한다. 김정현의 『안중근, 아베를 쏘다』(열림원, 2014)가 이를 잘 방증한다.

마지막으로, 일본 연구자들의 평가가 있다. 이치카와 마사아키市川正明, 이다 이즈미井田泉, 사이토 야스히코斎藤泰彦, 나카노 야스오中野泰雄, 고대승高大勝, 마키노 에이지牧野英二, 도츠카 에츠로戸塚悦朗 등은 안중근을 긍정적으로 평가했다. 반면에 사쿠라이 마코토桜井誠, 아라키 가즈히로荒木和博, 기타오카 도시아키北岡俊明, 우마노 슈지馬野周二, 오오사와 마사미치大澤正道 등 안중근을 부정적으로 평가한 연구자들이 많다. 이 부분은 다음 절에서 자세히 논의하겠다.

어쨌든 위의 연구들을 일반적으로 개괄해보면, 한국 연구자들은 대동소이하게 안중근을 긍정적으로 평가하는 시선이 대종을 이룬다. 그 내용을 자세히 들여다보면, 안중근을 독립운동가로 연구하는 글들이 대다수이고, 영웅으로 만드는 글들도 적지 않으며, 평화 사상가로 평가하는 글들도 늘어가는 추세다. 비판정본을 만드는 입장에서 한 가지 아쉬운 점은, 지금까지 나온 많은 작업이 「안응칠 역사」의 본문을 독해하고 해석하는 데 집중하지 않고, 본문 외적인 맥락의 관점에서 주장의 필요에 따라 인용의 형태로 안중근을 읽고 있다는 것이다. 예컨대, 한일늑약의 불법성과 부당성을 논증하기 위해서 안중근의 말을 전거로 활용하는 글들이 많은데, 이 역시 전형적인 맥락주의 해석 방식이다. 물론 이런 독법이 잘못되었다는 것은 아니다. 다만 이런 종류의 작업은 이미 충분하니, 새로운 독법을 고민해야 한다는 점을 강조하자는 뜻에서 하는 말이다.

이와 관련하여, 안중근을 부정적으로 평가하는 아라키 가즈히로의 말은 듣고 있자면 울분이 터져 나오지만 새겨들을 만한 부분이 있다.

아라키 가즈히로는 한국인들이 이토 히로부미야말로 조선을 침략한 '악의 상징'이고, 안중근은 '정의의 상징'이라고 지금까지 교육시키며 세뇌해 왔다고 주장하고 있다. 또한 일본에서는 이토 히로부미에 관한 전기, 평전, 소설 등이 수십 종류나 출판되고 있지만, 한국에서는 안중근에 관한 전문가가 한 사람도 있지 않으며, 단행본으로 발간된 책이 한 권도 없다는 것은 한국사회의 역사 인식이 어느 정도인지 증명하고 있는 것이라 평가하고 있다. 게다가 일본에서는 안중근에 관해 많은 학자들이 연구를 진행하고 있으며, 일본의 가톨릭 신자들도 안중근에 관한 연구 활동을 조직적으로 하고 있을 정도라고 강조하고 있다.[5]

아라키가 이 발언을 한 것은 2006년이다. 이 발언은, 앞에서 제시했듯이 그리고 참고문헌으로 정리해두었듯이, 이는 한국에서 안중근의 연구가 얼마나 가열 차게 진행되었는지, 아니 한국에서 안중근의 담론이 얼마나 인기 있는 상품인지를 제대로 파악하지 못한 망발에 불과하다. 하지만 아라키의 지적 가운데, 일본에서 안중근 연구가 매우 조직적이고 엄밀하게 진행되고 있다는 말은 맞다. 마키노에이지牧野英二가 1994년 일본의 호세이法政 대학에서 출판한 논문을 그 대표적인 사례로 제시할 수 있다. 그는 논문에서 안중근의 '동양평화론'과 칸트Immanuel Kant의 '영구평화론'을 비교하며 둘 사이의 일곱 가지 공통점을 지적한다.

첫째, 안중근이 조선의 독립 문제를 유라시아의 지정학적인 맥락

---

5 권상균, 「안중근에 대한 주변 국가들의 이해: 일본인들의 평가를 중심으로」, 광주 가톨릭대학교 대학원[석사], 2013. 위의 인용문은 권상균의 논문에서 재인용한 것이다. 이 논문은 여러 면에서 칭찬받을 만한 자격을 갖춘 것이다. 다만, 아쉬운 점은 어디까지가 아라키의 말이고 어디부터가 권상균의 말인지를 구분하기 어렵다. 이 책에서는 이런 사정을 감안해서 권상균의 글을 그대로 옮겨놓았다.

에서 접근했고, 칸트도 프로이센의 번영을 위해서 유럽의 국제 정세를 고찰했다. 이는 세계에 대한 냉정한 현실주의를 바탕으로 상비군과 군비의 축소를 제안하고, 이를 세계 평화의 방법으로 제시하며, 특히 독립 국가의 국내법, 국가 사이의 국제법, 인류 전체의 보편타당한 명분과 원칙을 제시한 것이었다. 둘째, 19세기를 지배한 제국주의에 반대하고 패권 국가들의 식민지배 및 식민주의의 부당성을 강력히 비판했다. 셋째, 구체적으로 평화를 실천하기 위해 교육을 중요하게 여겼다. 이와 관련해서, 안중근이 뮈텔 주교에게 민립대학을 세우자고 건의했고(상편 60 참조), 진남포에 삼흥학교와 돈의학교를 세운 것(하편 2 참조)은 잘 알려진 사실이다. 넷째, 군사력을 바탕으로 하는 폭력과 무력의 사용에 반대했다. 다섯째, 종교와 평화의 상관성을 중시했다. 교회에 대해 비판적이었지만, 칸트도 세계 평화를 이룩하는 데 교회의 역할을 중시했다. 이는 안중근도 마찬가지다. 여섯째, 미래를 내다보는 통찰력을 가졌다. 칸트에게 '영구평화'는 선언적 제안이 아니라 미래 세대를 위한 구체적인 명령이었고, 안중근에게 '동양평화'는 사변적인 선언이 아니라 단기적으로는 한국의 독립, 장기적으로는 동양의 공존과 공영을 실천하는 방안이었다. 마지막으로, 그들의 평화론은 '평화'를 인간의 본성으로 보았다는 점이다. 안중근의 평화 개념은 "살기를 좋아하고 죽기를 싫어한다好生厭死"는 생각에 뿌리를 두고, 칸트도 상호존중을 인간의 의무로 간주했다.[6]

　이해를 돕기 위해서, 칸트가 제시한 영구평화론의 골자를 제시한

6　안중근과 칸트의 공통점에 대한 논의는 권상균, 앞의 논문, 86~87쪽을 재해석하고 재구성한 것이다.

다. 먼저 영구평화를 위한 예비 조항이다.

1) 미래에 전쟁을 일으킬 것을 예상하고 평화조약을 체결한 것은 인정될 수 없다.
2) 독립 국가는 계승, 교환, 매수, 증여에 의해 다른 국가의 속국이 될 수 없다.
3) 상비군은 폐지되어야 한다.
4) 국가의 대외 분쟁에 대한 어떤 국채도 발행해서는 안 된다.
5) 어떤 국가도 다른 나라를 폭력으로 제압하거나 내정에 간섭할 수 없다.
6) 어떤 국가도 다른 국가들 사이의 전쟁에 있어서 미래의 평화를 위해 상호 신의를 깨뜨리는 적대 행위를 결코 해서는 안 된다.

계속해서, 영구평화를 위한 확정 조항이다.

1) 각국의 정치 체제는 공화국이어야 한다.
2) 국제법은 자유에 의거해서 모든 국가의 연합에 기초해야 한다.
3) 세계시민법은 보편적인 우의와 호의에 바탕을 두어야 하고, 모든 조약에 제한받지 않는다.

안중근의 평화론과 그 실천 방안에 대해서는 비판정본『동양평화론』에 소상히 밝혔으므로, 이 책에서는 언급하지 않겠다. 결론적으로, 안중근과 칸트의 비교는, 안중근에 대한 새로운 독법이 왜 필요한지를 잘 보여준다고 하겠다.

2. 안중근 어떻게 읽을 것인가[7]

이 질문의 답은 간단하다. 안중근을 살리기 위해서 읽으면 된다. 이것은 한편으로 '안중근 죽이기'에 혈안이 된 주장과 논리를 깨부수는 일이고, 다른 한편으로는 오늘 우리 안에 안중근을 살려내어 함께 호흡하고 동행하여 평화의 정신을 공유하는 일이다. 비판정본 『안응칠 역사』의 출판은 바로 그 노력의 일환이다.

그렇다면 안중근 죽이기에 맞서는, 아니 그것을 타파하는 전략과 전술은 무엇일까? 먼저 안중근 죽이기의 중심 논리가 무엇인지를 살펴야 한다. 대표적인 사쿠라이 마코토의 논리를 살펴보자. 그의 생각이다.

사쿠라이 마코토는 조선에서 영웅으로 대접받고 있는 안중근이 한일 강제 병합 반대를 부르짖고 조선강제병합을 방해하기 위하여 이토 히로부미를 저격한 사건이야말로, 전후를 생각하지 않은 조선 민족의 습관적이고 고질적인 병폐를 상징하는 사건으로, 안중근은 결국 반민족적인 역적으로 오히려 한일 병합을 더욱더 가속화시킨 결과를 낳고 말았다고 지적하고 있다. 한국인들의 영웅인 안중근이야말로 테러리스트, 강도, 살인범 같은 범죄자이며, 테러리스트를 영웅시하는 것이 현재 한국의 현실이라고 언급하고 있다.[8]

---

[7] 2절에서 2019년 아베 정권의 경제 도발과 일본 우익의 전략에 대해서는 이종걸, 「아베의 '비열한 질서'가 아시아 평화를 해친다」, 『르몽드 디플로마티크』 2019년 10월호를 참조했다.

[8] 권상균, 앞의 논문, 98쪽.

사쿠라이는 안중근을 영웅으로 떠받드는 것은 한국의 현재 역사 교육이 근본적으로 잘못된 것이라고 주장한다. 이와 관련해서, 아라키 가즈히로는 다음의 문장을 인용한다.

돼지를 키워 잡아먹기 위한 것으로 대륙 침략을 위해 병참기지로 사용하기 위한 목적이다.[9]

한국을 무시하는 정도를 넘어서 100년 전 이토 히로부미가 동양을 정복하려던 야욕이 여전하다는 것을 노골적으로 드러낸다. 권상균에 따르면, "일본이 조선을 개발하는 것이 가장 장기적인 수확 또는 병참기지 확보를 위해서라는 반일감정은 한국 정부의 의도적인 역사 왜곡에서 시작한 것이라고 지적하면서, 그 결과 생겨난 반일감정은 한국 사회에 있어서 가장 중요한 정치적 이데올로기로 기능하고 있다고 지적한다. 즉 이러한 감정은 한국 정부 스스로 피해를 키운 행위로서, 한국이 국제 사회의 정당한 일원으로 자리 잡기 위해서는 반드시 청산하지 않으면 안 될 구시대의 유산이며, 한국은 세계 여러 나라 중에서 반일감정이 존재하는 유일한 나라로 남아 있을 것이라고 지적하고 있다." 이런 유의 망언에 대해서는 굳이 감정적으로 대응할 필요도 없다. 물론 일본인들이 모두 사쿠라이처럼 생각하고 있지는 않을 것이다.

하지만 일본 사회와 국가를 이끄는 세력이 사쿠라이와 같은 생각을 하게 된다면, 일본은 물론 동북아 전체에 심각한 위기를 자초하

---

[9] 荒木和博, 『친일파를 위한 변명(親日派のための弁明)』, 東京: 扶桑社文庫, 2006, 21. 위의 인용은 권상균, 앞의 논문, 99쪽에서 재인용함.

게 되리란 것은 불을 보듯 뻔하다. 실제로 아베 집권 이후 이런 징후는 눈에 띄게 두드러지고 있다. 최근의 한일 양국에서 벌어진 일련의 사태가 이를 잘 보여주는 증거들이다. 동양의 위기의 본질이 한국의 반일 교육에만 있다고 문제 삼는 것은 그야말로 치졸하기 짝이 없고, 한때 아시아의 선도 국가라 자부하던 나라로서 내세울 평계는 결코 아니다. 여기서 전범국 독일이 평화를 위해 유럽의 나라들에 취하고 있는 태도를 굳이 언급할 필요는 없다.

역사적으로든, 국제관계적으로든 일본은 전범국의 멍에에서 벗어나지 못했다. 세계가, 아니 당장 이웃 나라들이 전범국이라는 딱지를 떼어준 적이 없었다. 일본도 그렇게 하려는 가시적인 조치를 취한 적이 없다. 되레 일본은 그 멍에를 떼어내기 위해 적반하장 식으로 나온다. 이른바 아베의 개헌 시도가 그렇다. 제2차 세계대전에서 패배한 이후에 개정된 헌법을 다시 고쳐서 전쟁할 수 있는 나라로 만들겠다는 것이 개헌의 골자이기 때문이다. 언론 보도에 따르면, 스가는 거의 아베의 분신이라는 이야기가 심심치 않게 나오는데, 일본 정치의 품격과 국격 추락이 심각할 정도로 가속화되리라 짐작된다. 100여 년 전에 안중근이 우려했던 일본의 비극적인 역사가 반복될지 모른다. 조금 나은 경제력으로, 더 정확하게는 미국 조야에 대는 로비 자금으로 일본이 원하는 현재의 전략을 어느 정도는 추진할수 있을 것이다. 이는 국제 평화의 보편적인 원칙과 명분을 얻지 못한 잔꾀이며 잔재주에 불과하다. 국제 사회에서 리더십은 로비력만으로 확보되는 것이 아니다. 이런 점에서, 일본의 국격과 국제 경쟁력은 더욱 하락할 수밖에 없을 것이다. 물론 우리가 일본의 처지를 걱정할 일은 아니나, 다만 한반도의 평화와 동양의 질서를 흔들기에 염려가 된다. 스가 정권은 아베 정권과 다르기를 기대한다. 그도 그럴 것이, 아베 정권이 추진한 전략이 얼마나 위험한지를 우리는 체감했기 때문이다.

2019년은 아시아의 평화와 공영을 위해서 중요한 한 해였다. 당시 사태에 대해서 한일 양국은 물론 국제적으로도 많은 논의가 진행되고 있다. 직접적인 원인과 간접적인 배경, 단기적인 효과와 장기적인 문제점, 그 해결 방안 등이 제출되고 있다.

여기서 그 문제를 더 다루지는 않겠다. 하지만 일본의 현 집권 세력이 어떤 선택을 하느냐에 따라 동양 역사의 비극은 반복될 것이다. 안중근이 환생하여 이런 상황을 보았다면 통탄했을 것이다.

2019년은 우리에게 뜻깊은 한 해였다. 3·1운동이 일어난 지, 그리고 상하이에 임시정부를 수립한 지 100년이 되었다. 아울러 우리는 4·19 민주 혁명, 5·18 광주 민주화 운동, 87년 6월 민주화 대항쟁, 2017년 촛불혁명에 이르기까지 저항의 정신을 면면히 이어오며 민주주의를 발전시켰다. 서양의 전유물로만 여겨지던 민주주의가 아시아에서도 꽃을 피우고, 그것을 토대로 동양이 서양을 넘어서는 보편 문명이 될 수 있음을 보여주었다.

한편 2019년은 일본에게도 중요한 해였는데, 아베 정권은 이른바 '정상국가' 전략을 본격적으로 실천하겠노라 선언했다. 하지만 어두운 과거를 사죄하고 아시아의 평화와 공영을 위해 노력하는 모습을 보이기는커녕 우리에게 정반대의 '선물'을 주었다. 주지하다시피, 2019년 7월 4일, 일본 경제산업성은 우리에게 일방적인 수출규제 조치를 취했다. 즉, 한국의 주력산업인 반도체 생산에 필수재료인 플루오린 폴리이미드(PI), 에칭가스(고순도 플루오린화 수소), 디

스플레이 감광액(포토 레지스트) 세 개 품목의 공급을 제한함으로써 심대한 피해를 주려 했다. 그것은 제2차 세계대전 당시 미국에 가한 진주만 공습과 같은 경제 도발이었다. 나아가 이런 보복 조치가 있고 나서 두 달 뒤, 일본은 수출 대상국으로 신뢰할 수 있는 '화이트 리스트'에서도 우리를 제외했다.

우리의 강력한 시정 조치를 무시하는 아베 정권에 대하여 문재인 대통령은 8월 22일 만료일이 되어가는 한일군사비밀정보보호협정 (GSOMIA)을 국익에 도움이 안 된다고 판단하여 연장하지 않기로 결정했다. 이로써 한일관계의 미래는 한층 더 격랑에 휩싸이게 되었고, 여전히 개선의 기미는 보이지 않는다. 문제는 일본이 이런 갈등을 한일관계에서뿐만 아니라 아시아 모든 국가와의 관계에서도 일으키고 있다는 사실이다. 그 결과는 일본이 아시아에서 누려왔던, 경제적으로 선도 국가이며 정치적으로 모범 국가라는 지위와 신망을 잃게 한다. 이는 일본의 번영과 발전, 아시아의 평화와 공영에도 바람직하지 않다. 세계사의 맥락에서 볼 때도 동양 문명과 아시아 대륙을 영원한 이류 문명, 이등 대륙으로 고착화시킨다는 점에서 심각한 문제가 아닐 수 없다. 당연히 아시아의 산업과 자유시장을 선도한 일본이 정치외교적인 이유에서 그동안 누려왔던 지위를 실추시키는 것은 아시아 경제에도 결코 도움이 되지 않는다.

사쿠라이와 그를 지지하는 일본의 극우 세력은 세계사와 인류 보편의 관점에서 지금의 사태를 냉정하게 돌아봐야 한다. 단적으로, 한국의 반도체 산업에 타격을 주려는 아베 정권의 '야음을 틈 탄 닌자 같은' 기습이 효과를 발휘했다 치더라도, 이를 100년 전 안중근이 일갈했던 주장에 따라 살핀다면, 이런 말을 할 수 있기 때문이다. 두세 개 소재부품의 공급을 막는다고 해서 세계적인 경쟁력을 가지는, 정보통신산업의 '글로벌 밸류체인Global Value Chain'의 주축을 이루는 한국의 반도체 산업을 하루아침에 무너뜨릴 수 없다고 말이다. 1년이 지난 현재 상황은 그 방증이다. 오히려 일본의 반도체 산업이 더 직격탄을 맞았다. 아베 총리는 한일 반도체 전쟁으로 야기된 혐한 이슈를 참의원 선거에서 '애국투표'로 유인했는데, 과연 성공했다고 말할 수 있을까. 결과는 아베의 몰락이고 퇴진이었다. 이와 같은 작금의 상황을 돌아보면, 물론 코로나19라는 특수한 상황이 변수이긴 하지만, 어쨌든 가장 후한 평가를 내린다고 해도 아베와 그의 정권은 당시 '전투'에서는 일부 이겼는지 모르나 '전쟁'에서는 패배한 데 불과할 것이다.

결과적으로 아베는 다음의 다섯 가지 측면에서 일본의 국격을 크게 떨어뜨렸고, '정상국가'로 나아가는 길에서 일본을 더욱 멀어지게 했다.

첫째, 아베는 국가 간 협력에서 가장 중요시해야 하는 정경분리의 원칙을 어겼다. 이 원칙은 지난 세기 6, 70년대 냉전 체제 아래에서조차 유지되었다. 더구나 일본은 이를 통해 세계 경제 대국이 되는 데 가장 큰 수혜를 입었다. 지난 1차 내각 때인 2006년, 아베 총리는 중국을 방문해 후진타오 주석에게 비록 양국이 체제와 가치관은 다르지만, 정치·경제의 두 바퀴를 굴려 높은 차원의 관계를 만들어 가자는 '전략적 호혜관계'를 제안했다. 이후 양국은 센카쿠 열도문제, 북한 제재 방안 등의 현안에서 입장이 달랐지만 정치적 긴장과 경제 협력을 병행하는 정경분리의 큰 틀을 깨지는 않았다. 그러나 한국 대법원의 징용판결이 선고된 후 한국 반도체 기업을 겨냥하여 불의타不意打를 가했는데, 21세기 국가 간 외교에서 보편 규범과도 같은 정경분리의 원칙을 어겼다. 더구나 아베는 그 직전에 열린 2019 G20 오사카 정상회담에서 "자유롭고 공정한 무역"을 강조했던 선언문의 잉크가 채 마르기 전에 경제 제재를 가했다. 영국의 유력지 『파이낸셜 타임스』는 이에 대하여 "일본이 자유무역에 위선적 태도를 취하고 있음을 보여준다"라며 비판했다. 안중근은 『동양평화론』에서 일찍이 일본의 이런 처사에 대해 우려와 경고를 개진했다.[10]

둘째, 아베 총리는 국가 간의 기본적인 윤리인 내정불간섭의 원칙을 무시했다. 일제의 강점은 불법이라고 전제한 한국 사법부의 판단을 그는 양국 정부기관 간의 이중적 배신행위로 판단한다. 한국의 모든 국가기관은 어떠한 대일협상에서도 한국을 합법적으로 병합했다는 일본 측의 주장에 동의한 적이 없다. 더구나 이번 판단의 주체는 대일협상을 담당하는 행정부와는 별개로 헌법상 독립적 권한을 행사하는 대법원이다. 일본 입장에서는 한국 대법원이 옛舊 '일제 전범기업'(미쓰비시三菱, 히타치日立 등)을 대상으로 하는 한, 생존 강제징용자에 대한 배상 판결과 그 집행 결정이 부당한 것이고 종전의 일본 최고재판소 판결이 옳다고 주장할 수 있다. 그런데 한국 행정부가 개입할 수도 없고, 개입해서도 안 되는 대법원 판결에 반발하여 경제 보복으로 대응하고 있다. 한국 대법원은 법률이나 법률적 효력을 가지는 조약·협정 등의 해석에서 한국 내 최종적 권한을 가지고 있다. 한국 대법원이 35년간의 강점이 불법이라고 판단하고 그

---

10 안중근, 『동양평화론』, 독도도서관친구들, 2019.

시기에 자행된 일본의 반인륜적 행위, 반자의적 동원에 대한 개인의 청구권이 유효하며 이들에게 '강제노동'을 시켰던 일본 전범기업은 손해를 배상해야 하며 종전 이후 해당 기업의 법적 승계인에게 책임이 있다고 판단했다면, 행정부는 이를 존중해야 한다. 행정부가 나서서 법원의 판결에 영향을 미치거나 그 결과를 되돌릴 수 없다. 그러니 아베의 행동은 한국의 오랜 민주화 투쟁으로 쟁취한 사법기관의 독립성을 침해하라고 요구하는 것이나 마찬가지다.

셋째, 아베는 잘못된 사실과 고의적인 거짓을 명분으로 경제 제재를 강행했다. 국가 간 분쟁 소지가 있는 중대 조치는 그 근거가 정확하고 명확해야 한다. 그런데 일본 정부의 주장은 상호 모순되는 부분이 있다. 경제산업상 세코 히로시게世耕弘成는 경제 제재의 이유를 한국이 수출관리 의견 교환에 응하지 않은 점, 수출관리에 관한 부적절한 사안이 발생한 점, 그리고 징용노동자 문제에서 신뢰관계가 무너진 점 등 세 가지로 꼽았다. 이와 달리 스가 요시히데 관방장관은 안전 보장을 목적으로 수출관리를 적절하게 실시하려는 것일 뿐 징용문제나 외교 문제의 신뢰와 관련된 대항 조치가 아니라고 발표했다. 정치 보복에서 안보 논리로 명분을 바꾼 것이다. 특히 3개 품목은 수출관리 틀 안에서 군수품으로 전용되지 않도록 규제하는 품목인데, 부적절한 사안이 발견되어 규제를 강화하는 것이라고 북한을 끌어들였다. 총리와 각료가 각기 다른 명분을 내세웠는데 여기에는 이유가 있다. 일본도 정경분리 원칙의 훼손이나 WTO 위반 논란을 피하려고 안보 이슈를 끌어들인 것이다. 그런데 이는 그 이후 사실관계가 하나씩 드러나면서 잘못된 주장으로 판명되었다. 군수품 전용 가능성이 있는 물자는 한국보다는 일본의 대북 수출이 더 많았다는 사실이 밝혀졌다. 그리고 한국은 대량 파괴 무기에 대한 4개의 다자수출통제체제인 NSGNuclear Suppliers Group(핵공급그룹), MTCRMissile Technology Control Regime(미사일 기술 통제 체제), WAWassenaar Arrangement(바세나르 협정. 재래식 무기에 대한 수출 통제 및 제한), AGAustralia Group(오스트레일리아 그룹. 생화학 무기에 대한 감시 및 통제)에 모두 가입했을 뿐만 아니라 이를 엄격히 준수하고 있음이 확인되면서, 대북 수출 통제가 허술하다는 주장 또한 근거가 없는 것으로 판명되었다. 이처럼 일본은 견강부회하여 한국에 큰 영향을 미칠 경제 조치를 근거 없이 단행하는 오점을 남겼다.

넷째, 아베 총리는 선거에 안보 이슈를 이용하는 후진국적 행태를 보였다. 후진국의 독재자들은 흔히 가상 적국들과의 대립이나, 안보 위협 등의 외부 정세를 인위적으로 조장하여 국내 선거에 유리하게 활용하였다. 이번 참의원 선거에서 아베 총리는 평화헌법으로의 개헌 추진을 위한 교두보를 마련하는 것이 가장 큰 목표였다. 그동안 가상 적국이었던 북한의 위협이 북미 정상회담을 계기로 약화되자, 아베는 그 대안으로 한국에 대한 불안감과 경계심을 조장하기 위해서 경제 보복을 단행했다. 선거에서 보수 집권층의 지지율을 높일 목적으로 안보 이슈를 만들어내고 조작하는 행태는 한국 정치에서도 낯설지 않다. 하지만 이번 참의원 선거에서 아베 정권은 해묵은 명분으로 개헌 발의선 확보에도 실패하고, 일본 정치도 퇴보시키는 우를 범했다.

다섯째, 아베 정권의 수출규제 조치는 공정한 세계무역 질서를 해치는 경제 보복이었다, 한국 경제뿐만 아니라 일본 경제도 그 못지않은 타격을 입었다. 아베 정권의 각료들은 별 영향이 없다는 듯 태연한 척했지만, 이는 허세에 불과하다. 게다가 일본은 전후 자유무역과 자유경제의 혜택을 가장 많이 받은 국가이다. 자신들이 누려왔던 자유무역 경제질서를 근본적으로 흔드는 이 결정에 대해 영국의 유력 경제지 『이코노미스트』는 "경제적으로 근시안적"이며 무모한 자해 행위라고 일침을 놓았다.

결론적으로, 아베 총리는 그동안 일본을 세계 속의 일류 국가로 만들어주었던 정경분리 원칙을 스스로 깨버렸다. 이는 일본이나 아시아를 위해서도, 더 나아가 세계 경제를 위해서도 결코 용납할 수 없는 행위였다. 일본의 노림수가 통하여 단기적으로는 약간의 타격을 입었지만, 한국의 반도체 산업은 국산화에 성공하면서 일본 산업계가 역으로 치명상을 입게 되었다. 아베 정권을 계승한 스가 정권도 이 점을 유념해야 한다. 아베 정권의 조치는 해당 제품의 수출 금지에 한정된 것이 아니라 반도체를 중심으로 완제품, 소재부품, 생산기술, 조립 공정까지 엮여 있는 '글로벌 밸류체인'을 파괴하는 행위이기 때문이다. 주지하다시피, '가치 사슬'은 1985년 마이클 포터 Michael Porter 하버드 대학의 교수가 처음 주창한 이래 국제 분업을 분석하는 데 유용한 개념이 되었다.

예컨대 일본 휴대폰 시장 점유율 1위인 애플의 아이폰을 보자. 아이폰은 미국에서 설계하고 SW를 개발한 후, 일본에서 재료를 공급받은 한국이 주요 부품을 생산하고, 이를 공급받은 대만과 중국에서 조립·제작해 전 세계 유통망으로 보급된다. 이처럼 세계 경제의 주요 제품들의 경우, 이미 'Made in Korea' 'Made in Japan' 같은 개별 국가의 생산지를 따지는 것은 의미가 없다. 한일, 한미 또는 다자국 사이의 상호 의존성도 우열을 가릴 수 없을 만큼 상대적이다. 제조

표시를 경제 블록 단위의 'Made in Europe'이나, 더 나아가 'Made in World'라고 해도 무리가 없을 것이다.

삼성의 피해는 일시적인 생산 차질 정도에 지나지 않는다. 하지만 삼성의 공급 지연으로 '도미노 피해'를 입는 애플, 아마존, 구글 등 세계 IT 기업들은 일본을 비난할 수밖에 없다. 이제 한국은 자연스럽게 자체 개발에 주력하고 일본 외의 나라를 통해 소재와 부품 조달 창구를 확보하게 되었다. 결국 경제적 피해는 고스란히 일본 기업에 돌아갔다. 이처럼 수출규제는 일본 경제가 자기 무덤을 판 격이었다. 자해 행위와도 같은 아베 총리의 결정에 대해 세계 각국은 우려를 표했다. 미국 블룸버그 통신은 7월 22일 '한국을 상대로 한 아베 신조의 가망 없는 무역전쟁'이라는 기사로 조목조목 비판했다. 심지어 한일 반도체 분쟁에서 삼성의 경쟁력 있는 대체재로 떠오른 TSMC도 반도체를 중심으로 한 '글로벌 밸류체인'이 반도체 산업 전반에 악영향을 미치리라 우려하면서 실적을 하향 조정했다.

아베 총리는 세계의 경제와 무역을 정치 도구화하여 '비열한 질서'를 만든 '트럼프 모델'을 모방하려 했지만, 일본은 미국과 국가의 규모가 크게 다르다. 한국 경제 역시 일본이 좌지우지할 수 있는 규모가 아니다. 애초부터 상대가 굴복하기를 바라고 쓸 수 있는 전략이 아니었던 것이다. 이미 세계 경제가 너무 복잡하게 얽혀 있기 때문이다. 이런 방식의 전략을 계속 추진한다면 스가 총리도 자유시장 세계의 공적이라는 오명을 얻게 될 것이다.

그렇다면 아베 총리는 왜 이런 '비열한 질서'를 만들려고 했을까? 그 무모함의 기저에는 어떤 원인과 배경이 있을까? 한미일 삼각 군사동맹이 주축이었던 동북아 안보 질서가 재편되는 지금, 주도권을 상실할 것 같은 초조함이 작용한 것으로 보인다. 북한은 일본에 치명타를 가할 수 있는 핵무기와 미사일 기술을 발전시키고 있다. 그리고 급성장한 군사력을 가지고 '통미봉남'을 넘어 일본을 무시하면서 미국과 직접 협상을 벌이는 '통미봉일' 전략을 구사하고 있고, 트럼프 정권도 이에 일정하게 호응했다. 중국의 경제력은 일본 경제력을 훨씬 능가하고, 달라진 국력을 바탕으로 영토분쟁을 일으키고 있다. 남북한은 오랜 적대관계를 끝내고 새로운 질서를 모색하려고 한다. 이런 사태에 대해서 아베로 대표되는 일본 극우 세력들은 평화와 협력이 아닌 대결과 군사 대국화를 지향하며 그 첫 희생양으로 '가장 만만한' 한국을 택했다.

왜 하필 한국이었을까? 여기서 우리는 일본의 우월감, 초조감, 분노감을 읽는다. 6·25 전쟁 이후 부흥하게 된 일본의 '관서경제권'에서 한국은 노동집약적이며 단순가공적 생산기지였다. 청구권 자금과 경제협력자금, 기술 이전 등을 통해서 한국 경제를 키워주었다. 한국을 대표하는 기업인 삼성전자와 현대자동차가 일본 기업을 모방하면서 발전해온 것은 숨길 수 없는 사실이다. 이런 배경에서 일본은 한국에 대해 우월감을 가지게 되었다. 그런데 경제적 속국이었던 한국이 일본 경제를 넘보고, 정보통신 분야 등에서 자신들을 추월하는 상황에 이르렀다. 일본은 어느새 불안감과 초조감에 사로잡혔다. 게다가 한국의 민주당 정부는 북한과의 적대 행위를 근본적으로 해소하는 데 명운을 걸고 있다.

단합된 한반도는 일본인들에게 두려움의 대상이 될 수 있다. 일본의 보수층은 한국에 대해 우월감, 초조감, 분노감에 더해 두려움까지 복합적인 감정을 품고 있다. 감정에 사로잡히면 냉정한 판단을 할 수 없다. 만일 아베가 한국을 상대로 단기간에 승리하는 쉬운 게임을 할 수 있으리라 여겼다면 이는 명백한 오판이었다. 국제신용평가사 무디스는 일본의 수출 제재가 한국 기업들의 신용등급에 악영향을 줄 수 있다는 보고서를 발표하면서도 한국의 국가 신용등급은 Aa2, 등급 전망은 안정적으로 평가했다. 그러나 당시 아베 총리를 비롯한 일본 우파들이 간과한 것이 있었다. 아베는 한국이 과거사와 관련해서 충분한 보상을 받았다고 주장하지만, 그 보상의 근거인 1952년 샌프란시스코 강화조약은 1937년에 도발한 태평양전쟁에 한정된 것이었다. 19세기 말에서 20세기 초반에 일본 제국주의는 한반도 주변에서 청일전쟁, 러일전쟁, 만주사변, 중일전쟁을 도발했다. 한국에서의 동학 농민전쟁 진압, 의병 진압, 관동대지진 시기에 재일 한국인 학살 등도 자행했다.

일본은 독일과 마찬가지로 패전국이었지만, 천황제도 유지했고, 일급 전범들도 대부분 복권되어 전후 정치의 주역이 되었다. 역지사지로 생각해보자. 이를 '불행했던 과거'라고 유감 표명하는 것으로 만족할 한국인이 얼마나 될까? 결국 아베 총리의 조치는 모순적인 결과를 낳았다. 그는 정상국가화를 목표로 하지만 한국과의 지소미아 연장 실패를 초래하면서 일본은 더더욱 미국에 의존하게 되었다. 군사비 지출의 급증은 일본 경제의 더 큰 부담으로 작용할 것이다. 일본의 비판적 지성인인 우치다 타쓰루內田樹와 시라이 사토시白井聰가 말한바 허구적인 민주주의 환상에 취하는 '속국민주주의'로의 길이 강화된 것이다. 이와 같이 일본은 전쟁과 패전으로 미국에 종속된 국가라는 불편한 현실에 눈감고 침묵한 채, 허구적인 민주주의 환상에 취한 국가이고, 그동안 교묘히 감춰온 잔학한 5대 전쟁과 반인륜적 대규모 학살, 그리고 패전 후 미국의 속국을 자처하며 '손쉽게' 보상받은 경제력과 그 경제력을 바탕으로 비윤리적이고 반규범적인 주도적 지위를 누려온 나라였다.

아베와 일본 우익 세력은 과거 침략에 대한 사죄를 외면하는 전략으로 일관해왔다. 이는 패전 이래 진정성 있는 반성과 배상을 토대로 얻은 유럽 주도국인 독일의 전략을 제대로 이해하지 못한 결과이다. 독일은 과거사의 사죄와 반성을 통해 유럽 대륙을 얻은 반면, 일본은 과거사를 외면함으로써 아시아 대륙을 잃고 있다. 아베 총리는 평화헌법 9호 개헌을 목표로 삼았고 스가 총리는 이를 받아 추진할지가 주목된다. 스스로 전쟁할 수 있는 국가로 나서려는 이른바 '대일본주의'는 대미 종속구조에서 철저히 작동하는 동시에 전후 체제로부터 탈각을 꾀하고 있으니 모순되고 분열적인 태도일 수밖에 없다.

아베의 개헌 시도는 아시아 대륙에 군국주의를 부활시키고, 아시아 국가들을 신냉전 체제로 몰고간다는 의심과 우려를 증폭시키고 있다. 일본은 일본의 장점과 일본인들의 덕성을 좋아하는 우방과 친구들을 잃고 있다는 점을 직시해야 한다.

3. 안중근은 살아 있다[11]

이상의 논의와 분석은 안중근이 『동양평화론』에서 일본에게 충고했던 것의 반복에 불과하다. 이처럼 요동치는 국제정세 속에서 일

---

[11] 3절에서 전통적인 두 정의관이 국내 정치와 국제 정세에 미치는 영향에 대해서는 졸저, 『아테네 팬데믹』, 이른비, 2019, 166~173쪽의 일부 내용을 재게재했다.

본은 군국주의로 노선을 변경하고 있는데, 바로 이 지점에서 우리는 안중근을 다시 불러낼 수밖에 없을 것이다. 한마디로, 동양의 국제정세가 복잡하고 심각할수록 안중근은 역사의 무대로 더 자주 소환될 것이다. 그 사정인즉 이렇다. 이미 오래전부터, 더 정확하게는 2000년 초반부터 세계는 지정학적·지경학적으로 새로운 대결 구도로 재편되어버렸기 때문이다. 부연하면, 신자유주의와 디지털 정보화 물결을 타고 세계는 마치 하나의 마을이 되었다고 할 정도로 세계화가 진전되었다.

하지만 올해 초에 중국 우한에서 발생한 코로나 역병이 전 세계를 강타하면서, 인류 문명과 세계 역사는 급속히 새로운 체제로 진입하고 있다. 신자유주의는 몰락하고 국가자본주의가 강화되는 것은 이 새로운 현상의 한 특징이다. 국가의 귀환이라고 부를 수 있는 '큰 정부'의 귀환도 주목해야 한다. 1970년대 석유 파동으로 촉발된 신자유주의 체제는 2001년 중국의 WTO 가입으로 정점을 맞는다. 이때부터 중국은 세계의 공장임을 자처하고 실제로 그 역할을 활발히 수행해왔다. 자신감을 얻은 중국은 유라시아 대륙을 하나로 묶기 위해 지상에서는 '일대일로' 정책을, 해상에서는 '진주목걸이' 전략을 펼친다.

이렇게 중국이 경제 안보를 구축하려 하자, 처음엔 소극적으로 지켜보던 미국이 특히 트럼프 정권에 들어서 적극 대응하고 있다. 사실 코로나 팬데믹 사태를 계기로, 트럼프가 노골적으로 중국과의 경제 대결을 부추기는 것은 사실 빙산의 일각에 불과한 것으로, 이미 오래전부터 추진해온 대중국 봉쇄 전략의 하나일 뿐이다. 다만, 팬데믹 사태가 트럼프에게 명분을 더 주었던 것이다. 신자유주의 이후

붕괴된 미국 중산층의 여론을 잡기 위해서는 경제적으로 신보호주의, 외교적으로는 신고립주의를 취할 수밖에 없는데 코로나가 이를 도와주고 있는 형국이다. 어쩌면 코로나 사태는 트럼프에게 호기로 작용하는지 모른다. 물론, 초기 방역을 잘못해서 재선이 좌절되었지만, 기본적으로 신자유주의 경제 노선에서 국가 중심의 경제적 민족주의로 선회하는 데 이보다 더 좋은 기회는 없었다.

어쨌든 중국이 세계의 공장으로 자리 잡자, 세계의 자본도 중국으로 흘러 들어가는 것은 명약관화하다. 이에 미국과 중국의 무역 갈등은 피할 수 없고, 경제 안보를 위한다는 명목에 군사안보 전략이 수반되는 것은 당연한 귀결인데, 이렇게 지역적인 상황과 지정학적인 배경이 바탕이 되어서 형성된 것이 이른바 인도-태평양 전략이다. 이는 미국이 동북아 중심의 아시아-태평양 전략을 수정하여 인도와 동남아시아 지역을 중시하는 전략이다.

이를 주도한 장본인이 아베 총리였다. 즉 그는 중국의 진주목걸이 전략에 '자유롭고 열린 인도-태평양 전략Free and Open Indo-Pacific Strategy'으로 대응한 것이다. 처음에는 일부 세력의 제안이었지만 트럼프가 이를 덥석 받아들인 것이다. 그 대가로 아베는 트럼프에게 군사적으로 전쟁을 수행할 수 있는 개헌을 보장받게 된다. 중국을 견제해야 하는 상황에서, 일본이 전쟁할 수 있는 나라가 되는 것은 미국으로서는 군사안보에 경제적으로 도움이 된다고 판단했을 것이다. 또한 미국은 끊임없이, 예를 들면 코로나 사태를 빌미 삼아 대만을 WHO에 가입시켜야 한다고 노골적으로 주장한다. 대만은 미국과 일본에게 매우 중요한 전략 지역이기 때문이다. 하지만 중국에게 대만의 독립은 결코 용납할 수 없는 문제이다. 이런 국면의 연장선

위에서 최근 벌어진 홍콩의 민주화 운동과 아울러 홍콩을 일국으로 복속시키려는 중국의 전략을 이해해야 한다. 일종의 경고이자 무력 시위라고 할 수 있다. 따라서 지금 국제 정세의 긴장은 대만과 홍콩을 중심으로 하는 남지나해에 그 전선이 그어져 있다.

우리에게는 그나마 다행스러운 일이다. 한반도가 군사적으로는 여전히 중요하더라도, 경제적으로는 동남아 지역보다 매력이 떨어지는 것은 사실이다. 이런 맥락에서 북한의 이런저런 군사 훈련은 미국의 군산복합체에게는 용돈 벌이의 명분과 빌미를 제공하는 정도의 작은 사건이다. 우리는, 군사안보보다 경제안보가 더 심각하다. 사드 사태로 보았듯이, 미중이 경제 패권을 두고 다툴 때, 북한이야 그다지 큰 타격이 없겠지만, 우리는 중국의 눈치를 보지 않을 수 없는 곤혹스러운 상황에 놓인다. 군사안보 측면에서는 미국의 방위력이 절실하지만, 경제안보 측면에서는 중국과의 교역 규모를 간과할 수 없기 때문이다. 이런 딜레마 상황이 지금 안중근을 다시 불러내고 있다. 칸트와의 비교를 통해서도 해명했듯이, 이 딜레마를 풀 방법을 제시한 사람이 안중근이기에 그렇다. 오늘 이 시대에도 안중근이 여전히 살아 있다는 말은 단순한 레토릭이 아니다. 그렇다면 안중근은 어떻게 살아 있는 것일까? 결론부터 말하면, 대한민국의 뿌리가 안중근의 생각에 닿아 있는 것이다. 좀 더 해명해보자.

대한민국은 민주공화국이다. 잘 알다시피, 이 말은 대한민국의 정체성을 규정하는 기본 술어이다. 민주는 대한민국의 주권이 누구에게 있는지를 규정하고, 공화국은 대한민국의 정체 구성 방식을 규정한다. 이는 우리 헌법 제1조 제2항 "대한민국의 주권은 국민에게 있고, 모든 권력은 국민으로부터 나온다"에 따라 설명된다. 흥미롭게도 우리는 안중근의 주장에서 대한민국의 정체성을 규정하는 이 기본 개념의 흔적을 발견할 수 있다.

> 나는 웃으며 대답했다. "그렇지 않습니다. 공은 그 하나만 알고 다른 하나는 알지 못하는군요. 만약 인민이 없다면 국가가 어떻게 있겠습니까? 하물며 국가는 큰 벼슬아치 몇 명의 국가가 아니고 당당한 이천만 민족의 국가이거늘, 만약 국민이 국민의 의무를 행하지 않는다면, 어떻게 국민의 권리와 자유를 누리는 이치가 있겠습니까? 지금은 민족이 중심이 되는 세상인데, 무슨 까닭으로 유독 한국 민족만이 어육魚肉이 되는 것을 달게 여기고 앉아서 멸망을 기다린단 말이오?"[12]
> • 상편 128

안중근은 대한민국이 독립할 때, 즉 건국해야 할 나라의 주권을 명시적으로 밝힌다. 그것은 '인민'의 나라이다. 인민은 영어로 people에 해당한다. 따라서 안중근이 꿈꾸었던 것은, 주권이 일인 황제에게 있는 입헌군주국이 아니라 국민에게 있는 국민의 나라였다. 이는 이어지는 문장에서 더욱 분명히 드러난다. '국민의 권리', '국민의 의무', '국민의 자유'는 서양 근대 국가의 구성 원리인 사회계약론이 주장하는 바와 같다. 안중근이 꿈꾼 독립된 대한민국은 서양의 근대 국가와 같은 나라였다. 이는 "지금은 민족이 중심이 되는 세상"이라는 안중근의 언명에서 확증된다. 원문은 "現今民族世界"이

---

[12] 128. 我笑以答曰。不然。公但知其一。未知其二也。若人民無之。則國家何以有之。況國家非幾個大官之國家。堂堂二千萬民族之國家。而若國民不行國民之義務。豈得民權自由之理乎。現今民族世界。而何故。獨韓國民族甘作魚肉。坐待滅亡可乎。

다. 안중근이 말하는 '민족 세계'는 서양 근대 국가의 논의에서 제기된, 이를테면 독일어 'das Volk'(민족)와 'die Staat'의 결합, 또는 영어 nation과 state의 연결을 바탕으로, 민족과 국가가 동치同値를 이룬다는 의미이다. 곧 민족이 국가인 시대로 전환되었음을 선언한다.

안중근이 살았던 시대의 대한민국은 엄연한 독립국이 아니었다. 국가를 구성하는 제1의 조건인 국민은 있었지만, 아직 국가가 제도적으로 성립하지 못했기 때문이다. 국가가 성립할 때, 국가의 구성 조건인 인민은 '국민'의 법적 지위를 획득한다. 하지만 인민은 국가라는 법적 제도를 구성하게 만드는 국가의 가능 조건으로서 국가를 대신한다. 그 인민의 명칭이 민족이다. 안중근이 말한 민족세계는 정확하게 영어로 people's nation을 가리키고, 세계가 이제는 국민의 나라, 민족이 곧 국가를 지칭한다는 주권 개념을 바탕으로 삼는다. 근대 국가의 구성에 대한 안중근의 생각은 홍 신부와 곽 신부에게 배웠을 가능성이 크다. 이 부분에 대해서는 문헌 조사가 엄밀히 필요하다. 아무튼, 중요한 사실은 독립국 대한민국의 정체성과 관련된 안중근의 생각이 기미 독립 「선언서」로 이어진다는 것이다. 「선언서」의 시작이다.

半萬年(반만년) 歷史(역사)의 權威(권위)를 杖(장)하야 此(차)를 宣言(선언)함이며, 二千萬(이천만) 民衆(민중)의 誠忠(성충)을 合(합)하야 此(차)를 佈明(포명)함이며, 民族(민족)의 恒久如一(항구여일)한 自由發展(자유 발전)을 爲(위)하야 此(차)를 主張(주장)함이며,[13]

---

13 https://ko.wikisource.org/wiki/3·1독립선언서

여기서 주목해야 할 언명은 '二千萬 誠忠'이다. 대한민국의 주권을 '이천만 민중', 다시 말해 국민에게 있다고 천명하는 셈이다. 「선언서」는 이천만 민중을 국가를 대신하는 개념인 '민족'으로 표한다. 놀라운 점은, 대한민국이 독립국임을 선언한 지 40일 만에 중국 상해에서 이 독립 「선언서」에 기초해 대한민국 임시정부의 수립을 선포한다는 것이다. 1919년 4월 11일, 상해에서 울려 퍼진 「대한민국임시헌장선포문」의 머리이다.

神人一致로 中外協應하야 漢城에 起義한지 三十有日에 平和的 獨立을 三百餘州에 光復하고 國民의 信任으로 完全히 다시 組織한 臨時政府는 恒久完全한 自主獨立의 福利에 我 子孫黎民에 世襲키 爲하야 臨時議政院의 決議로 臨時憲章을 宣布하노라.

다음은 대한민국 「헌법」의 전문이다.

유구한 역사와 전통에 빛나는 우리 대한국민은 3·1운동으로 건립된 대한민국임시정부의 법통과 불의에 항거한 4·19 민주이념을 계승하고, 조국의 민주개혁과 평화적 통일의 사명에 입각하여 정의·인도와 동포애로써 민족의 단결을 공고히 하고, 모든 사회적 폐습과 불의를 타파하며, 자율과 조화를 바탕으로 자유민주적 기본질서를 더욱 확고히 하여 정치·경제·사회·문화의 모든 영역에 있어서 각인의 기회를 균등히 하고, 능력을 최고도로 발휘하게 하며, 자유와 권리에 따르는 책임과 의무를 완수하게 하여, 안으로는 국민 생활의 균등한 향상을 기하고 밖으로는 항구적인 세계평화와 인류공영에 이바지함으로써 우리들과 우리들의 자손의 안전과 자유와 행복을 영원히 확보할 것을 다짐하면서 1948년 7월 12일에 제정되고 8차에 걸쳐 개정된 헌법을 이제 국회의 의결을 거쳐 국민투표에 의하여 개정한다.

말할 것도 없이, 100여 년 전 안중근이 꿈꾸었던 독립국 대한민국이 바로 현재 민주공화국 대한민국이다. 국민의 의무와 권리관계를 토대로 국민의 자유를 목적으로 삼고 있기 때문이다. 이런 의미에서 '안중근 살리기'는 대한민국 살리기와 다름없다.

끝으로, 안중근 살리기가 대한민국 살리기로 직결된다면, 물론 대한민국이 잘살고 좋은 나라가 된다면, 그것이 안중근 살리기가 될 것이다. 하지만 대한민국을 살리기 위해서 우리는 안중근에게 아직 신세를 더 져야 할 것이다. 표면적으로 보면, 「안응칠 역사」에서 우리가 끌어와야 할 새로운 뭔가가 많지 않을지도 모른다. 하지만 그 심층의 사상과 생각에 천착해보면, 그것은 안중근 살리기가 곧 대한민국 살리기일 뿐만 아니라 그것이 동양은 물론 세계의 평화를 위한 것이라는 점을 파악할 수 있기 때문이다. 사안의 중심으로 바로 들어가보자. 안중근의 말이다.

그 뒤에 장교들이 못마땅하게 여기고, 나에게 말했다. "무슨 까닭으로 사로잡은 적들을 풀어주어 돌려보냈습니까?" 나는 대답했다. "현재 만국공법萬國公法은 '사로잡은 적병을 살육하라'라는 법이 전혀 없소. 어느 곳에 가두었다가 훗날에 보상을 받고 돌려보내는 것이오. 게다가 저들이 말한 것은 진정에서 우러나온 의로운 이야기이니, 풀어주지 않고 어떻게 한단 말이오?"14 •하편 48

안중근의 이런 사랑과 관용은 인도주의 사상에 부합하는 것이다. 하지만 이런 전통이 확립된 것은 최근이다. 요컨대 '친구를 사랑하고 적을 미워하라'는 명령이 전통적인 정의관에 가깝다. 반대로 '친구를 미워하고 적을 사랑하라'는 주장을 누군가 한다면, 이에 동의할 사람이 몇이나 될까? 안중근은 외부의 적에게 관용과 사랑을 주저 없이 배푼다. 심지어 이렇게도 말한다.

"이것이 이른바 '약한 것으로 강한 것을 제거하고, 인仁으로 악惡에 대적한다'는 것이니, 여러분은 부디 여러 말 마시오." 이처럼 곡진하게 타일렀지만 여러 사람의 의견이 비등하여 복종하지 않았다. 장관將官 중에는 부대를 나누어 멀리 떠난 자도 있었다.[15] • 하편 52

'인'으로, 즉 사랑으로 악을 대적하라고 한다. 적을 사랑하라고 일갈한다. 당시 일본군을 물리치기 위해서 떨치고 일어난 의병들이 그의 말을 따르지 않았던 것은 어쩌면 당연하다. 그럼에도 안중근은 자신의 주장을 굽히지 않는데, 여기서 그의 평화 사상이 분명히 드러난다. 그 중심은 적을 사랑하고 용서할 수 있는 관용의 정신이다. 물론 현실은 적을 사랑할 수 없다. 적과는 싸워야 마땅하다. 하지만 싸움이 끝나면, 더 이상 적이 아니라는 게 안중근의 생각이다. 그것

---

14 48. 其後。將校等不穩。謂我曰。何故捕虜賊放還乎。我答曰。現今萬國公法。捕虜賊兵。殺戮之法都無。囚於何處。而後日賠還。況彼等之所言。眞情所發之義談矣。不放何爲乎。

15 52. 此所謂弱能除強。以仁敵惡之法也。公等幸勿多言。如是曲切諭之。然衆論沸騰不服。將官中。分隊遠去者。有之矣。

은 '친구를 사랑하고 적을 미워하라愛親憎敵'는 전통적인 정의관을 넘어선다. 원수를 사랑하라는 그리스도의 가르침에도 영향을 받았을 것이다. 인으로 악을 대적하라는 주장은 유교에서도 발견된다.

안중근이 어느 가르침을 따랐느냐는 큰 의미가 없다. 안중근은 이 가르침을 언제나 행동으로 옮겼기 때문이다. 이 점은 훗날 안중근이 이토 히로부미를 저격했을 때도 그대로 적용된다. 이에 따르면, 안중근이 쏜 사람은 자연인 이토 히로부미이지만, 그가 저격한 사람은 동양의 평화를 훼손하고 거짓과 사기로 남의 나라를 침탈한 적이었기 때문이다. 이토 히로부미가 한국의 적인 한, 안중근이 쏜 것은 인간 이토 히로부미가 아니라 적의 우두머리인 이토 히로부미였다. 정확히 말해서 법적 인격이 다른 주체를 죽인 것이다. 이와 관련해서, 안중근이 자신의 행위에 대한 재판이 마땅히 국제법과 만국공법에 따라 진행되어야 한다고 주장하는 것도 그냥 하는 말이 아니다. 여기에 대해서도 다른 연구도 있고, 「안응칠 역사」에도 그 내용이 자세히 나와 있으므로 더 논의하지는 않겠다.

다시 '친구를 사랑하고 적을 미워하라'는 논의로 돌아가면, 안중근에게는 두 개의 일본이 있었다. 적으로서의 일본과 친구로서의 일본이다. 적도 얼마든지 포용했던 안중근에게 일본(인)은 공생과 공영을 함께 도모해 나가야 할 친구이기도 했다. 하지만 오늘의 한국 독자들에게 이 말은 선뜻 용납이 안 될 것이다. 좀 더 해명해보자.

'친구를 사랑하고 적을 미워하라'는 정의관은 본래 외부의 적과 싸워야 하는 전쟁에서 위력을 발휘하는 중요한 이념이다. 관련하여, 앞에서 길게 언급했지만, 세계는 바야흐로 하나의 지구촌이 되었다.

특히 세계의 경제와 문화는 국경이 더 이상 의미가 없는 단계에 들어섰다. 전통적으로 국경을 지키던 군대가 사실상 그 기능의 전환을 요구받는 상황이다. 현재 인류의 삶의 방식modus vivendi은 이미 국내 생산 체계를 넘어서 국제 교류 체계가 필수 조건이 되었다. 어느 나라에 살든 어느 도시에 머물든, 모든 개별 인간의 삶은 하나의 독립된 단일 허브로 세계 가치 사슬Global Value Chain에서 하나의 매듭인 것이다. 물론 지구적 차원에서 볼 때 자본과 재화는 불균형과 양극화가 극심해지고, 그 반동이 경제적으로 신보호주의, 외교적으로 고립주의, 정치적으로 국가주의를 조장하고 있다. 하지만 이런 반동이 하나의 그물로 엮인 국제 관계의 흐름과 방향을 돌리는 데 대세로 작용할 정도는 아니다. 예컨대 현재 미국의 공화당 정권과 트럼프 정부가 이런 반동을 주도하는 대표적인 세력인데, 인류의 현재 삶의 방식을 전도할 만큼 위력적인 정파는 아니기 때문이다.

이렇게 문화적으로 경제적으로 지구촌이 하나의 생존 공동체이자 생활 공동체로 연결되어가는 지금, 국제 관계를 바라보던 통상의 관점, 즉 친구를 사랑하고 적을 미워하라는 단선적인 정의관을 극복해야 한다. 일본을 적으로만 바라보는 시선은 거두어져야 한다. 두 개의 일본으로 나누어 보았던 안중근의 통찰을 다시 한번 곱씹어볼 필요가 있다. 세계가 하나의 생존·생활 공동체라면 물리적으로 그어진 국경은 더는 중요하지 않다. 개별 국가의 군대는 국경을 수비하는 기능에서, 물론 이 기능은 여전히 지속되겠지만, 국제 관계를 보호하는 수호자의 역할을 담당해야 한다. 이는 100년 전 칸트가, 아니 안중근이 이미 제시한 방안이고 길이다. 아무튼, 지구촌이 이렇게 하나의 타운으로 전환되는 상황에서 '적을 사랑하라'고까지는 말할 수 없어도, 영원히 미워하라고 말할 수는 없다. 그도 그럴 것이, 공동체 안에서 힘이 센 패권국이 약소국을 지배하는 기본적인 수단과 방법이 군사이고 전쟁인데, 지구촌 공동체의 차원에서 보면 전쟁은 이제 내전에 불과한 폭력일 뿐이다. 적을 용서하는 법이 절실한 시대로 진입했다는 얘기다. 이런 시대사적인 조류는 안중근을 계속해서 역사의 무대로 소환할 것이다.

안중근의 주장과 생각을 낭만적인 얘기로 치부하는 독자도 있을 것이다. 국제 관계라는 것이 워낙 힘의 논리에 좌우되기 때문이다. 그럼에도, 예컨대 한일관계를 푸는 방법은 대화이지 전쟁이 아님은 분명하다. 이와 관련해서, 안중근이 "약한 것으로 강한 것을 제거"해야 한다는 주장은 매우 중요하다. 어찌 보면 황당한 소리일지도 모른다. 하지만 인류가 한 가족이 되어가고 있고, 지구촌이 한 마을이 되어가고 있는 상황을 감안한다면, 안중근의 주장은 더욱 힘을 발휘할 것이다. 좀 더 해명을 해보자면 이렇다.

강한 것이 약한 것을 지배한다는 주장의 바탕에 깔린 것이, '정의는 강자의 이익'이라는 이른바 현실 추수주의 정의관이다. 이런 현실 추수주의 정의관을 가장 잘 살필 수 있는 분야가 국제 관계이다. 암묵적으로든 명시적으로든 열강에 둘러싸인 대한민국을 이 정의관이 지배하고 있다. 미국과 중국과 같은 패권국의 힘의 실체를 인정하지 말자는 것은 아니지만 더는 자발적인 순종주의는 안 된다. 인식의 전환이 필요하다. 열강의 패권주의에 효과적으로 대응하면서 국제 관계를 주도하려면 우리의 외교는 더욱 자체적인 논리와 글로벌 차원의 전략이 있어야 한다. 이와 관련해서는 문화적으로 경제적으로 지구촌이 하나의 생존 공동체이자 생활 공동체로 연결되어가는 지금, 국제 관계를 바라보던 통상의 관점, 즉 정의는 강자의 이익이라는 인식은 바뀌어야 한다.

그런데 "약한 것으로 강한 것을 제거하고, 인仁으로 악惡에 대적하"라는 안중근의 일성은 사실 국제 관계보다 국내 정치에 더 필요할 말이다. 친구를 사랑하고 적을 미워하는 정의관이 국내 정치에서는 치명적이다. 물론, 이 정의관은 정쟁에서 승리하기 위해서는 싸움은 어쩔 수 없지만, 정적이 외부의 적군은 아니라는 것이다. 전쟁이 끝나면 같은 인간인 적군에게까지 관용을 베푸는 법인데, 패배한 정적을 외부의 적군보다 더 모질게 공격하는 것은 광기이다. 이 힘이 작동하기 시작하면서 생겨나는 것이 이른바 진영 논리이다. 여기에는 설득과 대화의 과정은 일체 배제된다. 자석과 같이 같은 극끼리 끌어당기는 과정만 반복된다. 결과는 한 나라가 두 쪽으로 갈라지는 것이다. 이와 관련해서, 우리 역사는 친구를 사랑하고 적을 미워하라는 배제주의 정의관이 거의 완벽히 구현되어왔음을 잘 보여준다. 한국 근대사에 점철된 지역주의, 한반도를 상시적인 전쟁 지역으로 고정해놓은 분단상황이 거기에서 비롯되었다. 이른바 지맥·혈맥·학맥으로 얽힌 삼맥주의는 한국 사회의 근간을 형성해온 생각이다. 민주화의 진전으로 비록 그것이 공공의 무대에서는 사라진 듯 보여도 그 위세는 여전하다. 뒷골목에서 어슬렁거리며 언제든지 기회를 노리고 있다. 그런데 배제주의 정의관이 부정적인 것만은 아니다. 그것은 민주 진영을 단결시키고 민주화의 발전에 결정적으로 이바지한 가치였다. 사실, 국내 정치에서 권력을 획득하는 데 가장 위력적인 수단이었다. 그런 까닭에 정권 창출이 목표인 정치가 가장 애용하고, 집권한 통치자가 가장 오용한다. '정의'의 이름으로 말이다. 이 점을 아무리 비판하고 논파하더라도 워낙 현실 정치에 깊이 뿌리내리고 있어서, 현실 추수주의 정의관만큼이나 근절하기가 어렵다. 그럼에도 이 정의관이 지닌 위험성은 반드시 경고할 필요가 있다.

한국의 민주화에도 크게 기여한 배제주의 정의관은 둘로 나뉜 정치 세력이 기치로 삼고 있는 진영 논리의 동력이었다. 이 정의관은 명백하게 불의를 저질렀는데도 같은 편 같은 진영이라는 이유로 불의를 용납한다. '인정'과 '의리'라는 이름으로 위장되기도 한다. 결정적인 문제는, 친구를 사랑하는 것은 좋지만, 적도 사실은 동료이고 파트너인데, 정적을 적군으로 보도록 만드는 데 결정적인 준거로 악용된다는 것이다. 같은 공동체의 구성원인 정적을 외부의 적으로 보는 것은 매우 위험하다. 이와 같은 배제주의 정의관을 바탕으로 정적의 진영도 뭉치게 되고, 그러다 보면, 국가를 내전으로 몰고 갈 수 있다. 한 나라가 아닌 두 나라, 한동안 한국에서 유행한 '딴 나라'란 명칭이 이런 정의관을 배경으로 생겨난 것이다. 플라톤이 지적했듯이, 정의로운 나라가 균형과 조화를 이룬 나라라면, 그런데 이런 나라가 '나라다운 나라'라면, 이런 나라를 만드는 것을 방해하고 때로 그 안위를 위협하는 것이 소위 진영론적인 논리를 양산하고 거듭 강화하는 '애친증적'의 정의관이다.

이 정의관이 실로 극복되어야 하는 또 하나의 이유가 있다. 그것은 국내 정치에 만연한 진영 논리의 또 다른 근원인 분단 문제와 직결되어 있기 때문이다. 굳이 말할 필요도 없이 남한의 적은 북한이다. 적을 미워하는 것은 마땅하다. 그런데 그 영향과 결과는 한반도의 공멸일 뿐이다. 적을 미워만 할 수 없는 이유가 여기서 분명해진다. 아테네와 스파르타 사이에 벌어진 펠로폰네소스 전쟁은 중요한 선례이다. 친구를 사랑하고 적을 미워하라는 정의관에 따라 아테네는 아테네대로 스파르타는 스파르타대로 단결하여 서로 싸웠다. 그 결과는 참혹했다. 무고한 시민들의 무수한 죽음이 승자의 전리품이었고, 절망과 슬픔은 패자의 몫이었다. 양쪽 모두 전쟁으로 어떤 실익도 얻지 못했다. 승리한 이후 스파르타가 지중해 지역의 패권을 장악했지만, 그것은 잠깐이었을 뿐이다. 얼마든지 친구가 될 수 있었는데, 서로를 영원한 적으로 만든 생각이 그 원흉이다. 이 생각의 실체를 들여다보면 참으로 허망하다. 그것은 신흥 강국으로 떠오르는 아테네에 대한 스파르타의 두려움이었다. 투키디데스는 『펠로폰네소스 전쟁사』에서 스파르타가 두려움을 무력으로 해소하려 하면서 전쟁이 일어났다고 했다. 그것을 '투키디데스의 함정Thucydides's Trap'이라고 일컫는다.

남한과 북한 역시 이 땅에서 전쟁을 치렀다. 그 결과가 얼마나 참혹했는지, 그로 인해 양국이 지금까지도 얼마나 큰 고통 아래 있는지는 말할 필요가 없을 것이다. 지금이라도 남한과 북한이 서로를 적으로 보는 것이 아니라 친구로 보아야 한다. 그렇게 된다면 무슨 일이 일어날까? 그것은 공영共榮이다. 남한과 북한이 정치적으로 하나가 되지 않더라도, 경제적으로는 얼마든지 한반도 공동체를 만들 수 있다. 이 역시 쉽지 않은 일이다. 한반도를 둘러싼 패권 열강을 설득해야 하기 때문이다. 그럼에도 지구촌 공동체의 시각에서 볼 때, 적어도 논리적으로 설득할 수 있는 대의와 명분은 분명하다. 그것은 세계 평화와 인류 공영이다. 남한과 북한이 친구가 아니라 영원한 적이 된다면, 그 여파는 당사자들은 물론 미국과 중국의 대립,

나아가 세계 전쟁으로 이어질 수 있다. 친구가 된다면 그 자체로 세계 평화에 기여하는 일이고, 한반도의 역사를 대전환의 시대로 이끄는 일이다. 세계사의 관점에서, 한반도는 물론 동북아 지역이 그야말로 냉전 시대에서 벗어나 비로소 평화 시대로 진입하게 될 것이다. 그렇게 된다면 아시아가 유럽처럼 경제 공영체가 될 수 있다.

하지만 배제주의 정의관은 끊임없이 이를 훼방한다. 이른바 '종북'이니 '좌빨'이니 하는 혐오의 표현들이 여기에 뿌리가 있다. 반공주의는 이 정의관의 대표적인 산물이다. 이런 정의관은 하루빨리 용도 폐기되어야 한다. 한반도와 동북아의 평화·공영 체제를 안정적으로 구축하고, 대한민국이 보편 문명국가로 성장하고 성숙해나가는 데 가장 큰 걸림돌이기 때문이다. 아무리 적이라고 해도 진정성을 보이면 이해하고 받아들일 수 있어야 한다. 진영론적인 사고방식에 갇혀 적일 뿐이라고만 단정하면 적은 결코 친구가 되려고 하지 않는다. 한때 북한이 정상국가가 되려고 노력했다. 하지만 여타의 사정으로, 특히 하노이 회담 결렬 이후 남한과 북한은 다시 멀어지고 있으며, 그 틈을 타고 배제주의 정의관이 재빨리 귀환하고 있다.

한반도를 하나의 생존 공동체로 놓고 볼 때, 이 정의관은 적을 만들고 공멸을 부르기에 단순히 논파하는 것을 넘어 현실적으로 영구히 청산되어야 한다. 뿌리 뽑을 수 없더라도 공적인 무대에서 더는 등장할 수 없게 해야 한다. 이런 상황에서는 인으로 악을 대하라고 명령하는 안중근은 계속해서 소환될 수밖에 없을 것이다.

그러나 이쯤에서 실토하자. '친구를 사랑하고 적을 미워하라'는 정의관은 결코 사라지지 않을 것이다. 허망하게도 그럴 수밖에 없음은, 그것이 인간의 본성에 가까운 것이기 때문이다. 천하의 플라톤도 그럴 수밖에 없다고 인정한 것이다. 나라를 나라답게 만드는 일이 그렇게 어렵다. 그 일은 물질적인 성장만으로는 결코 안 되고 정신적인 성숙이 뒷받침되어야 하기 때문이다. 한국 사회가 다음과 같이 성숙해졌을 때나 가능한 일일 것이다. 즉, 성장 중심 사회에서 성숙 기반 사회로 전환할 때, 지연·학연이라는 봉건적·권위적 사회를 넘어 보편의 가치·이념이 상식과 양심의 기준이 되는 시민 사회로 자리 잡을 때, 생존이 보장되고 생활이 있는 문화 사회로 나아갈 때, 정치가 고립과 불통의 관점에서 통합과 교류의 관점으로 전환하여 소통 사회가 될 때, 우리 경제가 모방 단계에서 선도 단계로 도약하기 위한 지식 기반의 사회가 될 때, 문화와 역사가 단절에서 연속으로 나아가 전통사회와 외래의 문화 및 문명이 융합하여 조화를 이루는 열린 사회로 진입할 때, 친구를 사랑하고 적을 미워하라는 배제주의 정의관이 극복될 수 있을 것이기 때문이다. 그러는 한, 안중근은 오늘-여기에 끊임없이 불려 나올 수밖에 없을 것이다. 이런 의미에서, 안중근은 여전히 살아 있다. 살아 있을 수밖에 없을 것이다.

러시아에 대한 선전의 조칙
宣戰詔書 | 露国に対する宣戦の詔勅

• 일본어는 최초의 원문과 현대 번역문을 함께 싣는다.

天佑ヲ保有シ萬世一系ノ皇祚ヲ踐めるメル大日本國皇帝ハ忠
實勇武ナルなる汝有衆ニ示ス。

　　天の助けによって先祖代々皇位を継承してきた家系に属す
　　る大日本国の皇帝は、忠実にして勇敢な汝ら国民に以下の
　　ことを知らせる。

　　하늘의 도움으로 조상 대대로 황위를 계승해온 가계에 속하는 대
　　일본국의 황제는 충실하고 용감한 당신들 국민에게 다음 사항을
　　알린다.

朕茲ニ露國ニ對シテ戰ヲ宣ス。朕カ陸海軍ハ宜ク全力ヲ極メ
テ露國ト交戰ノ事ニ從フヘク朕カ百僚有司ハ宜ク各々其ノ職
務ニ率ヒ其ノ權能ニ應シテ國家ノ目的ヲ達スルニ努力スヘ
シ。凡ソ國際條規ノ範圍ニ於テ一切ノ手段ヲ盡シ遺算ナカラ

ムコトヲ期セヨ。

　朕はこの文書で、ロシアに対する戦争を行うことを布告する。朕の陸軍と海軍は、ぜひとも全力をつくしてロシアと戦ってほしい。また朕のすべての部下らは、それぞれの職務や権限に応じて国家の目的が達成されるように努力してほしい。国際的な条約や規範の範囲で、あらゆる手段をつくして誤ちのないように心がけよ。

　짐은 이 문서로 러시아에 대한 전쟁을 벌일 것임을 포고한다. 짐의 육군과 해군은 부디 전력을 다해 러시아와 싸우기 바란다. 또 짐의 모든 부하들은 각자 직무와 권한에 따라 국가의 목적이 달성되도록 노력하기 바란다. 국제적인 조약이나 규범의 범위에서, 모든 수단을 다해 실수가 없도록 유의하라.

惟フニ文明ヲ平和ニ求メ列國ト友誼ヲ篤クシテ以テ東洋ノ治安ヲ永遠ニ維持シ各國ノ權利利益ヲ損傷セスシテ永ク帝國ノ安全ヲ將來ニ保障スヘキ事態ヲ確立スルハ朕夙ニ以テ國交ノ要義ト爲シ旦暮敢テ違ハサラムコトヲ期ス。朕カ有司モ亦能ク朕カ意ヲ體シテ事ニ從ヒ列國トノ關係年ヲ逐フテ益々親厚ニ赴クヲ見ル。今不幸ニシテ露國ト釁端ヲ開クニ至ル豈朕カ志ナラムヤ。

　朕の考えは、文明を平和的なやりかたで発展させ、諸外国との友好関係を促進することによって、アジアの安定を永遠に維持し、また、各国の権利や利益を損なわないようにしながら、末永く日本帝国の将来の安全が保障されるような状況を確立することにある。これは朕が他国と交渉する際に最も重視していることがらで、常にこうした考えに違反しないよう心がけてきた。朕の部下らも、こうした朕の意思に従ってさまざまな事柄を処理してきたので、外国との関係は年がたつにつれてますます厚い親交を結ぶに至っている。今、不幸なことにロシアと戦う事になったが、これは決して朕の意志ではない。

짐의 견해는 문명을 평화적인 방법으로 발전시키고, 외국과의 우호 관계를 촉진함으로써 아시아의 안정을 영원히 유지함과 동시에 각국의 권리와 이익을 해치지 않도록 하면서, 오랫동안 일본 제국 장래의 안전이 보장되는 상황을 확립하는 데 있다. 이는 짐이 타국과 교섭할 때에 가장 중시하고 있는 사항으로, 항상 이러한 생각에 위반하지 않도록 유의해왔다. 짐의 부하들도 이러한 짐의 뜻에 따라 여러 가지 일을 처리해온 덕분에 외국과의 관계는 해가 갈수록 돈독해지고 있다. 지금 불행히도 러시아와 싸우게 되었지만 이는 결코 짐의 뜻이 아니다.

帝國ノ重ヲ韓國ノ保全ニ置クヤ一日ノ故ニ非ス。是レ兩國累世ノ關係ニ因ルノミナラス韓國の存亡ハ實ニ帝國安危ノ繋ル所タレハナリ。然ルニ露國ハ其ノ清國トノ明約及列國ニ對スル累次ノ宣言ニ拘ハラス依然満洲ニ占據シ益々其ノ地歩ヲ鞏固ニシテ終ニ之ヲ併吞セムトス。

日本帝国が韓国の保全を重視してきたのは、昨日今日の話ではない。我が国と韓国は何世代にもわたって関わりをもっていたというだけでなく、韓国の存亡は日本帝国の安全保障に直接関係するからでもある。ところが、ロシアは、清国と締結した条約や諸外国に対して何度も行ってきた宣言に反して、今だに満州を占拠しており、満州におけるロシアの権力を着実に強化し、最終的にはこの土地を領有しようとしている。

일본제국이 한국의 보전을 중시해온 것은 어제오늘의 이야기가 아니다. 일본과 한국은 여러 세대에 걸쳐 관계를 유지하고 있었을 뿐 아니라 한국의 존망은 일본제국의 안전 보장과 직접 관련되어 있기 때문이기도 하다. 그런데 러시아는 청나라와 체결한 조약과 여러 나라에 대해 수차례 처리한 선언을 위배하고 아직까지 만주를 점거함으로써 만주에서 러시아의 권력을 착실히 강화하는 한편 궁극적으로는 이 땅을 영유하려 하고 있다.

若シ満洲ニシテ露國ノ領有ニ歸セン乎韓國ノ保全ハ支持スルニ由ナク極東ノ平和亦素ヨリ望ムヘカラス。故ニ朕ハ此ノ機ニ際シ切ニ妥協ニ由テ時局ヲ解決シ以テ平和ヲ恒久ニ維持セムコトヲ期シ有司ヲシテ露國ニ提議シ半歳の久シキニ亙リテ屢次折衝ヲ重ネシメタルモ露國ハ一モ交譲ノ精神ヲ以テ之ヲ迎ヘス。

仮に満州がロシア領になってしまえば、我が国が韓国の保全を支援したとしても意味がなくなるばかりか、東アジアにおける平和はそもそも期待できなくなってしまう。従って、朕はこうした事態に際して、何とか妥協しながら時勢のなりゆきを解決し、平和を末永く維持したいとの決意から、部下をおくってロシアと協議させ、半年の間くりかえし交渉を重ねてきた。ところが、ロシアの交渉の態度には譲り合いの精神はまったくなかった。

만일 만주가 러시아령이 되면 일본이 한국의 보전을 지원했다 하더라도 의미가 없을 뿐 아니라 동아시아에서의 평화는 애당초 기대할 수 없게 되어 버린다. 따라서 짐은 이런 사태에 맞서 어떻게든 타협하면서 시세의 추이를 해결하고 평화를 오래 유지하겠다는 결의에서 부하들을 보내 러시아와 협의하도록 하여 반년 동안 협상을 거듭해왔다. 그러나 러시아의 협상 태도에는 양보의 정신이 전혀 없었다.

曠日彌久徒ニ時局ノ解決ヲ遷延セシメ陽ニ平和ヲ唱道シ陰ニ海陸ノ軍備ヲ増大シ以テ我ヲ屈従セシメムトス。凡ソ露國カ始ヨリ平和ヲ好愛スルノ誠意ナルモノ毫モ認ムルニ由ナシ。露國ハ既ニ帝國ノ提議ヲ容レス韓國ノ安全ハ方ニ危急ニ瀕シ帝國ノ國利ハ將ニ侵迫セラレムトス。

ただいたずらに時間を空費して問題の解決を先延ばしにし、表で平和を唱えながら、陰では陸海の軍備を増強して、我が国を屈服させようとした。そもそもロシアには、始めから平和を愛する誠意が少しもみられない。ロシアはこの時点になっても日本帝国の提案に応じず、韓国の安全は今まさに危険にさらされ、日本帝国の国益は脅かされようとしている。

그저 헛되이 시간을 허비하여 문제 해결을 미루고, 겉으로는 평화를 외치면서 뒤로는 육해의 군비를 증강함으로써 일본을 굴복시키려 했다. 애당초 러시아에게서는 평화를 사랑하는 정성이 조금도 보이지 않는다. 러시아는 지금 이 시점에도 일본제국의 제안에 응하지 않고 있고, 한국의 안전은 바야흐로 위험에 처하여, 일본제국의 국익은 위협받으려 하고 있다.

事既ニ茲ニ至ル。帝國カ平和ノ交涉ニ依リ求メムトシタル將來ノ保障ハ今日之ヲ旗鼓ノ間ニ求ムルノ外ナシ。朕ハ汝有衆ノ忠實勇武ナルニ倚頼シ速ニ平和ヲ永遠ニ克復シ以テ帝國ノ光榮ヲ保全セムコトヲ期ス。
(御名御璽)
明治三十七年二月十日

　事態は、既にここまで悪化しているのである。日本帝国は平和的な交涉によって将来の安全保障を得ようしたが、今となっては軍事によってこれを確保するしかない。朕は、汝ら国民が忠実にして勇敢であることを頼みとして、速やかに永久的な平和を回復し、日本帝国の栄光を確たるものとすることを期待する。
(御名御璽)
1904年2月10日

사태는, 이미 이렇게까지 악화하고 있는 상황이다. 일본제국은 평화적인 교섭을 통해 장래의 안전보장을 얻으려 했지만 이렇게 된 바에는 군사를 통해 그것을 확보할 수밖에 없다. 짐은 그대들 국민이 충실하면서도 용감하다는 것을 의지로 삼아 신속하게 영구적인 평화를 회복하고 일본제국의 영광을 확고한 것으로 만들어 주리라 기대한다.

1904년 2월 10일

출처: 일본 국립공문서관 아시아역사자료센터 https://www.jacar.go.jp/nichiro/sensen.htm

표기 한자의 대표자 및 이체자 비교목록

한자음	대표자	이체자	한자음	대표자	이체자
가	價	약자: 価	권	權	약자: 権
가	假	약자: 仮	귀	歸	약자: 帰
감	減	속자: 减	단	團	약자: 団
강	強	속자: 强	단	斷	약자: 断
강	疆	동자: 壃	당	當	약자: 当
거	擧	약자: 挙	대	對	약자: 対
검	劍	동자: 劒	도	圖	약자: 図
검	檢	약자: 検	독	獨	약자: 独
겁	劫	속자: 刧	득	得	속자: 淂
경	輕	약자: 軽	락	樂	약자: 楽
경	經	약자: 経	란	亂	속자: 乱
고	高	속자: 髙	래	來	약자: 来
관	關	속자: 関	략	略	동자: 畧
관	觀	약자: 観	량	兩	속자: 両
구	驅	약자: 駆	령	靈	약자: 霊
구	毆	속자: 殴	류	留	속자: 㽞
국	國	속자: 国	만	萬	동자: 万

한자음	대표자	이체자	한자음	대표자	이체자
만	滿	약자: 満	장	狀	속자: 状
만	灣	속자: 湾	쟁	爭	속자: 争
묵	默	속자: 黙	전	戰	약자: 戦
문	問	간체자: 问	점	點	약자: 点, 奌
발	發	약자: 発	조	條	속자: 条
방	訪	간체자: 访	종	從	속자: 従
변	變	속자: 変	즉	卽	속자: 即
변	邊	약자: 辺	증	證	약자: 証
불	拂	약자: 払	참	慘	속자: 惨
사	師	속자: 师	처	處	속자: 處
사	辭	속자: 辞	철	鐵	약자: 鉄
삼	參	속자: 参, 叅	치	恥	속자: 耻
소	蘇	통자: 穌, 속자: 甦	칭	稱	속자: 称
속	屬	속자: 属	폐	廢	약자: 廃
수	數	속자: 数	학	學	속자: 学
실	實	약자: 実	함	陷	약자: 陥
아	亞	속자: 亜	해	解	속자: 觧
악	惡	속자: 悪	허	虛	동자: 虚
어	於	속자: 扵	험	險	약자: 険
여	與	동자: 与	호	號	속자, 간체자: 号
연	煙	동자: 烟	황	況	속자: 况
용	踊	동자: 踴	회	會	속자: 会
원	員	약자: 貟	효	效	속자: 効
위	爲	속자: 為	흉	胸	동자: 胷
장	場	동자: 塲	흑	黑	약자: 黒

참고문헌

1. 자서전 및 평전, 단행본

1차 자료

安重根, 1910 추정, 安重根傳記及論說(한문 필사본)

安重根, 1910 추정, 安應七歷史(한문 필사본)

安重根, 1910 추정, 安重根自傳(『安應七歷史』의 일본어역 필사본)

葉天倪(Yeh, Ch'ien-ni), 『安重根傳』(중국어 전기)

長沙 鄭沅의 『安重根』(중국어 전기)

全光洙, 『安重根傳略』(중국어 전기)

楊昭全, 『朝鮮 愛國志士 安重根』(중국어 전기)

2차 자료(자서전 생애)

김춘광, 1946, (戲曲) 安重根 史記, 三中堂/靑春劇場

박성강, 1946, 獨立運動先驅 安重根先生公判記, 京鄕雜誌社

백민, 1946, 애국열사와 의사전, 백민문화사

안중근, 1946, (獨立運動先驅) 安重根先生公判記, 京鄕雜誌社

김춘광, 1947, 安重根史記, 韓興出版史

이전, 1949, 安重根血鬪記, 一名, 義彈의 凱歌, 延泉中學校期成會

전창근, 1959, 高宗皇帝와 義士 安重根, 영문사

최금동, 1960, (義士)安重根, 聯邦映畵

편집부, 1962, 안중근 (세계위인문고 52권), 학원사

신성국, 1963, 義士 안중근 (도마), 지평

안학식 편저, 1963/1964, 義士安重根傳記, 해동문화사/萬壽祠保存會(만수사보
　　존회)

안재호, 1965, 文成公 安裕, 島山 安昌浩, 義士 安重根 略傳, 安在祜 發行

안중근, 1970, 安重根 自傳, 韓國硏究院

이은상 편역, 1970, 안중근의사자서전, 안중근의사숭모회

유경환, 1972, 安重根, 太極出版社

劉庚煥, 1973/1974/1975/1976/1977/1978/1979, (偉大한 韓國人 4권) 安重根,
　　太極出版社

한국, 1976, 韓國獨立運動史, 國史編纂委員會

강위수, 1979, 안중근, 한영출판사

계림문고, 1979, 하얼삔의 총성, 계림출판사

안중근의사숭모회, 1979/1980/1983, 민족의 얼: 안중근 의사 사진첩, 백왕사

이은상 편역, 1979/1980, 안중근 의사 자서전, 안중근의사숭모회

최홍규, 1979, 安重根事件公判記, 正音社

유경환, 1980, 안중근, 太極

손병희, 1981, 손병희·주시경·안중근, 삼성당

안중근, 1981, 안중근의사 자서전, 안중근의사숭모회

권오석, 1982, 안중근, 대한도서

박승일, 1982, (조국의 독립을 위해 몸을 바친) 안중근, 윤봉길, 한림출판사

안중근, 1982, 안중근, 예림당

이용범, 1982, (소년소녀) 한국위인전기전집, 삼성당

류경환, 1983, 偉大한 韓國人, 태극출판사

송건호, 1983, 偉大한 韓國人, 중앙서관

유경환, 1983, 安重根, 中央書館

이문욱, 1983, 민족의 얼: 안중근 의사 사진첩, 안중근의사숭모회

나카노 야스오(中野泰雄), 1984, (일본의 지성이 본) 安重根, 경운

이치카와 마사아키(市川正明), 1984, 安重根 日韓關係史, 原書房

범우오뚜기문고 편찬위원회, 1985, 안중근, 범우사

박종현, 1986, (나라 잃은 원수 갚은) 안중근, 교학사

단국대학교, 1987, (安重根義士硏究의 殿堂) 東京韓國硏究院, 檀國大學校 退溪
　　　紀念中央圖書館

이호철, 1987, 안중근, 웅진출판주식회사

신중신, 1990, 안중근, 삼성출판사

안중근, 1990, 안중근의사자서전, 안중근의사숭모회

어효선, 1990, 안중근, 교학사

천주교정의구현전국사제단, 1990, 안중근(도마)의사 추모자료집, 천주교정의구
　　　현전국사제단

최이권 편역, 1990, (愛國衷情) 安重根 義士, 法經出版社

나카노 야스오(中野泰雄), 1991, 安重根, 亞紀書房

강순아, 1992, 안중근, 윤진

금성출판사 편집부, 1992, 소년소녀위인전기, 금성출판사

삼성당 편집부, 1992, 안중근, 삼성당(미디어)

이은상 편역, 1992, 안중근의사자서전, 안중근의사숭모회

이전, 1992, 安重根血鬪記, 나라문화사

장석흥, 1992, 안중근의 생애와 구국운동, 독립기념관 한국독립운동사연구소

금성출판사 편집부, 1993, 한국의 역사, 금성출판사

김희용, 1993, 서재필·안중근·신채호, 교육문화사

나명순, 1993, 大韓國人 安重根, 世界日報

사키 류조(佐木隆三), 1993, (광야의 열사) 안중근, 고려원

이은상 편역, 1993, 안중근의사자서전, 안중근의사숭모회

안중근의사기념관, 1993, 안중근의사 연구의 어제와 오늘, 안중근의사기념관

이호철, 1993, 안중근, 웅진출판주식회사

김성도, 1994, 안중근, 계림문고

김우종, 1994, 安重根, 遼寧民族出版社

박은식, 1994, (불멸의 민족혼) 安重根, 한국종합물산

박은식, 1994, 安重根, 한국일보社

사이토 다이켄(齋藤泰彦), 1994, 내 마음의 안중근(安重根), 인지당

안중근의사숭모회, 1994, 大韓民國 安重根 義士, 安重根義士 紀念館

이상현, 1994, 안중근, 삼성당(미디어)

최서면, 1994, (새로 쓴) 안중근 의사, 집문당

한석청, 1994, 초인(超人), 한아름

이용우, 1995, 안중근, 바른사

편집부, 1995, (금성판 학습만화)한국의 역사, 금성출판사

한석청, 1995, (소설) 안중근, 청암미디어

김창수 편저/국가보훈처, 1995, 海外의 韓國獨立運動史料(XIII) 日本篇(1), 國家
    報勳處

김창수 편저/국가보훈처, 1995, 海外의 韓國獨立運動史料(XIV) 日本篇(2), 國家
    報勳處

김창수 편저/국가보훈처, 1995, 海外의 韓國獨立運動史料(XV) 日本篇(3), 國家
    報勳處

김창수 편저/국가보훈처, 1995, 安重根 : 亞州第一義俠, 국가보훈처

나카노 야스오, 1995, 동양평화의 사도 안중근, 하소

박성수, 1995, 안중근과 의거활동, 금성출판사

장문평, 1995, 안중근, 금성출판사

송원희, 1995, 安重根 그날 춤을 추리라, 둥지

김종상, 1995, 안중근, 견지사

신용하, 1995, 안중근 유고집, 역민사

토향회, 1995, 安重根 公判書, 土鄕會

쓰루 게사도시(津留今朝壽), 1996, 天主敎徒「安重根」, 自由國民社

여순순국선열기념재단, 1997, 安重根과 東洋平和, 여순순국선열기념재단

이창모, 1996, 안중근, 대우출판사

이호철, 1997, 안중근, 웅진출판

한석청, 1997, 安重根, 作品社

김우종·리동원 편, 1998, 안중근 의사, 흑룡강조선민족출판사

김의경, 1998, (서사극) 대한국인 안중근, 세종문화회관

김선태, 1999, 안중근, 중앙

김종상, 1999, 안중근, 예림당

독립기념관 한국독립운동사연구소 편저, 1999, 안중근의사 자료집, 독립기념관
    한국독립운동사연구소

안중근의사기념관, 1999, 안중근 의사 의거 90주년 기념 학술발표회, 독립기념
    관 한국독립운동사연구소

안중근의사기념사업회 편저, 1999, 기록과 자료를 통해서 본 大韓國人 安重根,
    안중근의사기념사업회

윤병석, 1999, 安重根傳記全集, 國家報勳處

김선태, 2000, 안중근, 래더교육

대한독립유공자유족회, 2000, (독립투사) 안중근, 대한독립유공자유족회

박노연, 2000, 安重根과 平和, 을지출판공사

안중근, 2000, 안중근 의사 자서전, 범우사

안중근, 2000, 안중근 전쟁, 끝나지 않았다, 열화당

유수경, 2000, 안중근, 태서

한국교회사연구소 편저, 2000, 2000년 대희년 안중근 의거 91주년 기념 심포지
    엄 '2000년 대희년과 안중근 토마스', 한국교회사연구소

황종렬, 2000, 신앙과 민족의식이 만날 때, 분도출판사

김영광 편역, 2001, 죽은 자의 죄를 묻는다, 경운출판사

박준황, 2001, 안중근(열사) '일·패전' 경고, 나라임자

송원희, 2001, (소설) 안중근, 문학과의식

안중근의사숭모회, 2001, (大韓國人) 安重根, 安重根義士紀念館

이영준, 2001, 안중근, 상서각

사이토 타이켄(齊藤泰彦), 2002, 내 마음의 안중근, 집사재

아청(阿成), 2002, 安重根擊斃伊藤博文, 北京 : 新世界出版社

이영준, 2002, 안중근, 대일

조상호, 2002, 안중근 이등박문을 쏘다, 문학예술종합출판사

한국민족운동사학회, 2002, 安重根의 抗日民族運動, 국학자료원

한동민, 2002, 안중근, 교원

사키 류조(佐木隆三), 2003, 안중근과 이토 히로부미, J&C

안영옥, 2003, 안중근, 뉴턴코리아

안영주, 2003, 안중근, 교연아카데미

강석하, 2004, (대한국인) 안중근, 예림당

강용규, 2004, 안중근, 꿈동산

송원희, 2004, 대한국인 안중근, 조이에듀넷

안중근의사기념사업회, 2004, (大韓國人 安重根) 學術硏究誌, 安重根義士崇謨會

이이녕, 2004, (소설로 읽는) 도마 안중근, 선미디어

한상수, 2004, 안중근, 한국파스퇴르

안중근, 2005, 大韓民國 安重根 學術硏究誌, 安重根義士 崇篡會

김양순, 2006, (조국 독립을 꿈꾼 대 한국인) 안중근, 한국헤밍웨이

김우종(金宇鐘), 2006, 安重根和哈爾濱, 黑龍江朝鮮民族出版社

림종상, 2006, 안중근 이등박문을 쏘다, 자음과모음

문정옥, 2006, 안중근, 기탄동화

박용기, 2006, 안중근, 주니어랜덤

안중근의사기념사업회, 2006, 안중근부자의 독립운동, 안중근의사기념사업회

유병호, 2006, 安重根, 萬券出版公司

이영호, 2006, (숭고한 영혼) 안중근, 지경사

이정범, 2006, 항일 독립 운동과 안중근, 서강BOOKS

국가보훈처, 2007, 2007 국외 독립운동 사적지 탐방, 광성문화

김양순, 2007, 안중근, 훈민출판사

송년식, 2007, 안중근, 파랑새

안중근, 2007, 안중근 의사 자서전, 범우사

이상현, 2007, (하얼빈의 총소리) 안중근, 영림카디널

조정래, 2007, 안중근, 문학동네

화문귀(華文貴), 2007, 安重根硏究, 遼寧民族出版社

김경란, 2008, 안중근, 씽크하우스

김도형, 2008, 大韓國人 安重根 자료집, 선인

송재진, 2008, 안중근, 효리원

안중근, 2008, 안중근의사 자료집, 국학자료원

안중근의사숭모회, 2008, (대한의 영웅) 안중근 의사, 안중근의사숭모회

구태훈, 2009, (구태훈 교수의) 안중근 인터뷰, 재팬리서치 21

김상웅, 2009, 안중근 평전, 시대의창

단국대학교 동서문화교류연구소, 2009, 동아시아평화론의 현대적 조명, 단국대
    학교 동서문화교류연구소

독립기념관, 2009, 안중근 의거의 국제적 영향, 독립기념관 한국독립운동사연
    구소

리정걸, 2009, 안중근 연구, 흑룡강조선민족출판사

박보리스, 2009, 하얼빈 역의 보복: 이토 히로부미에 대한 안중근의 총성, 채륜

신성국, 2009, 의사 안중근(도마), 안중근의사기념사업회 재판(초판 1963)

신운용, 2009, 안중근과 한국근대사 1, 채륜

안동일, 2009, (소설 안중근) 고독한 영웅, 동행

안중근의사 의거·순국 100주년 기념사업 추진위원회 공동사무국, 2009, 안중
    근의사 하얼빈의거 100주년기념 국제학술대회, 안중근의사기념사업회

안중근의사기념사업회 편, 2009, 안중근과 그 시대: 안중근 의거 100주년 기념
    연구논문집 01, 경인문화사

안중근의사기념사업회 편, 2009, 안중근 연구의 기초: 안중근 의거 100주년 기
    념연구논문집 02, 경인문화사

예술의전당, 2009, (의거·순국 100년) 安重根, 우일출판사

이수광, 2009, (대한국인) 안중근, 삼성당

이수광, 2009, 안중근 불멸의 기억, 추수밭

이이녕, 2009, 살아서 백년 죽어서 천년, 전인교육

이청, 2009, 대한국인 안중근, 경덕출판사

진복희, 2009, 안중근, 한국퍼킨스

한국동북아학회, 2009, 안중근의 민족사상과 하얼빈의거의 의미, 한국동북아
　　　학회

한아름, 2009, 영웅, 처음주니어

강석하, 2010, (대한국인) 안중근, 예림당

김춘광, 2010, (희곡) 안중근, 범우사

김파, 2010, (천추의 충혼) 안중근, 백암

김호일, 2010, (大韓國人) 安重根, 눈빛

독립기념관, 2010, 안중근의사자료집, 국학자료원

명순구, 2010, 법의 눈으로 안중근 재판 다시 보기, 고려대학교출판부

박도, 2010, 영웅 안중근, 눈빛

반무충 외, 2010, (백년의 얼) 충혼 안중근, 백암

소원회, 2010, (제16회 소원회전) 安重根義士, 김구재단

손염홍, 2010, 중국신문 안중근의거 기사집, 독립기념관 한국독립운동사연구소

안중근의사기념관건립위원회, 2010, 안중근의사기념관건립사, 안중근의사기념
　　　관건립위원회

안중근의사기념사업회 편, 2010, 안중근 연구의 성과와 과제: 안중근 의거 100
　　　주년 기념연구논문집 03, 경인문화사

안중근의사기념사업회 편, 2010, 안중근과 동양평화론: 안중근 의거 100주년
　　　기념연구논문집 04, 경인문화사

안중근평화연구원, 2010/2014, 안중근 자료집 02 러시아 관헌 취조문서, 채륜

안중근평화연구원, 2010/2014, 안중근 자료집 03 안중근 신문기록, 채륜

안중근평화연구원, 2010/2014, 안중근 자료집 04 우덕순·조도선·유동하 신문
　　　기록, 채륜

안중근평화연구원, 2010/2014, 안중근 자료집 05 안중근·우덕순·조도선·유동
하 등 공술기록, 채륜

안중근평화연구원, 2010/2014, 안중근 자료집 06 안중근 가족·친우 등 신문·
취조·청취기록, 채륜

안중근평화연구원, 2010/2014, 안중근 자료집 09 안중근·우덕순·조도선·유동
하 공판기록 – 공판시말서, 채륜

안중근평화연구원, 2010/2014, 안중근 자료집 10 안중근·우덕순·조도선·유동
하 공판기록 – 안중근사건 공판속기록, 채륜

안중근평화연구원, 2010/2014, 안중근 자료집 11 한국인 집필 안중근 전기 I,
채륜

안중근평화연구원, 2010/2014, 안중근 자료집 12 한국인 집필 안중근 전기 II,
채륜

안중근평화연구원, 2010/2014, 안중근 자료집 15 재만 일본 신문 중 안중근 기
사 I – 만주일일신문, 채륜

안중근평화연구원, 2010/2014, 안중근 자료집 16 재만 일본 신문 중 안중근 기
사 II – 만주일일신문, 채륜

예술의전당, 2010, (순국 100년) 安重根, 예술의전당

원재훈, 2010, 안중근, 하얼빈의 11일, 사계절

이기웅, 2010/2019, 안중근 전쟁, 끝나지 않았다, 열화당

이문열, 2010, (만화) 불멸, 아이세움코믹스

이문열, 2010, 불멸, 민음사

이준희, 2010, 평화를 위해 쏘다 안중근, 자음과 모음

이태진, 2010, 영원히 타오르는 불꽃, 지식산업사

정석호, 2010, (대한국인) 안중근, 학산문화사

조광, 2010, 안중근 연구의 성과와 과제, 채륜

황병훈, 2010, (100년 만에 드러난 새 얼굴) 안중근을 보다, 해피스토리

황종렬, 2010, 안중근 토마스의 하느님-세계-인간 이해, 두물머리미디어

강효숙, 2011, 일본신문 안중근의거 기사집, 독립기념관 한국독립운동사연구소

김성민 글/이태진·조동성 원작, 2011, 이토 히로부미, 안중근을 쏘다, 아이웰콘

텐츠

다카하시 고준(高橋公純), 2011, 大韓國人 安重根의 遺筆에서 배우다, 에코브리드

독립기념관, 2011, 일본신문 안중근의거 기사집, 독립기념관 한국독립운동사연구소

안중근, 2011, 安重根自叙伝・東洋平和論 － 仁の人、義の人、信の人, 愛知宗教者九条の会

안중근, 2011, 안중근의사의 삶과 나라사랑 이야기, 안중근의사숭모회

윤병석 역주, 2011, (1세기만에 보는 희귀한) 안중근 전기, 국학자료원

윤병석 편역, 2011, 안중근 문집, 독립기념관 한국독립운동사연구소

윤병석, 2011, 안중근 연구, 국학자료원

정경환, 2011, 한국정치사상가 연구 제1권: 안중근에서 한용운까지, 이경

統一日報社, 2011, (圖錄・評傳) 安重根, 日本評論社

황재문, 2011, 안중근 평전, 한겨레

방영훈, 2012, 디지털 시대의 청소년을 위한 인물읽기: 안중근, 그림책[e-book]

신운용 글/라아영 그림, 2012, (동양 평화를 외친 우리의 영웅) 안중근, 지경사

이정범 글/박종호 그림, 2012, 왜 안중근은 이토 히로부미를 죽였을까?, 자음과모음

박정태, 2013, (민족정기를 드높인 대한국인) 안중근 리더십, BookStar

박환, 2013, (민족의 영웅, 시대의 빛) 安重根, 선인

신운용, 2013, 안중근과 한국근대사 2, 채륜

안학식 편, 2013, (義士) 安重根傳記, 韓國學資科院 [1963 만수사보존회 재판]

오오카와 류우호오(大川隆法), 2013, 安重根は韓国の英雄か、それとも悪魔か, 幸福の科学出版

한국학자료원, 2013, 의사 안중근 전기, 인문사

허훈, 2013, 안중근・이상・남인수・황우석・김연아, 솔과학

황종열, 2013, 안중근 토마스, 대구가톨릭대학교출판부

김삼웅, 2014, 안중근 평전, 시대의창[개정판]

김월배, 2014, 안중근은 애국: 역사는 흐른다, 한국문화사

김정현, 2014, 안중근, 아베를 쏘다, 열림원

신용구, 2014, (소설 안중근) 대의, 이른아침

안경순, 2014, 안중근, 예림당

안중근, 2014, 안중근 의사 자서전, 범우사[재발간]

안천, 2014, 김구 재평가와 안중근, 교육과학사

안태근·김월배, 2014, 안중근 의사의 유해를 찾아라!, 스토리하우스

이청리, 2014, 안중근, 이룸신서

이해상, 2014, 효창원 7위선열과 의열사 제전, 효창원7위선열기념사업회

정현기, 2014, 한국인 집필 안중근 전기, 채륜

한국문화편집국, 2014, (대한독립운동가) 안중근, 이북스펍(ebookspub)

김월배, 2015, (광복 70주년) 뤼순의 안중근 의사 유해발굴 간양록, 청동거울

김홍식, 2015, 안중근 재판정 참관기, 서해문집

독립기념관, 2015, 일본신문 안중근의거 기사집, 휴먼컬처아리랑

박삼중, 2015, 코레아 우라, 소담출판사

안중근뼈대찾기사업회, 2015, 돌아오지 못하는 安重根, 차이나하우스

올린피플스토리, 2015, 자랑스런 안중근 의사 이야기, 올린피플스토리

이영현, 2015, 통일을 이룬 안중근의 피, 하우넥스트

정현기, 2015, 안중근과 이등박문 현상, 채륜

대한민국역사박물관 편, 2015, 울림 안중근을 만나다, 대한민국역사박물관

리룡득, 2016, 민족영웅의 설화와 민요: 홍범도 장군과 안중근 의사, 역락

성재경, 2016, 독립삼남매 안중근, 여름

안경순, 2016, Why?, 예림당

안중근, 2016, 안중근 전기: 안응칠 역사/동양평화론/안중근의 유서, 씨익북스
    [전자자료]

안중근평화연구원, 2016, 안중근 자료집 01 안중근 유고: 안응칠 역사·동양평
    화론·기서, 채륜

안중근평화연구원, 2016, 안중근 자료집 07 재하얼빈 한인 신문기록, 채륜

안중근평화연구원, 2016, 안중근 자료집 08 일본인 신문·청취기록, 채륜

안중근평화연구원, 2016, 안중근 자료집 13 한국인 집필 안중근 전기 III, 채륜

안중근평화연구원, 2016, 안중근 자료집 17 일본 신문 중 안중근 기사 I - 도쿄 아사히신문, 채륜

안중근평화연구원, 2016, 안중근 자료집 25 중국인 집필 안중근 소설 I - 영웅의 눈물, 채륜

안중근평화연구원, 2016, 안중근 자료집 26 중국인 집필 안중근 소설 II - 영웅의 눈물, 채륜

월간저널 영웅 편집부, 2016, 살아있는 영웅 안중근, 꼬레아우라

이재승, 2016, 안중근, 시공주니어

이창호, 2016, 안중근 평전, 벗나래

정우택, 2016, 柳麟錫과 安重根의 독립운동, 한글

김영진, 2017, 이토 히로부미와 안중근, 모든북

김진, 2017, 젊은이들이여 하얼빈의 영웅 안중근처럼 살아라, 지성문화사

노중평, 2017, 안중근 콤플렉스 힐링, 휴먼컬처아리랑

대구가톨릭대학교, 2017, 도마 안중근, 선인

문영숙, 2017, 안중근의 마지막 유언, 서울셀렉션

안중근평화연구원, 2017, 안중근 자료집 18 일본 신문 중 안중근 기사 II - 도쿄 아사히신문, 채륜

안중근평화연구원, 2017, 안중근 자료집 19 일본 신문 중 안중근 기사 III - 도쿄 아사히신문, 채륜

안중근평화연구원, 2017, 안중근 자료집 20 일본 신문 중 안중근 기사 IV - 도쿄 아사히신문, 채륜

안중근평화연구원, 2017, 안중근 자료집 21 재한 일본 신문 중 안중근 기사 I - 조선신문, 채륜

안중근평화연구원, 2017, 안중근 자료집 22 재한 일본 신문 중 안중근 기사 II - 조선신문, 채륜

안중근평화연구원, 2017, 안중근 자료집 23 재한 일본 신문 중 안중근 기사 III - 조선신문, 채륜

안중근평화연구원, 2017, 안중근 자료집 24 국내 신문 중 안중근 기사 I - 황성신문, 채륜

안중근평화연구원, 2017, 안중근 자료집 27 국내 신문 중 안중근 기사 II - 대한매일신보, 채륜

안중근평화연구원, 2017, 안중근 자료집 29 국외 한인 발행 신문 중 안중근 기사 I - 신한민보, 채륜

정운현·정창현, 2017, 안중근家 사람들, 역사인

정현기, 2018, 세 명의 한국사람: 안중근, 윤동주, 박경리, 채륜

최전선, 2018, 동포에게 고함: 안중근 유묵집, 북팔

강응섭 외, 2019, 평화의 신학: 한반도에서 신학으로 평화만들기, 동연

김상기, 2019, 행동하는 지성 한국의 독립운동가, 충남대학교출판문화원

김소연, 2019, 누가 죄인인가?, 부크크

김용균, 2019, 불꽃으로 살고 별빛이 되다, 여름언덕

김태빈·우주완, 2019, 대한국인 안중근, 레드우드

김향금, 2019, 나는 안중근이다, 위즈덤하우스

독도글두레 역주, 2019, 동양평화론, 독도도서관친구들

박도, 2019, 독립운동가: 청년 안중근, 사계절

박주, 2019, (새로 발굴한) 도마 안중근 의사 추모시, 대구가톨릭대학교출판부

안중근, 2019, 안중근 동양평화론 자서전: 대한민국 임시정부 100주년 특별판, 부크크

안중근, 2019, 안중근 옥중 자서전: 安應七曆史, 東洋平和論, 寄書, 열화당

연세대학교 의과대학 의사학과, 2019, 근대의학과 의사 독립운동 탐방기, 역사공간

이기웅 편, 2019, 안중근 전쟁 끝나지 않았다, 열화당

이정배, 2019, 세상 밖에서 세상을 걱정하다, 신앙과지성사

장덕환, 2019, (3·1운동 100주년 재조명) 평화주의자 안중근의사, 해맞이미디어

한시준, 2019, 일제침략에 대한 한·중의 공동항전, 단국대학교출판부

황기준, 2019, 독립과 평화를 위해 싸운 대한국인 안중근, 독립기념관 한국독립운동사연구소

김원중 외, 2020, 차이나는 클라스: 국제정치 편 — 역사 분쟁·무역 전쟁·이념 갈등, 중앙북스

박병환, 2020, 한국 외교에는 왜 러시아가 없을까?, 우물이있는집.

안경순 글/이광호 그림/윤재웅 감수, 2020, Why? People 안중근(증보판), 예림당

안선모 글/한용욱 그림, 2020, 궁금해요, 안중근(저학년 첫 역사 인물 08), 풀빛

안중근의사숭모회 편, 2020, 안중근의 말: 안중근 의사가 옥중에서 쓴 나의 삶 나의 나라, 이다북스

조제프 빌렘, 2020, 빌렘 신부, 안중근을 기록하다, 한국교회사연구소

한국교육철학학회, 2020, 일제강점기 저항과 계몽의 교육사상가들, 박영스토리

한세현, 2020, 大韓 청년 안중근, 그룹에이치컴퍼니

2. 자서전 관련 학위논문 및 저널

1) 자서전 및 평전

학위논문

권상균, 2013, 안중근에 대한 주변 국가들의 이해: 일본인들의 평가를 중심으로, 광주가톨릭대학교 대학원[석사]

국내 논문, 기사

조동걸(趙東杰), 1969, 安重根義士 裁判記錄上의 人物 金斗星 考, 論文集/7, 29-41, 春川敎育大學

박은식, 1972, 「전기」: 安重根傳, 나라사랑(8), 190-194, 외솔회

이경선(李慶善), 1985, 朴殷植의 曆史·傳記小說, 동아시아 문화연구/8, 321-341, 漢陽大學校 韓國學硏究所

최원식, 1987, 안중근의 동지, 우덕순, 한국인/6(6), 108-112, 사회발전연구소

김형찬, 1998, 용두사미가 된 『안중근 이등박문을 쏘다』, 한국논단/110(1), 232-234, 한국논단

윤병석, 1998, 安重根의사 傳記의 종합적 검토, 한국근현대사연구/9, 104-144, 한국근현대사학회

윤병석, 1998, [자료]1. 檀仙, 「만고의사 안중근전」, 한국근현대사연구/9, 325-344, 한국근현대사학회

윤병석, 1998, [자료]2. 哀仙子 洪宗杓, 『大東偉人安重根傳』, 한국근현대사연구/9, 345-353, 한국근현대사학회

김홍수, 2000, 안중근의 생애와 동양평화론, 論文集/46, 85-111, 空軍士官學校

조광, 2000, 安重根 연구의 현황과 과제, 한국근현대사연구/12, 180-222, 한국근현대사학회

한시준, 2000, 中國人이 본 安重根: 朴殷植과 鄭沅의 「安重根」을 중심으로, 忠北史學/11-12, 493-506, 忠北大學校 史學會

유병호, 2005, 중국인들이 바라본 安重根의 형상, 한국민족운동사연구/43, 235-253, 한국민족운동사학회

유창진, 2005, 「英雄淚」의 인물 유형을 통한 시대 인식, 중국인문과학(30), 215-233, 중국인문학회

최종고, 2006, 구한말의 주한 프랑스인 사회, 敎會史硏究/27, 79-117, 한국교회사연구소

문정진, 2007, 중국 근대소설과 안중근(安重根), 中國語文論叢/33, 343-377, 中國語文硏究會

윤선자, 2012, 중국인 저술 '안중근 전기' 연구, 교회사학/9, 249-273, 수원교회사연구소

최영옥, 2012, 김택영의 안중근 형상화 검토: 「安重根傳」의 이본 검토를 중심으로, 동양한문학연구/35, 363-392, 동양한문학회

윤선자·신주백, 2012, 중국인 저술 '안중근 전기' 연구, 한중인문학회 학술대회/2012(1), 143-156, 한중인문학회

김종철, 2013, 김택영(金澤榮)의 「안중근전(安重根傳)」 입전(立傳)과 상해(上海), 한중인문학연구/41, 23-55, 한중인문학회

오영섭, 2015, 안중근 상관 金斗星의 실체를 둘러싼 諸說의 비판적 검토, 한국민족운동사연구/85, 39-88, 한국민족운동사학회

산위의마을 편집부, 2019, 함께 읽는 안중근 자서전, 산위의마을(36), 67-88, 예수살이공동체

신운용, 2019, 안중근의 서양 인식, 세계 역사와 문화 연구(53), 105-127, 한국세계문화사학회

정경환, 2019, 안중근의 역사관에 관한 연구, 민족사상/13(2), 131-154, 한국민족사상학회

2) 가족

새가정 편집부, 1972, 안중근 의사의 어머니 조마리아 여사, 새가정 12(209), 62-63, 새가정사

박태균, 1992, 민족운동에 몸바친 비운의 안중근 일가, 월간 말 11(77), 80-85, 월간 말

오영섭, 2002, 안중근 가문의 독립운동, 한국민족운동사연구/30, 21-60, 한국민족운동사학회

이재호, 2004, 안창호와 안청근·공근 형제, 도산학연구/10, 105-127, 도산학회

오영섭, 2007, 개화기 안태훈(1862-1905)의 생애와 활동, 한국근현대사연구/40, 7-44, 한국근현대사학회

오영섭, 2010, 안중근 가문의 독립운동 기반과 성격, 教會史硏究(35), 219-265, 한국교회사연구소

원재연(하상바오로), 2010, "우리는 조선 사람으로서 안중근의 전설을 어찌 잊을 수 있겠는가?": 안중근의 손자 안웅호 요셉의 목숨을 구한 어느 군인의 말, 상교우서(29), 18-20, 수원교회사연구소

오일환, 2013, 제3장 조마리아의 생애와 여성리더십, 민족사상/7(4), 65-98, 한국민족사상학회

김성한, 2019, 3·1절 100주년 기념 안중근 여동생, 안성녀 여사 이야기, 여성우리(61), 37-41, 부산여성가족개발원

3) 문학, 문화예술

학위논문

신운용, 1993, 安重根의 生涯와 思想에 대한 一考, 한국외국어대학교 대학원[석사]

백기인, 1994, 安重根硏究, 韓國精神文化硏究院[석사]

시노하라 토모코(篠原智子), 2005, 「日本における安重根」 考察: 安重根支持言設とその背景につりて(「일본에 있어서의 안중근」 고찰: 안중근 지지 언설과 그 배경에 대해서), 충남대학교대학원[석사]

오연미, 2009, 역사 수업에서의 역사영화 활용의 일례: 「도마 안중근」을 중심으로, 단국대학교[석사]

박강희, 2010, 安重根 義士의 書風 硏究, 원광대학교 일반대학원[석사]

김려은, 2011, 안중근의 '동양평화론'을 활용한 평화교육 프로그램 개발, 서울교육대학교 교육대학원[석사]

박경화, 2011, 창작판소리 박동실 명창의 안중근 '의사가' 연구, 동국대학교[석사]

오도열, 2011, 安重根 書藝의 儒家美學的 硏究, 성균관대학교 유학대학원[석사]

오도열, 2015, 안중근의 義理精神에 관한 硏究, 성균관대학교 유학대학원[박사]

정은지, 2015, 안중근의사기념관 체험학습 효과, 서울시립대학교[석사]

전예린, 2017, 초등사회교과서의 안중근 서술내용 분석: 동아시아 공동체 의식과 관련하여, 서울교육대학교 교육전문대학원[석사]

백동수, 2018, 안중근의 유묵을 통해서 본 그의 천명살이, 대구가톨릭대학교 대학원[석사]

하순이, 2018, 정진업 서사시 「인간 안중근」 연구, 경남대학교 대학원[석사]

최명종, 2019, 이성근 창작판소리 연구: 열사가의 사설과 음악적 내용을 중심으로, 중앙대학교 국악교육대학원[석사]

국내 논문, 기사

유영대, 1992, 창작판소리 「열사가」에 대하여, 판소리연구 3권, 370-372, 판소리학회

판소리연구 편집부, 1992, 열사가(1. 이준 열사가; 2. 안중근 열사가; 3. 윤봉길 열사가; 4. 유관순 열사가), 판소리연구 3권, 351-369, 판소리학회

이원태, 1993, 교양/「8월의 인물」: 위대한 한국인 안중근 의사, 地方行政/42(478), 125-131, 대한지방행정공제회

오영진, 1994, 석천탁목문학에(石川啄木文學) 나타난 한국관: 안중근을 노래한 시를 중심으로, 일본학/13, 77-119, 동국대학교 일본학연구소

김남식, 1998, 심층분석/북한영화 방영의 문제점을 해부한다: '안중근 이등박문을 쏘다'를 보고, 北韓(322), 113-120, 북한연구소

김명석, 2003, SF 영화 「2009 로스트 메모리즈」와 소설 『비명을 찾아서』의 서사 비교, 문학과영상/4(1), 71-102, 문학과영상학회

신광철, 2003, 안중근을 보는 두 가지 시선: 남북한 영화가 재현해 낸 애국적 인물의 궤적, 인문콘텐츠/1, 226-240, 인문콘텐츠학회

정환국, 2003, 애국계몽기 한문소설(漢文小說)에 나타난 대외인식의 단상, 민족문학사연구(23), 201-224, 민족문학사학회

조용구, 2003, 선현의 어록 (2): 안중근 의사가 옥중에서 남긴 문구, 한글한자문화/48, 56-57, 전국한자교육추진총연합회

류창진, 2004, '한국' 소재 中國 近代小說 속의 韓國 認識과 時代 思惟, 중국소설논총/19, 299-321, 한국중국소설학회

문성재, 2004, 안중근 열사를 제재로 한 중국연극, 중국희곡/9(1), 337-373, 한국중국희곡학회

윤병석, 2004, 朴殷植의 민족운동과 『全集』 편찬의 의의, 白山學報(70), 955-973, 백산학회

윤선자, 2005, 안중근 의거에 대한 천주교회의 인식, 한국근현대사연구/33, 50-78, 한국근현대사학회

정요일, 2007, 문화관광 산업의 발전을 위한 전통 인문학의 역할, 한국고전연구/15, 115-141, 한국고전연구학회

황재문, 2007, [기획 논문] 한국고전문학에서의 주체와 타자: 안중근의 문학적 형상화 양상 연구──주체-타자 관계에 대한 분석을 중심으로, 국문학

연구/15, 189-233, 국문학회

신운용, 2008, 안중근 관계자료와 『滿洲日日新聞』, 남북문화예술연구/2, 33-63, 남북문화예술학회

오영섭, 2008, 안중근의 옥중 문필활동, 한국민족운동사연구/55, 83-116, 한국민족운동사학회

정현기, 2008, 북한의 안중근 인식, 남북문화예술연구/2, 143-198, 남북문화예술학회

최원식, 2009, 동양평화론으로 본 안중근의 「장부가」, 민족문학사연구/41, 266-282, 민족문학사학회

최찬용, 2009, 철도 110주년 및 안중근 장군 의거 100주년 기념 역사의 길: 녹색의 비전 대륙철도 횡단행사 참관기, 한국토목섬유학회지/8(4), 78-84, 한국토목섬유학회

황재문, 2009, 한겨레 고전 인물 평전 100: 안중근을 기억하기 위하여, 연보와 평전/3, 51-58, 부산대학교 점필재연구소

김문환, 2010, [연극(1)] 『영웅』『나는 너다』『화려한 휴가』: 2010년, '역사성이 밴' 세 기념공연들, 공연과 리뷰(71), 149-156, 현대미학사

송민숙, 2010, [연극비평] 안중근 서거 100주년 추모연극: 「나는 너다」, 연극평론/58, 154-158, 한국연극평론가협회

신운용, 2010, 안중근 유해의 조사: 발굴 현황과 전망, 역사문화연구/36, 113-146, 한국외국어대학교 역사문화연구소

우림걸(Lin Jie Niu)·유혜영(Hui Ying Liu), 2010, 중국 근대 장회소설(章回小說) 「영웅루(英雄淚)」에 대한 고찰, 古小說 硏究/30, 75-89, 한국고소설학회

이영미, 2010, 안중근 의거의 매체적 변용과 동양평화론: 북한의 연대기적 재인식과 관련하여, 평화학연구/11(1), 283-306, 세계평화통일학회

정영훈, 2010, 안중근, 그 불멸의 가능성: 이문열, 『불멸』(민음사, 2010), 세계의 문학/35(2), 283-286, 민음사

조보라미, 2010, [공연 리뷰] 나는 너다: 「나는 너다」가 푼 것과 풀지 못한 것—또 한 번, 안중근을 기념하는 연극, 공연과 이론(39), 205-210, 공연과이론을위한모임

조상민, 2010, 안중근 순국 100주년 기념순례를 떠나며, 갈라진 시대의 기쁜소

식(923), 4-5, 우리신학연구소

조영일, 2010, [세계문학으로 (제4회)] 머나먼 세계문학: 시바 료타로와 이문열, 오늘의 문예비평, 222-277, 오늘의 문예비평

최상민, 2010, [일반논문] 극예술 속의 '안중근' 읽기: 역사적 실재와 성찰적 재현, 現代文學理論硏究/43, 367-388, 현대문학이론학회

김재욱, 2011, 한국인 관련 화극(話劇) 극본(劇本)의 발굴과 정리: 2010년을 기준으로, 中國語文學誌/35, 77-101, 중국어문학회

이금재, 2011, [일본문학(日本文學), 일본학(日本學) 편(篇)] 나쓰메 소세키가 본 한국:「만주와 한국 기행일기」를 중심으로, 日語日文學硏究/77(2), 261-281, 한국일어일문학회

최형욱, 2011, 량계초(梁啓超)의 「추풍단등곡(秋風斷藤曲)」탐구: 안중근 의거를 찬미한 중국 근대 대표 지식인의 노래와 그 속내, 동아시아 문화연구/49, 291-322, 한양대학교 동아시아문화연구소(구 한양대학교 한국학연구소)

김보희, 2012, 1917년 독일포로 고려인이 부른 독립운동가요, 한국독립운동사연구/42, 75-106, 독립기념관 한국독립운동사연구소

남춘애, 2012, 안중근 유묵에 담긴 중국 문화 형상 연구, 한국문학이론과 비평/55, 335-352, 한국문학이론과비평학회

신운용, 2012, 안중근과 우찌무라 간조의 평화론 연구, 神學展望(176), 162-197, 광주가톨릭대학교 신학연구소

김난영, 2014, 안중근 의사 기념관의 다크투어리즘 활용성에 대한 탐색적 연구, 평화학연구/15(4), 57-73, 한국평화통일학회

윤경섭, 2014, 북한의 안중근 인식변화와 재평가 과정, 동북아연구/29(1), 49-78, 조선대학교 동북아문제연구소

조명제, 2014, 부활: 殉國英雄 安重根 義士, 문예운동 봄호(121), 210-211, 문예운동사

허우성, 2014, 간디, 이토, 안중근: 문명의 충돌, 철학과 현실 가을호(102), 159-182, 철학문화연구소

권은, 2015, 식민지 교양소설과 이태준의 공간지향: 이태준의 『사상의 월야』를 중심으로, 상허학보 44, 273-303, 상허학회

박환, 2015, 1930년대 朴章鉉의 근대사서술: 『海東春秋』를 중심으로, 숭실사

학/34, 415-444, 숭실사학회

부유진, 2015, 박동실 「열사가」의 미적 체험 방식과 의미, 감성연구/11, 103-123, 전남대학교 호남학연구원

사이토 다이켄, 2015, 오럴 히스토리: 일본 미야기현 안중근기념비 건립과 한일민간교류 35년, 일본공간/17, 286-309, 국민대학교 일본학연구소

신현득, 2015, 나의 문학과 역사, 兒童文學評論/40(4), 22-29, 아동문학평론사

옥인호·양종훈, 2016, 문화예술이 장병 정신전력에 미치는 영향에 관한 연구, 인문콘텐츠(43), 257-273, 인문콘텐츠학회

이재형, 2016, 안중근 의사의 애국혼이 서린 유니폼, 월간 샘터/561, 54-55, 샘터사

최진석, 2016, 1930년대 일본, 조선에서의 안중근 서사:「安重根」과『하얼빈 역두의 총성』을 중심으로, 대동문화연구(94), 451-474, 성균관대학교 대동문화연구원

최진석, 2016, 하세가와 카이타로의 「安重根」 해제, 한국극예술연구/51, 291-471, 한국극예술학회

황재문, 2016, 박은식 「안중근전」의 문학사적 성격과 영향력, The SNU Journal of Education Research/25(1), 223-246, 서울대학교 교육종합연구원

김재석, 2017, 타니 조지(谷讓次)의 「安重根」 번역에 대한 연구, 국어국문학(180), 495-533, 국어국문학회

홍선영, 2017, 일제강점기 일본문학에 나타난 '안중근': 다니 조지(谷讓次)의 희곡 「안중근: 14장면」을 중심으로, 翰林日本學(31), 103-120, 한림대학교 일본학연구소

배연형, 2018, 송영석의 창작판소리 「역사가」와 이동백 제 적벽가, 판소리연구/45, 87-117, 판소리학회

서지월, 2018, [시가 있는 만주기행 9] 하얼빈 안중근기념관을 가다, 오늘의 가사문학(17), 260-269, 고요아침

이영희, 2018, 일본현대시에 나타난 일제강점기 조선의 기억, 人文硏究(82), 279-304, 영남대학교 인문과학연구소

조윤아, 2018, 두 가지 층위로 나타난 하얼빈의 장소성: 박경리의 「토지」를 중심으로, 批評文學(68), 218-247, 한국비평문학회

한국논단, 2018, [이달의 책] 이문열의 소설 안중근 II 불멸, 현상과 진상(5),

33-37, 한국논단

김성혜, 2019, 장월중선이 전승한 열사가의 의미, 韓國音樂史學報(63), 5-38, 한국음악사학회

김인숙, 2019, 남과 북의 「안중근 열사가」, 동양음악(46), 275-312, 서울대학교 동양음악연구소

진쟈오링·진저, 2019, 1920~30년대 상하이지역 한·중영화예술인들의 예술창작과 그 제국주의식민지저항담론 연구, 아시아문화연구(51), 225-262, 가천대학교 아시아문화연구소

진진아·최영복, 2019, 안중근 포스터 디자인에 나타난 상징적 표현유형에 관한 연구: 전국 디자인공모전 수상작을 중심으로, 상품문화디자인학연구(58), 241-250, 한국상품문화디자인학회

김종철, 2020, 박동실의 정치적 노선과 『열사가』의 거리, 판소리연구(49), 331-401, 판소리학회

문선아, 2020, 뮤지컬 「영웅」의 한국적 가치 고찰, 동양예술(47), 129-149, 한국동양예술학회

탕진(汤振), 2020, 影响与接受: 朴殷植「安重根传」与中国近现代文学的安重根叙事, 한중인문학연구, 66, 265-294, 한중인문학회

4) 신앙, 종교

학위논문

이중기, 1998, 信仰人 安重根과 그의 義擧에 대한 敎會의 理解, 부산가톨릭대학 대학원[석사]

노형호, 2001, 안중근 토마스의 砲殺에 대한 윤리신학적 고찰: 신앙과 민족의식의 통합 측면에서, 仁川가톨릭大學校 大學院[석사]

진병섭, 2004, 한국 그리스도인 안중근의 이토 히로부미 저격에 관한 倫理神學的 考察, 광주가톨릭대학교 대학원[석사]

한규영, 2006, 안중근의 평화사상 연구, 공주대학교 교육대학원[석사]

하정호, 2008, 안중근의 천주교 신앙 연구, 가톨릭대학교 신학대학원[석사]

안미영, 2011, 안중근 토마스의 영성, 가톨릭대학교 문화영성대학원[석사]

한지은, 2017, Reinterpreting An Chunggŭn's armed resistance and pacifism, Graduate School, Yonsei University[박사]

국내 논문, 기사

조광, 1991, [신앙 유산, 새 생명에의 초대] 신앙심과 애국심의 어우름: 안중근 의사 자서전, 경향잡지/83(10), 89-92, 한국천주교중앙협회의

김성태, 1994, 「안중근의 가톨릭 신앙」에 대한 논평, 敎會史硏究(9), 31-35, 한국교회사연구소

김진소, 1994, 「安重根의 義擧와 敎會의 反應」에 대한 논평, 敎會史硏究(9), 120-123, 한국교회사연구소

노길명, 1994, 安重根의 가톨릭 信仰, 敎會史硏究(9), 5-30, 한국교회사연구소

오경환, 1994, 안중근과 인천천주교 초대주임 빌렘 신부, 황해문화/2, 162-183, 새얼문화재단

최석우, 1994, 安重根의 義擧와 敎會의 反應, 敎會史硏究(9), 97-119, 한국교회사연구소

경향잡지 편집부, 1995, [역사 속의 교회] 겨레 사랑과 믿음이 일치한 안중근 의사, 경향잡지/87(1), 16-16, 한국천주교중앙협의회

정진홍, 1997, [이 시대의 징표] 안중근 의사가 성인이 되면, 경향잡지/89(9), 24-26, 한국천주교중앙협의회

경향잡지 편집부, 1998, [신앙인의 숨결] 안중근 의사의 '옥중 유묵', 경향잡지/90(4), 49-49, 한국천주교중앙협의회

배봉한, 1998, [우리본당 이런 활동] 미래를 보면 희망이 있다: 청주교구 대소성당 안중근 축구단, 경향잡지/90(10), 12-15, 한국천주교중앙협의회

송원희, 1998, 토막이야기 2: 안중근, 그는 누구인가, 갈라진 시대의 기쁜소식(326), 22-24, 우리신학연구소

신성국, 1998, [함께 나누는 이야기] 내 가슴속의 인물: 안중근 토마를 생각하며, 갈라진 시대의 기쁜소식(360), 12-13, 우리신학연구소

신성국, 1998, [함께 나누는 이야기] 안중근 토마스의 교회 사랑, 그리고 조국 사랑, 갈라진 시대의 기쁜소식(361), 12-13, 우리신학연구소

신성국, 1998, [함께 나누는 이야기] 안중근 그 고난의 여정: 한 토막 이야기, 갈라진 시대의 기쁜소식(362), 12-13, 우리신학연구소

신성국, 1998, [함께 나누는 이야기] 난국을 헤쳐 갈 초인: 통일 한국인상 안중근, 갈라진 시대의 기쁜소식(364), 12-13, 우리신학연구소

한상봉, 1998, [역사 속의 교회] 천국에서도 대한 독립을 외친 안중근, 경향잡지/90(8), 101-106, 한국천주교중앙협의회

신성국, 1999, 쇄신을 위한 한 마디: 안중근 의사 순국 89주기를 기리며, 갈라진 시대의 기쁜소식(382), 2-3, 우리신학연구소

강영옥, 2000, [종마루] 신앙인 안중근, 토마스, 경향잡지/92(3), 94-97, 한국천주교중앙협회외

김춘호, 2001, "살인하지 마라"는 계명의 사회적 차원, 가톨릭 신학과 사상(35), 72-93, 신학과사상학회

변기찬, 2001, 안중근의 신앙과 현양에 대한 비교사적 검토, 教會史硏究(16), 119-143, 한국교회사연구소

장석흥, 2001, 安重根의 대일본 인식과 하얼빈 의거, 教會史硏究(16), 33-55, 한국교회사연구소

전달수, 2001, 안중근 토마스의 신앙과 덕행, 教會史硏究(16), 57-81, 한국교회사연구소

전달수, 2001, 安重根 토마스의 信仰과 德行, 神學展望(132), 36-61, 광주가톨릭대학교 신학연구소

정인상, 2001, 안중근의 신앙과 윤리, 教會史硏究(16), 83-118, 한국교회사연구소

차기진, 2001, 安重根의 천주교 신앙과 그 영향, 教會史硏究(16), 9-32, 한국교회사연구소

최재건, 2004, 안중근이 순국 전에 겪은 내적 시련과 그의 사생관, 신학논단/37, 265-305, 연세대학교 신과대학

원재연(하상바오로), 2006, "장남 분도를 신부로 키워 주시오": 1910년 뤼순 옥중에서 안중근 의사가 가족에게 남긴 유언 중에서, 상교우서(11), 42-44, 수원교회사연구소

황종렬, 2006, "안중근편 교리서"에 나타난 천·인·세계 이해, 神學展望(153), 90-116, 광주가톨릭대학교 신학연구소

지성수, 2007, [창밖에서-호주통신] 정치를 잘 모르면 안중근 된다, 기독교사
　　상, 51(8), 234-243, 대한기독교서회

차기진, 2008, 초기 교회 시대 경기 북부 지역의 천주교, 敎會史硏究(31), 5-26,
　　한국교회사연구소

구완서, 2009, 도마 안중근 의병참모중장의 생애와 사상, 대학과 복음/14,
　　7-55, 대학복음화학회

김녕, 2010, 한 백년 민족사와 국가권력, 그리고 가톨릭교회, 1910~2010, 현상
　　과 인식/34(3), 43-70, 한국인문사회과학회

원재연(하상바오로), 2010, "이제 우리들마저 야만스런 행동을 해야만 하겠는
　　가?": 안중근 토마스 의사의 자서전 중에서, 상교우서(26), 26-28, 수
　　원교회사연구소

원재연(하상바오로), 2010, "기뻐하여라, 너희가 하늘에서 받을 상이 크다": 빌
　　렘 신부가 여순 감옥에서 안중근에게 한 미사 강론 중에서, 상교우서
　　(28), 22-24, 수원교회사연구소

원재연, 2010, 구한말 안중근의 천주교 교리인식과 신앙실천, 교회사학/7, 119-
　　158, 수원교회사연구소

이길연, 2010, 안중근의 저술에 나타나는 동양평화론와 기독사상, 평화학연
　　구/11(4), 343-359, 세계평화통일학회

김수태, 2011, 안중근과 천주교의 관계에 대한 비판적 검토, 한국독립운동사연
　　구/38, 5-45, 독립기념관 한국독립운동사연구소

김정환, 2011, 한말·일제강점기 뮈텔 주교의 교육활동, 한국근현대사연구/56,
　　7-41, 한국근현대사학회

신운용, 2011, 안중근가문의 천주교수용과 향촌사회, 남북문화예술연구/8,
　　187-212, 남북문화예술학회

신운용, 2012, 한국가톨릭계의 안중근 기념사업 전개와 그, 역사문화연구/41,
　　41-82, 한국외국어대학교 역사문화연구소

정홍규, 2012, 안중근 토마스에서 성인(Saint) 안중근 토마스, 사목정보/5(5),
　　2-3, 미래사목연구소

황종렬, 2012, 안중근 토마스의 동양평화론과 가톨릭 신앙, 神學展望(178),
　　114-169, 광주가톨릭대학교 신학연구소

안신, 2013, 종교적 인간 안중근(1879-1910)의 오토피아론, 사회과학연

구/35(1), 121-140, 培材大學校 社會科學硏究所

신운용, 2014, 안중근의 종교사상과 제2차 바티칸 공의회 정신, 맘울림/36, 87-117, 신앙인아카데미

신운용, 2014, 안중근의 종교사상과 제2차 바티칸 공의회 정신, 선도문화/16, 국제뇌교육종합대학원 국학연구원

윤선자, 2014, 일제강점기의 안중근전기(傳記)들에 기술된 안중근의거와 천주교신앙, 교회사학/11, 213-248, 수원교회사연구소

김영권, 2016, 안중근 의거와 빌렘 신부, 神學展望(193), 197-231, 광주가톨릭대학교 신학연구소

프랭클린 라우시(Franklin Rausch), 2016, Colonialism and Catholicism in Asia, 敎會史硏究/48, 99-146, 한국교회사연구소

김승태, 2017, 무단통치기 조선총독부의 종교정책과 한국 종교계의 동향, 한국기독교와 역사(47), 31-63, 한국기독교역사연구소

장석흥, 2017, 안중근과 빌렘, 한국학논총/47, 273-292, 국민대학교 한국학연구소

김용해, 2018, 안중근의 동양평화사상과 가톨릭의 평화론, 한국종교교육학회 학술대회자료집/2018(2), 1-19, 한국종교교육학회

양운기, 2018, 깊은 데로 나갔던 참 제자 안중근의 혁명과 영성: 루가복음의 '깊은 데'에 기대어 안중근 읽기, 산위의마을/35, 77-93, 예수살이공동체

윤인선, 박종현(논평), 2018, 안중근의 문학적 재현 양상과 가톨릭 평화 교육, 한국종교교육학회 학술대회자료집/2018(2), 169-187, 한국종교교육학회

황종렬, 2018, 평신도 희년에 안중근의 영성을 생각하다, 가톨릭 평론/14, 123-131, 우리신학연구소

강남철, 2019, 디트리히 본회퍼의 '카테콘(κατεχον)'과 안중근의 '천명'사상 비교 연구, 대학과선교(41), 97-130, 한국대학선교학회

김용해, 2019, 안중근의 거사와 가톨릭의 평화론, 宗敎敎育學硏究(59), 63-86, 한국종교교육학회

박기호, 2019, 예수의 제자 안중근 도마? 그 당혹감에 대하여, 산위의마을(36), 9-13, 예수살이공동체

산위의마을 편집부, 2019, 특집: 공동체와 안중근, 산위의마을(36), 8, 예수살이
공동체

윤인선, 2019, 근현대 동북아 평화의 인물로서 안중근의 서사화 가능성과 가톨
릭 신앙, 문학과종교/24(1), 179-202, 한국문학과종교학회

한승범, 2019, 신앙인상의 모범, 안중근 토마스를 만나다, 산위의마을(37),
137-145, 예수살이공동체

근대용어* 찾아보기

• 숫자는 원문의 단락 번호이며 상·하편을 구분했다.

* 「안응칠 역사」에 사용된 것으로, 구한말 새롭게 유입된 신조어나 그 이전 시기에는 용례를 찾아보기 어려운 어휘들이다. 후속적인 연구를 통해 해당 용어의 뿌리와 수용을 더 확실하게 추적하고 확인할 계획이다.

* 오늘날의 의미와 다르다. 풍수 용어로서 부모산으로부터 능선을 이루어 혈(穴)로 들어가기까지의 입수 부분이 혈과 접합한 지점을 가리킨다. 이 부분이 용의 얼굴 부분에 해당한다고 하여 두뇌라고 지칭한 것이다.

이 책이 세상의 빛을 보게 도운 사람들

감혜정 강경미 강경미 강경혜 강경희 강규옥 강나래 강동욱 강동채 강동환 강두산
강명숙 강무홍 강문희 강미경 강미옥 강미정 강민선 강민지 강민희 강범준 강병도
강 산 강상애 강선순 강선아 강선영 강선중 강선희 강성란 강세미 강소영 강수비
강수정 강수진 강수진 강 숙 강순영 강시내 강어석 강연심 강연정 강영숙 강영우
강영화 강예린 강유리 강유정 강윤영 강은수 강은심 강은애 강은영 강은영 강은주
강인숙 강인숙 강인철 강임화 강정숙 강정아 강정원 강정화 강정희 강제숙 강종심
강주현 강지아 강지우 강지원 강지형 강진영 강진영 강찬영 강춘경 강태리 강태리
강태영 강태우 강한아 강행운 강현주 강혜숙 강혜옥 강혜정 강홍구 강화명 강효정
강 휘 강희석 강희선 강희숙 강희진 경유진 고경숙 고광덕 고기숙 고대현 고명섭
고명숙 고민지 고선하 고수미 고수아 고수진 고영규 고영미 고영인 고영저 고예원
고운정 고원정 고유경 고유미 고유미 고유빈 고유진 고유진 고은경 고은실 고은정
고은정 고은지 고자현 고재광 고재원 고재홍 고정국 고정미 고정민 고한조 고현주
고현주 고혜란 고혜진 공명희 공민정 공석기 공선화 공영옥 공우택 공재형 공희자
곽경화 곽노현 곽도영 곽문석 곽문석 곽미숙 곽민정 곽수진 곽인례 구경자 구경희
구미원 구수정 구수정 구신정 구지숙 구혜정 국혜연 권경진 권경희 권경희 권귀임
권금향 권나현 권난주 권남선 권대훈 권도율 권두용 권명숙 권명화 권명희 권미숙
권미영 권미향 권민순 권민정 권서은 권서현 권석광 권선미 권선희 권소아 권수진
권순교 권순희 권아림 권연희 권영남 권영미 권영숙 권영심 권영애 권오상 권오춘
권유리 권유진 권윤덕 권윤신 권은미 권은주 권은지 권은혜 권은화 권이준 권재우
권정숙 권정혜 권정화 권정희 권주경 권지영 권지영 권지은 권초롱 권춘자 권혁신
권현선 권혜림 권혜자 권호정 권효연 권희숙 금교준 금상권 금이순 금지혜 기옥숙

기운찬 기유라 김가영 김가현 김가희 김갑숙 김강민 김강수 김건우 김건이 김건중
김건희 김 경 김경민 김경민 김경민 김경선 김경숙 김경아 김경희 김경애
김경애 김경양 김경옥 김경욱 김경화 김경화 김경화 김경희 김경희 김경희
김경희 김계연 김계정 김고운 김광자 김광필 김광해 김귀향 김규랑 김규원 김근명
김근수 김근영 김근혜 김근호 김금교 김금래 김금연 김금희 김기돈 김기숙 김기영
김기훈 김길원 김나경 김나리 김나영 김나윤 김나정 김난영 김다은 김다혜 김다혜
김달님 김대광 김대성 김대욱 김대희 김도현 김도형 김도형 김도형 김도환 김동주
김동하 김동현 김동호 김동희 김동희 김두리 김두영 김둘숙 김라엘 김 란 김란희
김래영 김르우 김막희 김말자 김말희 김명규 김명규 김명미 김명숙 김명숙
김명옥 김명희 김명희 김명희 김명희 김무갑 김문경 김문경 김문규 김문호 김문희
김미경 김미경 김미경 김미경 김미경 김미래 김미령 김미령 김미선 김미선
김미선 김미성 김미소 김미숙 김미연 김미영 김미영 김미영 김미영 김미자 김미자
김미자 김미정 김미정 김미주 김미진 김미진 김미현 김미현 김미혜 김미화 김미희
김미희 김민규 김민규 김민서 김민서 김민서 김민섭 김민수 김민실 김민아 김민영
김민영 김민웅 김민유 김민유 김민재 김민정 김민정 김민정 김민정 김민정
김민정 김민정 김민제 김민주 김민주 김민준 김민지 김민지 김민회 김민희 김민희
김민희 김바다 김범수 김범중 김범필 김별하 김병록 김병필 김병희 김보경 김보경
김보라 김보선 김보연 김보영 김보정 김보평 김보혜 김복희 김봉민 김 산 김산하
김삼미 김상미 김상일 김상희 김서령 김서연 김서영 김서준 김서준 김서진 김서현
김석순 김석현 김선경 김선경 김선녀 김선래 김선미 김선빈 김선식 김선애 김선영
김선영 김선영 김선영 김선유 김선일 김선임 김선자 김선주 김선중 김선혜
김선호 김선화 김선희 김선희 김선희 김선희 김성관 김성명 김성미 김성범 김성실
김성언 김성옥 김성완 김성은 김성은 김성준 김성진 김성필 김성호 김성희 김성희
김세걸 김세규 김세랑 김세민 김세영 김세원 김세은 김세중 김세진 김세진 김세진
김세화 김세희 김소담 김소명 김소영 김소영 김소영 김소원 김소정 김소향 김송이
김수경 김수근 김수린 김수민 김수민 김수선 김수아 김수연 김수연 김수자 김수자
김수정 김수정 김수지 김수진 김수진 김수진 김수향 김수현 김수현 김수현 김숙경
김숙림 김숙이 김숙현 김숙희 김순실 김순아 김순이 김순자 김순천 김순한 김순희
김순희 김슬아 김승연 김승은 김승일 김시언 김시우 김신영 김아영 김안나 김애경
김애자 김애자 김양균 김양미 김양희 김언경 김언호 김언희 김여민 김여숙 김여진

김 연 김연경 김연교 김연량 김연서 김연선 김연선 김연숙 김연옥 김연옥 김연우
김연진 김연하 김영경 김영권 김영난 김영도 김영란 김영미 김영미 김영미 김영미
김영미 김영서 김영수 김영숙 김영숙 김영숙 김영순 김영식 김영심 김영애 김영옥
김영인 김영주 김영주 김영해 김영훈 김영희 김영희 김영희 김영희 김영희 김영희
김영희 김예슬 김예은 김오연 김옥란 김옥신 김옥자 김옥희 김완숙 김완희 김외숙
김요연 김요한 김용상 김용숙 김용숙 김용숙 김용원 김용철 김용현 김우건 김우경
김운자 김원길 김원식 김원식 김원자 김원중 김월회 김유경 김유경 김유미 김유미
김유미 김유향 김유향 김유희 김윤경 김윤순 김윤영 김윤정 김윤주 김윤주 김윤희
김윤희 김윤희 김은경 김은경 김은경 김은경 김은령 김은령 김은미 김은미 김은미
김은선 김은선 김은수 김은숙 김은숙 김은숙 김은숙 김은순 김은영 김은영 김은영
김은영 김은우 김은정 김은정 김은정 김은정 김은정 김은정 김은정 김은주 김은주
김은주 김은주 김은주 김은지 김은진 김은진 김은출 김은하 김은혜 김은혜 김은혜
김은화 김은희 김은희 김의지 김이레 김인곤 김인숙 김인숙 김인애 김인자 김인자
김인혜 김인호 김인회 김일형 김자연 김자혜 김자희 김재경 김재민 김재민 김재숙
김재숙 김재신 김재원 김재은 김재은 김재은 김재이 김재평 김재현 김재희 김점순
김정룡 김정명 김정미 김정민 김정민 김정숙 김정숙 김정순 김정실 김정아 김정애
김정애 김정옥 김정용 김정윤 김정은 김정은 김정은 김정은 김정이 김정임 김정임
김정현 김정현 김정현 김정화 김정화 김정화 김정회 김정희 김정희 김정희 김정희
김제년 김종길 김종심 김종우 김종욱 김종욱 김종원 김종원 김주남 김주영 김주현
김주혜 김주환 김주회 김주희 김준엽 김지나 김지남 김지민 김지민 김지선 김지선
김지수 김지수 김지숙 김지안 김지연 김지영 김지영 김지영 김지영 김지영 김지영
김지영 김지영 김지영 김지우 김지원 김지윤 김지은 김지은 김지은 김지종 김지현
김지현 김지현 김지현 김지현 김지혜 김지혜 김지혜 김진경 김진경 김진길 김진남
김진명 김진서 김진성 김진수 김진숙 김진아 김진아 김진영 김진옥 김진이 김진주
김진향 김진현 김진호 김진희 김진희 김찬기 김창선 김창숙 김창준 김창진 김창현
김창현 김창현 김채은 김채은 김 청 김초롱 김태경 김태관 김태룡 김태연 김태연
김태우 김태윤 김태은 김태주 김태주 김태현 김태형 김태호 김태환 김태환 김태희
김필례 김하나 김하나 김하늘 김학빈 김한겸 김한나 김한섭 김한성 김한솔 김한솔
김해민 김해선 김해숙 김해숙 김해인 김해준 김행선 김향미 김향순 김향심 김 현
김현경 김현경 김현덕 김현미 김현미 김현민 김현서 김현숙 김현숙 김현승

김현실 김현애 김현자 김현정 김현정 김현정 김현정 김현정 김현정 김현주
김현주 김현주 김현주 김현진 김현희 김형경 김형도 김형숙 김형주 김형진 김혜련
김혜림 김혜선 김혜숙 김혜숙 김혜순 김혜영 김혜영 김혜원 김혜자 김혜정 김혜정
김혜진 김혜진 김혜진 김혜진 김혜진 김혜진 김호경 김호연 김호중 김화자 김환희
김효리 김효민 김효선 김효임 김효정 김효진 김후성 김훈민 김훈의 김 휘 김희경
김희경 김희경 김희경 김희란 김희성 김희성 김희숙 김희순 김희옥 김희원 김희정
김희정 김희정 김희진 김희태

나경림 나선경 나선민 나영철 나용희 나우천 나윤하 나윤희 나종혁 나지수 나현승
나현주 나현주 남경숙 남경준 남계숙 남궁건 남궁린 남궁은숙 남권효 남규미주
남균희 남근후 남동금 남미선 남미진 남바 사야까 남수연 남수현 남연지 남영숙
남영식 남용희 남정석 남정연 남정이 남정희 남지민 남지연 남지호 남현주 노경미
노경숙 노남식 노동현 노명신 노미자 노미희 노민자 노보연 노성빈 노소연 노아현
노애란 노연경 노윤아 노은경 노은희 노인영 노점환 노정화 노준우 노차자 노형숙
노희숙

단테라 도미화 도복희 도연지연 도영숙 동금자 두양진

라도윤 라연서 류미경 류소형 류수진 류영선 류영애 류재수 류정아 류정옥 류주희
류지혜 류현미 류희승

마장호 명민영 명연파 명정숙 모미라 모영신 모현정 문가은 문경숙 문경희 문금희
문동연 문무영 문미경 문미진 문민경 문민영 문새롬 문서윤 문서현 문세경 문세은
문세인 문수양 문수정 문아인 문연희 문영미 문영선 문예슬 문예슬 문옥선 문은수
문은주 문재신 문정숙 문정현 문준혁 문지영 문지은 문진영 문진우 문창연 문채원
문필주 문향숙 문현준 문호종 문희경 문희복 문희정 민경애 민미경 민서영 민성숙
민여송 민정희 민태일

박건영 박경미 박경숙 박경연 박경옥 박경이 박경현 박경희 박관순 박구수 박규동
박근미 박근성 박근희 박금선 박금숙 박금자 박기제 박길훈 박나라 박나현 박나현

박남국 박노욱 박다정 박다정 박다현 박동경 박명신 박명아 박명화 박목우 박미경
박미나 박미란 박미령 박미숙 박미숙 박미순 박미애 박미애 박미영 박미자 박미혜
박미홍 박민경 박민영 박민욱 박민형 박민음 박범규 박병권 박보영 박보영 박봉재
박상훈 박상훈 박서연 박서우 박서윤 박서은 박서은 박서준 박서진 박선경 박선경
박선미 박선미 박선영 박선영 박선영 박선영 박선옥 박선이 박선주 박선준 박선희
박선희 박성문 박성민 박성용 박성희 박세연 박세융 박소선 박소연 박소연 박소영
박소영 박소영 박소율 박소은 박소진 박소현 박소현 박송이 박수경 박수연 박수진
박수진 박수진 박수진 박수현 박순경 박순남 박순연 박순옥 박순옥 박순자 박승보
박승애 박승혜 박승호 박신자 박신자 박신자 박아로미 박애란 박에스더 박연미
박연순 박연심 박연혜 박연희 박영랑 박영렬 박영미 박영미 박영선 박영숙 박영숙
박영숙 박영식 박영애 박영옥 박영욱 박영자 박영희 박예진 박예찬 박옥란 박옥연
박외숙 박용수 박용수 박우형 박운옥 박원규 박유진 박윤아 박윤정 박윤정 박윤화
박윤희 박 은 박은경 박은미 박은미 박은서 박은숙 박은영 박은영 박은영 박은정
박은주 박은주 박은진 박은진 박은찬 박은하 박은하 박은화 박은희 박의선 박이슬
박인이 박인자 박임식 박재동 박재영 박전채 박정남 박정립 박정미 박정미 박정심
박정안 박정영 박정우 박정은 박정의 박정하 박정현 박정현 박정현 박정화 박정후
박정훈 박정희 박정희 박제성 박종선 박종선 박종영 박종우 박종윤 박종철 박종호
박주령 박주연 박주영 박주영 박주영 박주원 박주홍 박준상 박준영 박준영 박준영
박준용 박중현 박지민 박지영 박지영 박지윤 박지이 박지혜 박지혜 박지희 박진수
박진실 박진영 박진혜 박진혜 박차복 박찬익 박찬주 박창건 박창숙 박채란 박채윤
박천제 박춘화 박춘화 박태우 박태우 박태찬 박태찬 박한나 박해련 박해옥
박혁거세 박현숙 박현숙 박현숙 박현옥 박현옥 박현전 박현정 박현정 박현진
박혜경 박혜경 박혜경 박혜경 박혜련 박혜선 박혜숙 박혜영 박혜영 박혜정 박혜정
박혜희 박환철 박홍식 박희성 박희연 박희옥 박희정 박희진 박희찬 반영선 반정록
반정하 방기정 방숙자 방유민 방정인 방희영 배건예 배금영 배동건 배명숙 배미순
배민정 배서현 배선희 배소라 배소운 배승준 배양숙 배영선 배영희 배은주 배은희
배익준 배인경 배정숙 배주영 배지연 배지은 배지현 배하율 배현명 배혜령 배화장
배화장 백가희 백경민 백경연 백경윤 백금아 백대현 백민정 백성숙 백수원 백승미
백승빈 백승우 백안나 백연선 백영숙 백은하 백정민 백정애 백지영 백창훈 백하은
백현숙 백현주 백혜경 백혜경 변경숙 변선희 변재규 변정명 변정인 변혜림 봉은숙

부예린 부원종

사공진 서경미 서경희 서계원 서단오 서명주 서미선 서미정 서미화 서민경 서민영
서보영 서석현 서성미 서성우 서송희 서수정 서승미 서시원 서여미 서옥선 서우리
서우연 서유리 서은자 서은희 서인희 서재관 서재원 서정석 서정일 서정현 서준원
서지원 서지원 서지훈 서진아 서진원 서진원 서태희 서해림 서현경 서희원 서희원
석경희 석미화 석주희 선미란 선재규 설동남 설민규 설서진 설서희 설인숙 설정윤
설진선 설해근 성경숙 성나영 성다솔 성병한 성삼제 성승철 성유란 성유리 성은녕
성지연 성 찬 성 찬 성춘택 소경은 소병규 소복순 소영지 소영철 소은혜 소재두
소재현 소진형 손경숙 손경희 손기영 손기윤 손명진 손미경 손미령 손미숙 손보음
손선화 손성규 손세연 손수련 손승현 손아영 손애영 손영해 손은숙 손은주 손인옥
손자연 손점남 손정아 손정현 손지민 손현목 손현주 손홍민 손효선 손효정 손희진
송규자 송덕희 송도겸 송명숙 송문석 송미옥 송미이 송미자 송민정 송민정 송민주
송병대 송봉종 송서영 송선아 송성림 송성진 송소원 송수경 송수진 송수진 송숙희
송순옥 송순희 송승희 송시은 송시후 송아리 송영미 송영실 송영주 송영현 송영희
송우주 송원경 송원진 송윤교 송은아 송은자 송은지 송인영 송인현 송정기 송정민
송정연 송정연 송정후 송정희 송정희 송지영 송지영 송지은 송지형 송진희 송채영
송충섭 송하종 송현석 송현숙 송현주 송현주 송현주 송혜원 송혜진 송호권 송희정
신가온 신건희 신경애 신계숙 신기석 신동재 신동희 신미경 신미정 신민경 신민하
신봉화 신상숙 신상현 신서연 신선미 신선영 신선옥 신선임 신설아 신성하 신성혜
신수자 신숙녀 신순례 신순자 신순희 신승애 신승환 신승희 신시언 신아영 신애란
신 언 신연옥 신연주 신영숙 신영주 신유경 신윤행 신은미 신은영 신은정 신은정
신은정 신은진 신재민 신정애 신정희 신주언 신주희 신지숙 신진선 신진영 신진희
신 철 신한주 신해숙 신현미 신현숙 신현주 신현지 신현진 신현태 신형인 신효주
신훈민 심경희 심나현 심명자 심미숙 심미정 심민희 심수향 심양수 심영석 심원량
심원양 심유미 심윤경 심은영 심은희 심준호 심지은 심행연 심혜경

안경진 안동실 안명옥 안미란 안미선 안미정 안미해 안민효 안보근 안삼현 안서진
안성균 안성례 안성희 안세아 안소민 안소정 안송운 안수한 안승찬 안신영 안연태
안용자 안유나 안은영 안은영 안은정 안재원 안재원 안정림 안정희 안정희 안주연

안주영 안준수 안중만 안지우 안지호 안진영 안진혁 안진희 안채원 안치훈 안해민
안현주 안현준 안현지 안혜원 안효숙 안효정 안희경 안희진 양기수 양나희 양미란
양미란 양미영 양미영 양미자 양민구 양민희 양병건 양병윤 양보영 양부영 양부옥
양신이 양신택 양영금 양영옥 양원아 양유정 양윤경 양윤영 양은숙 양은영 양재성
양재옥 양재형 양정복 양정선 양정숙 양정옥 양정화 양지선 양지수 양지숙 양지인
양지현 양지혜 양지혜 양춘아 양춘희 양태훈 양현미 양현정 양혜윤 양희란 양희선
엄강민 엄건숙 엄돈분 엄민영 엄은선 엄정민 엄주원 엄태정 엄형수 여민정 여성구
여수인 여승준 여은경 여지영 여차숙 여태전 여태훈 여현순 여호수 여희경 여희숙
여희숙 연경희 염가영 염슬아 염정삼 염정신 염정훈 염정훈 염혜윤 예성수 예영미
오가영 오가을 오경애 오금순 오기출 오덕수 오동학 오맷돌 오명주 오미나 오미라
오새봄 오선영 오선옥 오선혜 오성근 오성찬 오성희 오세련 오세범 오수민 오수희
오순이 오승민 오승의 오승주 오승준 오안나 오영순 오영희 오예진 오왕성 오용주
오유경 오윤실 오윤주 오은영 오은정 오은정 오은주 오인섭 오자자 오정인 오정임
오정택 오정화 오준수 오창윤 오치근 오판진 오하은 오해균 오해림 오현영 오현주
오형준 오혜정 오혜지 오효순 옥정인 온정은 용준희 우미진 우승연 우승현 우애정
우연미 우영미 우영식 우예지 우인숙 우인혜 우주호 우지영 우태헌 원경미 원남용
원미경 원용주 원정원 원종희 원진하 원치만 원화자 원효진 위성신 유경숙 유경순
유경정 유광연 유근란 유근하 유남희 유도영 유미진 유민혁 유보영 유상조 유소정
유소정 유수연 유숙현 유순자 유승현 유신혜 유아주 유애선 유애희 유연정 유영애
유영애 유영애 유영옥 유영은 유영재 유영초 유옥진 유은경 유은비 유인영 유정연
유정인 유정화 유주연 유주열 유지연 유지혜 유진아 유진아 유진아 유진영 유창선
유창우 유치훈 유태호 유해선 유향춘 유현아 유형록 유형록 유혜림 유혜원 유혜정
유혜진 윤건호 윤 경 윤경민 윤경숙 윤경숙 윤명숙 윤명자 윤미라 윤미연 윤민서
윤보민 윤상민 윤서영 윤서영 윤서진 윤석민 윤선경 윤선덕 윤선희 윤성아 윤성원
윤성필 윤소영 윤송아 윤수민 윤숙향 윤승용 윤승용 윤영덕 윤영란 윤영민 윤영서
윤영자 윤영채 윤영태 윤윤수 윤은경 윤은경 윤은덕 윤은자 윤은진 윤은희 윤자경
윤재성 윤재성 윤재성 윤재숙 윤정동 윤정아 윤정아 윤정옥 윤정은 윤정하 윤정홍
윤정후 윤주옥 윤지선 윤지송 윤지영 윤지원 윤지은 윤지현 윤지현 윤하람 윤하율
윤한겸 윤한아 윤행숙 윤향화 윤현숙 윤현림 윤혜영 윤혜인 윤혜자 윤혜정 윤효영
윤희정 은일영 은종복 이가은 이강원 이강재 이건형 이 경 이경미 이경아 이경윤

이경은 이경자 이경종 이경진 이경희 이경희 이경희 이계숙 이계화 이관우 이광민
이광민 이광일 이교선 이귀련 이귀숙 이규만 이규상 이규순 이규정 이금주 이금휘
이금희 이기쁨 이기수 이기숙 이기은 이기주 이길순 이나래 이나래 이나윤 이다민
이다은 이도겸 이도경 이도심 이동궁 이동윤 이동훈 이동훈 이 란 이래경 이만식
이명수 이명숙 이명숙 이명숙 이명순 이명우 이명학 이명호 이명희 이명희 이무숙
이문정 이문희 이미경 이미경 이미리 이미리 이미성 이미숙 이미숙 이미숙 이미애
이미자 이미정 이미정 이미향 이미현 이미형 이미화 이미화 이미희 이미희 이미희
이민구 이민언 이민재 이민정 이민한 이민화 이민희 이병숙 이병재 이보나 이보령
이보연 이보형 이보혜 이복순 이복주 이복희 이복희 이봉태 이상경 이상국 이상란
이상목 이상미 이상미 이상연 이상영 이상욱 이상은 이상임 이상종 이상준 이상철
이상해 이상훈 이상희 이상희 이상희 이상희 이서경 이서린 이서빈 이서연 이서영
이서영 이서현 이 석 이 선 이선경 이선구 이선근 이선남 이선미 이선미 이선순
이선실 이선아 이선영 이선영 이선영 이선옥 이선용 이선용 이선용 이선자 이선주
이선주 이선지 이선진 이선하 이선화 이선화 이선희 이선희 이설빈 이성숙 이성연
이성열 이성원 이성정 이성현 이성훈 이성희 이성희 이성희 이세라 이소민 이소연
이소은 이소정 이수경 이수미 이수미 이수열 이수옥 이수원 이수인 이수정 이수정
이수진 이수진 이수진 이수호 이수환 이수희 이숙매 이숙현 이숙현 이숙현 이숙희
이순영 이순영 이순주 이순호 이순화 이 슬 이승미 이승민 이승민 이승범 이승복
이승우 이승준 이승현 이승혜 이승희 이시윤 이시훈 이신엽 이 안 이안나 이안자
이안정 이양지 이언숙 이연배 이연수 이연숙 이연식 이연아 이연아 이연임 이연정
이연희 이연희 이영규 이영근 이영남 이영매 이영미 이영미 이영미 이영미 이영미
이영미 이영미 이영민 이영분 이영선 이영수 이영수 이영숙 이영애 이영옥 이영주
이영주 이영주 이영채 이영형 이영희 이예소 이예원 이예윤 이예지 이예지 이예찬
이옥순 이옥준 이옥희 이옥희 이완순 이용순 이용창 이용창 이용태 이용화 이운렬
이원경 이원미 이원희 이유나 이유리 이유리 이유주 이유진 이 윤 이윤선 이윤아
이윤우 이윤정 이윤정 이윤주 이윤직 이윤채 이윤희 이윤희 이 은 이은경 이은경
이은경 이은경 이은경 이은미 이은미 이은숙 이은숙 이은숙 이은숙 이은실 이은아
이은애 이은영 이은영 이은영 이은우 이은정 이은정 이은정 이은정 이은정 이은주
이은주 이은주 이은지 이은진 이은혜 이은희 이인서 이인숙 이인식 이인자 이인지
이인희 이재관 이재규 이재력 이재민 이재숙 이재숙 이재영 이재영 이재원 이재원

이재현 이정경 이정근 이정량 이정미 이정미 이정민 이정선 이정섭 이정숙 이정숙
이정숙 이정순 이정아 이정아 이정아 이정여 이정우 이정우 이정욱 이정은 이정인
이정호 이정훈 이정훈 이정희 이정희 이정희 이정희 이정희 이제웅 이제이 이종연
이종현 이종훈 이종훈 이종희 이주연 이주연 이주연 이주연 이주연 이주영 이주영
이주원 이주하 이주호 이 준 이준성 이준수 이준영 이준희 이지민 이지선 이지수
이지숙 이지안 이지애 이지애 이지연 이지연 이지연 이지연 이지영 이지영 이지영
이지영 이지영 이지영 이지영 이지완 이지우 이지은 이지은 이지은 이지은 이지향
이지현 이지현 이지현 이지환 이지후 이 진 이진경 이진규 이진선 이진아 이진영
이진용 이진우 이진원 이진희 이찬우 이찬희 이찬희 이창득 이채영 이채율 이청옥
이춘녀 이춘숙 이춘연 이춘연 이춘희 이 탁 이 탁 이태동 이태윤 이태인 이하영
이하윤 이하윤 이하은 이하정 이하정 이학주 이한결 이한상 이항근 이해경 이해담
이해미 이향숙 이현경 이현숙 이현숙 이현정 이현정 이현제 이현주 이현주 이현주
이현주 이현주 이현주 이현주 이현지 이현진 이현하 이현호 이현화 이형도 이형자
이형준 이혜경 이혜순 이혜순 이혜영 이혜정 이혜진 이혜진 이혜진 이호용 이홍걸
이홍숙 이화수 이화엽 이화영 이화진 이 환 이환성 이환태 이효경 이효남 이효린
이효민 이효엽 이효인 이효준 이효진 이효진 이희라 이희숙 이희숙 이희옥 이희정
이희정 이희정 이희진 이희호 인경화 임건홍 임경희 임근영 임누림 임동신 임동신
임동진 임동현 임 률 임명주 임명현 임무건 임미경 임미경 임미라 임미은 임미정
임미현 임민하 임보라 임보라 임상숙 임서율 임성자 임세윤 임소연 임소정 임수민
임수연 임수연 임수정 임수진 임수필 임수형 임수희 임승종 임애련 임여진 임영님
임영란 임영신 임영지 임용선 임원자 임은진 임재윤 임정연 임정진 임정현 임주경
임주연 임주원 임준형 임준희 임준희 임지애 임지연 임지영 임지하 임지현 임지현
임창규 임창진 임채임 임푸른 임한결 임현석 임현숙 임현아 임형기 임형성 임형임
임형주 임혜빈 임혜연 임혜영 임호성 임호진 임홍택 임효정 임희정
UM SAMUEL JAE HO

장경은 장경희 장기운 장미경 장미영 장미영 장민아 장민정 장범희 장봉금 장상윤
장서윤 장선희 장성현 장세은 장세형 장순자 장순주 장시은 장양선 장양순 장연수
장영미 장영미 장영숙 장예원 장예종 장예종 장오영 장옥현 장용철 장우성 장원선
장원진 장원택 장원택 장원희 장유나 장윤정 장윤주 장은실 장점숙 장점숙 장정원

장정윤 장정은 장주희 장준석 장지욱 장진경 장진석 장채원 장현민 장현주 장혜경
장혜림 장혜영 장혜영 장호선 장호숙 장희운 장희정 전경란 전경옥 전규자 전근완
전다운 전대선 전명국 전미숙 전민영 전보근 전상화 전성희 전세련 전소영 전소정
전송이 전수진 전숙경 전영인 전영자 전요한 전우찬 전윤주 전은숙 전은주 전인순
전정윤 전정현 전지은 전지후 전지후 전지훈 진진영 전진영 전진호 전충진 전태순
전향순 전현민 전현선 전현욱 전현자 전현정 전현주 전현진 전혜경 전혜경 전혜담
전홍재 전화연 전효선 정갑수 정경림 정경주 정경화 정경희 정광일 정광재 정귀임
정규진 정근수 정금순 정금인 정금현 정금현 정기숙 정기연 정기인 정길용 정길자
정나형 정남선 정다운 정다움 정다은 정대원 정동영 정란희 정명순 정미경 정미란
정미란 정미순 정미영 정미영 정미정 정민경 정민기 정민석 정민재 정민지 정민화
정병규 정복순 정봉선 정서현 정석광 정석원 정선옥 정선주 정성관 정성면 정성엽
정성태 정성환 정세윤 정세훈 정소영 정소영 정수정 정수진 정수철 정수희 정숙자
정숙현 정순영 정승연 정승현 정승훈 정신애 정아림 정아인 정아준 정애령 정애리
정애숙 정여진 정연미 정연승 정연승 정연은 정연자 정연희 정영미 정영선 정영선
정영신 정영자 정영주 정영현 정예슬 정옥남 정옥순 정옥자 정용문 정우석 정운랑
정유나 정윤성 정윤정 정윤철 정윤희 정은경 정은미 정은선 정은선 정은선
정은숙 정은숙 정은아 정은영 정은영 정은정 정은주 정은진 정은하 정은혜 정은화
정이슬 정이원 정인희 정재민 정재연 정재영 정재우 정재희 정정욱 정종신 정중현
정지구 정지민 정지선 정지성 정지순 정지심 정지영 정지영 정지은 정지환 정지효
정 진 정진숙 정진아 정진영 정진홍 정진화 정진희 정진희 정철호 정태석 정태수
정태호 정하영 정하윤 정항철 정향철 정현경 정현아 정현우 정현이 정현자 정현주
정현회 정혜경 정혜선 정혜송 정혜숙 정혜숙 정혜원 정혜이 정호중 정환웅 정 훈
정훈희 정희숙 정희영 정희진 제다경 제다혜 제선희 제소라 조경배 조경삼 조경숙
조경인 조금화 조기웅 조남요 조덕주 조만재 조명신 조명희 조미경 조미라 조미선
조미숙 조미숙 조미현 조미형 조민숙 조민아 조민정 조병범 조병희 조보나 조부민
조서연 조서연 조서희 조선영 조성신 조성진 조성현 조세진 조소영 조수경 조수진
조수진 조순우 조승진 조신영 조아련 조애경 조연민 조연숙 조연우 조연학 조 영
조영숙 조영숙 조영숙 조영승 조영실 조영옥 조영옥 조영이 조영인 조용근 조용순
조용희 조우나 조우리 조원희 조유나 조윤경 조윤미 조은순 조은아 조은재 조은지
조은진 조은희 조이정 조인하 조인향 조전희 조정은 조정은 조정은 조정은 조정희

조종숙 조주훈 조중현 조진주 조채연 조철현 조춘미 조태희 조하나 조항미 조해린
조해성 조현목 조현숙 조현진 조형제 조형제 조혜경 조혜란 조혜연 조혜영 조호현
조화연 조화자 조화자 조희영 조희정 좌명희 좌바울 좌세준 좌연순 좌하랑 좌하민
좌하은 주경옥 주경자 주선미 주선미 주선영 주소연 주소연 주소이 주중식 주중식
주채영 주혜경 주 희 지남주 지미현 지선명 지수환 지연아 지예은 지자영 지항모
지현정 지혜린 진다미 진두성 진미숙 진민경 진민정 진소라 진승희 진시황 진연수
진영삼 진옥년 진윤경 진윤경 진주빈

차규근 차명진 차미탁 차영근 차영동 차영은 차영채 차옥선 차원준 차유경 차은혜
차인순 차정찬 차정화 차정훈 차지원 차현정 차혜정 차홍선 채미용 채민주 채봉식
채순금 채영신 채유미 채은아 채희숙 천권환 천명자 천세경 천승희 천원석 초문정
최가영 최가희 최강토 최강토 최강현 최강훈 최경선 최경숙 최경애 최경옥 최경하
최경혜 최관의 최광민 최광원 최권현 최귀숙 최규석 최난희 최난희 최동희 최 룡
최 린 최명락 최문영 최문자 최미경 최미경 최미나 최미란 최미랑 최미선 최미숙
최미순 최미애 최미영 최미영 최미옥 최미향 최민서 최민솔 최민수 최민지 최민희
최민희 최병찬 최복수 최복자 최봉근 최상국 최상현 최상희 최서정 최선아 최선영
최선영 최선주 최성준 최성훈 최성훈 최성희 최세경 최세민 최소영 최소희 최 솔
최수연 최수연 최수희 최순아 최순이 최순조 최승아 최승옥 최양희 최연옥 최연정
최연지 최연향 최영경 최영미 최영선 최영수 최영숙 최영순 최영주 최영주 최영화
최영희 최예린 최옥순 최 욥 최 용 최운철 최운호 최원영 최원정 최원진 최원혁
최유나 최유빈 최유정 최유진 최윤규 최윤미 최윤서 최윤성 최윤아 최윤정 최윤지
최은규 최은길 최은비 최은숙 최은숙 최은영 최은우 최은진 최은하 최은희 최익현
최인석 최인영 최재경 최재은 최정선 최정아 최정연 최정윤 최정현 최정혜 최정화
최정희 최주영 최준규 최준영 최지영 최지원 최지원 최지현 최지혜 최 진 최진경
최진경 최진양 최진우 최진희 최 찬 최춘수 최치숙 최칠옥 최혁재 최현덕 최현아
최현정 최현정 최현주 최현주 최현지 최혜빈 최혜정 최환이 최훈산 최희옥 최희준
추승우 추준호

탁재희 탁정수 탁지훈

표미숙 표은애

하건예 하나래 하늘꽃 하민희 하봄비 하봉수 하성욱 하송자 하용승 하유리 하은경
하은정 하지예 하진미 하진우 하춘선 하춘선 하 현 하현수 하현진 하혜영 한강수
한경화 한계선 한계희 한금윤 한나라 한나미 한도윤 한동희 한명자 한미숙 한미정
한미화 한사라 한상묵 한상수 한상익 한상진 한서윤 한성심 한송이 한송이 한수민
한수정 한슬기 한승민 한승재 한실희 한아름 한연숙 한영금 한영미 한영선 한영숙
한용희 한운성 한원형 한유리 한윤진 한은경 한은선 한은선 한은자 한장호 한재희
한정아 한주경 한지민 한지영 한지환 한진수 한진영 한진영 한필규 한홍구 함미선
함성령 함성인 함지윤 함학식 함형심 허경림 허경애 허 기 허남석 허동현 허미숙
허선영 허소윤 허소희 허소희 허송희 허수민 허순영 허순영 허순임 허영희 허운정
허은옥 허은화 허정윤 허주행 허현미 허현성 허홍숙 허효남 현나미 현명자 현선식
현충훈 형유빈 형은경 홍경숙 홍경숙 홍경화 홍광선 홍근영 홍동화 홍리리 홍명수
홍문주 홍문주 홍미란 홍미정 홍미현 홍미희 홍민서 홍민영 홍선애 홍선영 홍선희
홍성자 홍세민 홍세연 홍세영 홍승영 홍 실 홍연남 홍연남 홍윤경 홍은희 홍은희
홍인걸 홍인석 홍정주 홍학란 홍해숙 홍현주 홍혜연 홍혜자 황광석 황금정 황남구
황다빈 황다슬 황다혜 황명호 황미경 황미라 황미숙 황미순 황미진 황병석 황보매
황봉률 황선아 황선애 황선준 황소정 황수경 황예인 황원일 황유진 황윤경 황윤영
황윤주 황인택 황재민 황정인 황정혜 황종미 황지숙 황지원 황지은 황지혜 황진경
황진희 황진희 황철하 황학영 황한수 황해인 황현빈 황현숙 황현정 황혜경 황혜원
황효진

김인선 김현수 김현아 이상민 이충범 정혜선 황인덕

안응칠 역사 安應七歷史

초판 1쇄 인쇄일 2020년 12월 20일
초판 1쇄 발행일 2020년 12월 30일

지은이 안중근
만들고 옮기고 풀이한 이 김은숙 김태주 안재원 윤재성
펴낸이 여희숙

기획 독도글두레 **편집** 박희진 **디자인** 노승우

펴낸곳 독도도서관친구들 **출판등록** 2019년 4월 25일 제2019-000128호
주소 서울특별시 마포구 동교로 114, 태복빌딩 301호(서교동)
전화 02-571-0279 **팩스** 02-323-2260 **이메일** yeoyeoum@hanmail.net

ISBN 979-11-967279-2-5 04910
ISBN 979-11-967279-0-1 (세트)
값 18,000원

• 잘못 만들어진 책은 구입하신 서점에서 바꿔드립니다.